무엇이 웰다잉의 삶인가?

무엇이
웰다잉의 삶인가?

한국인의 아름다운 마무리 사례연구

건양대학교 웰다잉 융합연구회

구름서재

웰다잉 사례 연구집을 내며

죽음의 문제와 '좋은 죽음', 즉 '웰다잉well-dying'에 대한 관심은 오래 전부터 있어왔지만 최근 '웰다잉 법'이 법제화 되면서 우리 사회에서 더 큰 주목을 받고 있다. 다만 죽음의 문제에 대한 학문적 연구가 본격적으로 시작된 것은 비교적 최근의 일이다. 건양대학교 웰다잉 연구팀의 경우 죽음에 대한 사회적 관심을 학문적 연구라는 영역과 교육이라는 실천적 측면에서 담아내고자 하는 목적에서 지난 2013년부터 '죽음 교육 프로그램 개발'을 시작했고 '죽음 교육'을 현장에서 실시하고 있다. 죽음은 육체적 현상부터 정신적, 사회적, 경제적 문제까지 포함하고 있다. 따라서 죽음과 웰다잉 연구는 죽음의 공포를 극복하고 긍정적으로 수용하기 위한 노력은 물론 가까운 사람의 죽음 이후 남은 사람들의 정신적인 상처와 치유의 문제, 웰다잉에 이르기 위한 준비 등 광범위한 문제를 대상으로 한다. 지금까지 건양대학교 웰다잉 연구팀은 죽음에 대한 개념 정립, 죽음이라는 현상에 대한 이해, 죽음 교육의 필요성, 사별과 치유의 문제, '죽음을 어떻게 알려야 하는가?'와 같은 소통의 문제 등에 관심을 가지고 학문적 연구를 진행해 왔다. 그 결과 청소년, 성인, 전문가 대상의 특성화된 죽음 교육 프로그램을 개발하고 학술적 연구와 교육적 실천을 병행해 왔다.

건양대학교 웰다잉 연구팀은 한국연구재단의 학제적 융합연구 지원사업을 수행하기 위해 2013년에 만들어졌다. 〈의료인문학에 기반을 둔 죽음 교육 프로그램 개발〉이라는 연구 성과를 기반으로 2014년에는 〈한국인의 사회적 삶의 질 향상을 위한 의료인문학 기반 완성적 죽음 교육 프로그램 개발〉이라는 5년 과제가 선정되어 현재까지 연구를 수행하고 있다. 연구팀 구성은 학제적 융합연구의 특성을 반영하여 인문 · 사회, 보건 · 의료 영역의 연구자들로 이루어져 있다. 연구의 핵심 내용은 죽음 교육과 현장교육을 위한 전문가 양성, 죽음 교육을 위한 사회 시스템 구축 등 국가 단위의 죽음 교육 프로그램의 개발과 운영이다. 죽음에 대한 연구를 7년 이상 진행하면서 얻은 결과는 비교적 간단하다. 죽음에 대한 인식과 이해가 충분히 이루어지고 죽음에 대한 논의가 활발해질수록 죽음에 대한 공포도 줄어든다는 것이다. 뿐만 아니라 죽음 교육은 죽음을 앞에 둔 사람은 물론 아이부터 청소년, 노년층에게까지 전 연령층에 대해 이루어질 필요가 있다는 것이다. 가까운 사람과 사별한 뒤 남겨진 사람에 대한 정신적 치유의 문제도 연구의 중요한 축이었다.

우리는 지금까지의 연구를 통해 죽음에 대한 공론화는 절망과 두려움을 드러내는 것이 아니라 삶의 희망을 이야기하고 남아 있는 삶을 보다 충실하게 살려는 희망과 기대를 품는 것과 다르지 않다는 사실을 알게 되었다. 우리 사회에서 시작된 죽음에 대한 논의도 다가올 죽음을 대비하는 가운데 생명의 소중함을 인식하고 가족과 인간관계의 회복이라는 방향으로 나아가기를 기대한다. 이에 건양대학교 웰다잉 연구팀은 죽음을 주제로 학술논문을 발표하고 대상별 죽음교육 교재, 『지혜로운 삶을 위한 웰다잉-한국인의 죽음학 강론』과 같은 일반서 등을 출간하였다. 연구팀은 7년간의 연구를 마무리 하는 시점에서 죽음에 대한 논의를 더욱 활성화하고 우리 사회에서 시작된 웰다잉에 대한 관심을 보다 다양한 시각에서 담아내려는 목적으로 '웰다잉 사례집'을 발간하게 되었다. 우리는 이 사례집에서 "웰다잉은 무엇인가?"라는 질문에서 출발하여 "어떻게 살고 어떻게 삶을 마무리하는 것이 웰다잉인가?" "좋은 죽음이 있다면 과연 어떤 마무리를 말하는가?"라는 또 다른 질문으로 논의를 확대해 나갔다.

웰다잉 연구팀은 제시된 웰다잉 사례가 그야말로 지극히 개인적이고 일부의 사례에 불과하다는 평가를 받지 않도록 주의를 기울였다. 조사 결과를 일반화할 수 있기 위해, 즉 외적 타당성을 확보하기 위해, 선행연구나 설문조사 결과, 보도자료 등을 참조했다. 특히 웰다잉 연구팀에서 조사하여 발간한 「2018 국민 웰다잉 인식구조 검사도구 개발 및 실태조사」를 면밀하게 검토하였다. 개별 사례로 제시된 인물들의 삶의 모습들이 특별한 경우가 아니라 다수의 사람들이 '좋은 죽음', 즉 웰다잉과 아름다운 삶이라고 믿고 있는 인식과 일치하는지 여부를 찾아보고 그것이 서로 다르지 않음을 발견했다. 다시 말해 우리가 웰다잉의 모범 사례로 제시한 인물들의 인생과 삶의 태도가 독자들이 보기에도 공감할 수 있도록 객관성과 보편타당성을 유지하려고 애썼다. 웰다잉 연구팀이 사례 조사를 통해 얻은 몇 가지 사실과 인물 선정 기준을 제시하면 다음과 같다. 우선 웰다잉은 '죽음의 과정이 아닌 삶의 과정'이다. 또한 '좋은 죽음'이란 죽음의 순간에 이르러서도 삶이 주는 마지막 행복을 찾고 감사하는 마음을 가져야 한다는 것이다. 사례를 통해 제시된 인물들은 남을 위해 자신의 목숨을 희생한 의인부터 한 가정을 행복하게 이끈 평범한 가장, 병상에서 죽음을 맞이한 환자에 이르기까지 우리 사회에서 어렵지 않게 만날 수 있는 사람들이다. 연구팀은 웰다잉의 원칙을 명시적으로 제시하기보다 이들이 살아온 다양한 삶의 모습과 방식을 소개하여 독자들 스스로가 좋은 죽음과 아름다운 삶의 의미를 알아가도록 했다. 독자들이 지난 삶을 돌아보고 남아 있는 삶을 소중하게 사는 데 있어 이 사례집이 작은 지침서가 된다면 연구팀으로서는 큰 보람이 될 것이다.

2019년 3월 4일

건양대학교 웰다잉 융합연구회

김광환(연구책임자)

계명대학교 공중보건학과에서 '환자이탈군 특성요인과 이탈환자 예측모형에 관한 연구'로 보건학 박사학위를 받았다. 건양대학교 병원경영학과에 재직하면서 의무기록 강의를 하고 있다. 대한보건정보관리학회 학회장을 맡았고, 현재 한국연구재단 융합연구총괄센터 융합연구학회 부회장으로 재임하고 있으며, 한국산학기술학회, 한국융합학회 의과학분과 논문지 편집위원장을 맡고 있다. 저서로는 『지혜로운 삶을 위한 웰다잉』(구름서재), 『내 인생 저만치에 죽음이』(북랩) 등 웰다잉 관련 도서 6편을 공동으로 저술하였다. 논문으로 「A Study on the Characteristics of Patients Deceased at Convalescent Hospitals」(Indian Journal of Science and Technology) 등 100여 편의 논문이 있다. 현재 건양대학교 웰다잉 융합연구회의 책임연구원으로 죽음교육에 관한 연구를 진행하고 있다.

안상윤

충남대학교 대학원에서 '경영상 해고 후 잔류 종업원의 행동변화에 대한 연구'로 경영학박사 학위를 받았다. 충남대학교 기획연구실에서 국제교류 및 홍보팀장으로 근무하였으며, 지금은 건양대학교 병원경영학과 교수로 병원조직인사관리, 의료마케팅과 소비자행동, 의료관광학, 의료커뮤니케이션, 자본주의정신과 직업 등을 강의하고 있다. 대외적으로는 대한경영학회 부회장, 보훈복지의료공단 경영자문교수 등으로 활동하고 있다. 저서로는 『의료소비자행동의 이해』를 비롯한 13종의 책이 있고, 연구논문으로는 「종합병원의 전략 지향성이 성과에 미치는 영향」을 비롯한 25편이 있다. 현재 건양대학교 웰다잉 융합연구회의 공동연구원으로 죽음교육에 관한 연구를 진행하고 있다.

이종형

한림대학교 통계학과에서 '신뢰성분야 연구'로 박사학위 받았으며 서울대학교 복잡계통계연구센터에서 박사후 연구원으로 연구를 수행하였다. 연세대학교 보건대학원에서 보건학 석사학위를 받았으며 현재 병원경영학과 교수로 통계학, 컴퓨터 프로그래밍 분야를 강의하고 있다. 신뢰성, 통계학, 빅데이터, 보건학 및 웰다잉 분야에 관심을 갖고 40여 편의 논문을 게재하였으며 현재 건양대학교 웰다잉 융합연구회의 공동연구원으로 죽음교육에 관한 연구를 진행하고 있다.

김문준

성균관대학교 동양철학과에서 우암 송시열의 철학사상에 관한 연구로 철학박사 학위를 받았다. 건양대학교 휴머니티칼리지 교수로 재직하면서, 건양대학교 부설 예학교육연구원 원장을 맡고 있다. 동양철학과 한국철학 등을 강의하고 있다. 지은 책으로는 〈동양철학의 이해〉(건양대출판부), 〈우암 송시열의 생애와 사상〉(남간사), 〈우암 송시열이 추앙한 선현들〉(남간사) 등이 있으며, 유학에서의 늙어감에 관한 지혜 등 유학사상, 동양사상 문화 관련 논문이 다수 있다. 현재 건양대학교 웰다잉 융합연구회의 공동연구원으로 죽음교육에 관한 연구를 진행하고 있다.

심문숙

이화여자대학교 간호대학을 졸업하였으며, 이화여자대학병원 중환자실 임상경력이 있다. 건양대학교 간호대학에 재직하면서 지역사회간호를 강의하고 있으며, 『지역사회간호학』, 『노인간호』, 『보건교육』, 『보건의료법규』 등 저서를 집필하였다. 노인요양시설경영자과정과 한국간호교육학회 주관 호스피스간호 임상연수를 받았으며, 한국보건간호학회장으로 봉사하고 있다. 여러 편의 논문이 있으며, 현재 건양대학교 웰다잉 융합연구회의 공동연구원으로 죽음교육에 관한 연구를 진행하고 있다.

송현동

한국학중앙연구원에서 한국의 죽음의례연구로 철학 박사학위를 받았다. 건양대학교 글로벌호텔관광학과에 재직하면서 관광인류학, 웰니스 관광, 교양과목으로 삶과 죽음의 인문학 등을 강의하고 있다. 지은 책으로 『서울 사람들의 죽음, 그리고 삶』(서울특별시시사편찬위원회)이 있고, 논문으로는 그랜드 투어의 관광사적 의미 고찰(관광레저연구), 한국 종교관광의 특성과 과제(종교연구), 관광지 개발에 대한 비판적 고찰-전주 한옥마을의 사례(한국외식산업학회지), 한국 신종교의 문화관광콘텐츠 잠재성 연구(신종교 연구) 등이 있다. 현재 건양대학교 웰다잉 융합연구회의 공동연구원으로 죽음교육에 관한 연구를 진행하고 있다.

박아르마

서울대학교 대학원 불문학과에서 미셸 투르니에 연구로 불문학 박사학위를 받았다. 건양대학교에 재직하면서 글쓰기와 문학 강의를 하고 있다. 지은 책으로 『글쓰기란 무엇인가』(여름언덕)가 있고, 논문으로 「An Analysis of Death Education-related work duty on medical care providers using the dacum method」(International Journal of Applied Engineering Research)와 번역한 책으로 『로빈슨』, 『유다』, 『살로메』(이상 이룸), 루소 『고백』(책세상) 등이 있다. 현재 건양대학교 웰다잉 융합연구회의 공동연구원으로 죽음교육에 관한 연구를 진행하고 있다.

최문기

부산대학교 심리학과 졸업 후 프랑스 리용II대학에서 인지심리학 석사 및 박사학위를 받았다. 박사논문은 불안증을 중심으로 한 인간의 감성과 인지가 상호작용하는 방식을 다양한 심리학실험으로 논의하였다. 건양대학교 휴머니티칼리지 및 심리상담치료학과에 재직하면서 주로 심리학 기초 및 감성 심리학을 강의하고 있다. 논문으로는 「Different mechanism of visual attention in anxious and nonanxious population」(인지과학) 등 20여편이 있다. 건양대학교 웰다잉 융합연구회의 공동연구원으로 죽음교육에 관한 연구를 진행하고 있다.

임효남

건양대학교 졸업 후 이화여자대학교에서 노인전문간호 전공으로 석사과정을 이수한 노인전문간호사이며, 연세대학교에서 위암수술환자를 위한 내비게이션 프로그램에 관한 연구로 간호학 박사학위를 받았다. 대학병원에서

14년간 근무하며 암환자 및 노인환자 등을 간호한 임상경력이 있다. 건양대학교 간호대학에 재직하면서 성인간호학 및 노인간호학 강의를 하고 있으며 노인간호학 저서 등을 집필하였다. 현재 건양대학교 웰다잉 융합연구회의 공동연구원으로 죽음교육에 관한 연구를 진행하고 있다.

황혜정

건양대학교 대학원에서 '방문건강관리 대상자의 노인증후군, 허약 및 삶의 질 관계에 관한 연구'로 의학박사 학위(예방의학 전공)를 받았다. 건양사이버대학교 보건의료복지학과에 재직하면서 주로 보건학 및 보건교육학, 치매와 가족 등을 강의하고 있다. 지은 책으로『보건학』(계축문화사),『알기 쉬운 고혈압 교육자료』(봄) 등이 있고, 최근의 논문으로「A Study on Perception on Death, Action on Death Preparation, and Death Education among Medical Personnel」(Indian Journal of Science and Technology)을 게재하고 있다. 현재 건양대학교 웰다잉 융합연구회의 공동연구원으로 죽음교육에 관한 연구를 진행하고 있다.

김두리

연세대학교 간호대학 학사, 석사, 박사과정을 졸업하였으며, 수술실, 중환자실 임상경력을 가지고 있다. 또한 공동생활가정 요양시설의 간호사로 근무하며, 치매노인의 삶의 질, 치매환자의 웰다잉에 관심을 가지고 치매노인의 죽음을 가장 가까이에서 간호하였다. 현재 건양대학교 간호대학에서 노인간호를 강의하고 있으며, 보건소, 국민건강보험공단 등에서 치매전문인

력을 위한 치매관련 강의를 진행하고 있다. 이외에도 한국연구재단에서 연구비를 수주 받아 '치매환자 가족의 극복력 도구 개발 및 타당도'를 연구하고 있으며, 치매환자의 웰다잉에 관심을 가지고 연구하고 있다.

장경희

한림대학교 대학원에서 생사학(生死學)전공으로 석사학위를 마치고, 건국대학교 대학원에서 문학예술치료 박사과정 중에 있다. 자살예방교육과 웰다잉 교육 전문 강사로 활동하고 있으며, 사전연명의료의향서 상담사로 봉사 중이다. 한국웰다잉교육원 공동대표와 건양대학교 웰다잉 융합연구회 연구원으로서 죽음교육에 관한 연구를 진행하고 있다.

이서희

건양대학교 병원경영학과를 졸업한 뒤 동 대학 보건복지대학원에서 보건학 석사학위를 받았다. 현재 건양대학교 웰다잉 융합연구회의 연구원으로서 보건학적 관점에서 본 죽음교육의 자료 수집 및 개발 등 연구를 진행하고 있다.

제1부

웰다잉 사례 연구를 위하여

웰다잉의 조건

1
'좋은 죽음'이란 무엇일까?

웰다잉 사례연구를 위한 프레임워크

우리가 맞이하는
좋은 죽음이라는 현실

어떤 인간도 죽음을 극복할 수는 없다. 인생의 마지막인 죽음이라는 시나리오는 개인별, 문화별로 제각기 다르지만 죽음이라는 절대적 힘 앞에서 모든 인간은 평등하다. 죽음 앞에서 우리가 할 수 있는 것은 그것을 어떻게 생각하고 받아들이고 준비하는가이다.

죽음에 관련된 문화와 사고들은 시대적으로도 변화를 겪어 왔다. 우리의 어린 시절만 해도 죽음은 한 가정에서 벌어지는 큰 사건이었으며, 그 가족이 포함된 공동체를 통해 장례가 이루어지곤 하였다. 하지만 오늘날의 죽음은 대부분 병원에서 이루어진다. 죽음이 단순히 가족공동체에게 맡겨지는 것이 아니라 병원이나 호스피스, 나아가 전문 장례사들에 의해 그 과정이 진행된다고 해도 과언이 아니다. 죽음의 과정과 관련 산업 등은 이제 많은 부분 사회적 시스템에 의존하게 되었으며, 이에 따라 공통의 '좋은 죽음'을 찾고 연구하고 제공하기 위한 사회적 책임 또한 증가하였다.

사회적 변화도 죽음에 대한 연구를 촉진하고 있다. 특히, 급속한 노령화 사회로 접근하는 한국사회에서 기대수명이 증가하고 있으며, 이에 따라 고령화 대한 인식과 복지정책, 의료정책, 그리고 죽음에 대한 정책은 더욱 강화되어야 한다. 최근 증가하는 고독사, 무연사 등 죽음과 관련된 사회적 문제는 더욱 높은 관심을 끌고 있다. 하지만 이런 많은 관심에도 불구하고 아직 웰다잉은 희망사항일 뿐 모든 이들에게 적용되는 일반적 현실은 아니다.

그렇다면 '웰다잉well-dying'과 '좋은 죽음good death'이란 무엇일까?[1] 죽음과 죽음을 앞둔 환자들을 다루는 움직임은 1967년 시실리 손더스 Cicely Saunders가 호스피스 병동을 설립하고, 1969년과 1972년 엘리자베스 퀴블러-로스Elisabeth Kübler-Ross가 죽어가는 사람들과의 대화를 통해 그들의 마음을 소개한 『죽음의 순간On death and dying』[2], 『죽음과 죽어감에 답하다Questions & Answers on Death and Dying』[3] 등이 소개될 당시를 원년으로 계속 발전해 왔다. 오늘날 우리는 의학적으로 회생 가능성이 없

---

1 '웰다잉well-dying'은 죽음과 그의 과정에 대한 철학적인 이해, 노년기의 긍정적 삶positive aging, 행복한 삶을 위한 심리적 육체적 준비과정과 이를 위한 구체적 실천 행위 등을 포함하는 죽음의 준비과정을 뜻한다. '좋은 죽음good death'은 웰다잉보다 구체적인 의미로, 죽음에 직면해 의료학적으로 무의미한 연명치료의 중단이나 완화치료 등을 포함하는 구체적 죽음과정을 의미하는 말로 사용된다.

2 E. Kübler-Ross, *On Death and Dying*, Routledge, 1969, ISBN 0-415-04015-9.

3 E. Kübler-Ross, *Questions & Answers on Death & Dying*, Simon & Schuster, Touchstone, 1972.

는 환자들의 생명 연장 치료를 중단할 수 있는 권리와 말기암 환자와 같이 중증에서 오는 고통 증상을 완화하는 의료에 대해서 윤리적, 종교적, 법적 그리고 의학적 문제 등을 지속적으로 논의하는 시대에 살고 있다. 우리나라도 2015년 '호스피스 완화의료 및 임종 과정에 있는 환자의 연명의료 결정에 대한 법률안'이 통과되면서 2018년부터 '웰다잉법' 즉 '연명의료결정법'이 시행되고 있다.

죽음에 대한 인식과 개인의 기본적인 권리들이 윤리적으로 논의되고 법적으로 보호받기 시작했지만 아직 '좋은 죽음'에 대한 현실은 예전과 크게 다르지 않다. 에스겔 에마뉴엘Ezekiel J. Emanuel과 린다 에마뉴엘Linda L Emanuel 같은 학자는 그 이유를 우리가 죽음에 대해 다시 평가를 한다 해도 그것은 우리 사회가 가지고 있는 죽음을 거부하고 멀리하려는 아주 강력한 태도와 공존할 수밖에 없기 때문이라고 설명한다. 이런 태도는 죽음과 죽어가는 과정에 대한 긍정적인 측면을 강조하고 부각시키기보다, 죽음 앞에 "무슨 말을 해야 할지 모르겠군요!" 말하며 문제를 회피하고 개입을 차단하는 쪽으로 죽음을 몰고 간다는 것이다. 이런 태도는 우리를 쉽게 혼돈으로 몰아넣는다. 환자의 여러 증상을 완화시켜주는 놀라운 의료기술의 발달과 이로 인해 계속적으로 고통을 받아야 하는 환자, 이런 패러독스는 결국 끊임없이 죽음을 거부하는 우리의 태도에서 비롯된다.[4]

죽음의 문제는 분명히 바뀌어야 한다. 오늘날의 웰다잉에 대한 논의

---

4 Ezekiel J. Emanuel & Linda L. Emanuel, *The promise of a good death*, The Lancet, vol. 351. Suppl 2;SII21-9, 1998.

와 실천은 매우 중요한 우리의 현실이다. 단순히 법적인 문제가 아니라 사회적 인식, 길어진 수명, 소규모 가족의 확대, 건강 및 의·과학의 획기적 발달, 포스트모더니즘, 감성시대의 탈 윤리화 등 모든 면에서 우리는 죽음을 재조명해야 하고 그 속에서 '좋은 죽음'이라는 현실을 새롭게 찾아나가야 한다.

좋은 죽음을 규정하는
다양한 요인들

흔히 '좋은 죽음'이라고 하면 고통 없는 죽음을 상상한다. 물론 사람들에게 물어보아도 많은 사람들이 그렇게 대답한다. 하지만 실제로 (가족의) 죽음을 직접적으로 겪은 사람들이나 병자들을 간호하며 죽음을 관찰한 사람들, 무엇보다 죽음에 직접 직면하여 죽어가는 환자들의 대답은 다소 다르다. 그들은 육체적 고통뿐만 아니라, 죽음의 과정에서 겪게 되는 인간존엄의 문제, 자신에 대한 통제력을 상실하고 의존적으로 되는 문제, 가족들에게 짐이 되는 현실 등 아주 다양한 문제를 얘기한다. 이런 측면들을 고려해 볼 때 '좋은 죽음'이란 육체적 고통 같은 아주 구체적인 것부터 개인적이고 주관적인 측면, 사회·문화적 측면, 시대적 측면, 더 나아가 인간성과 같은 아주 추상적인 개념에까지 연결되는 아주 복잡한 개념이라는 것이다.

그렇다면 이런 다양한 측면들을 가지고 어떻게 '좋은 죽음'을 규정할 수 있으며, 이를 어떠한 방식으로 다루고 응용할 수 있을까? 실제로 죽음을 연구하는 학자들도 '좋은 죽음'을 하나의 틀로 정의하는 데 동의하지 않는다. 그럼에도 불구하고 '좋은 죽음'을 구성하는 데 아주 중요한 요인들은 큰 틀에서 정리되어 있다.

1) 신체적 고통

"통증에 대한 처치를 해줘야, 사람이 그래도 존엄성까지는 아니더라도 품위를 유지하지 않을까 생각합니다. 내가 아는 대장암 걸린 환자는 통증 때문에 거의 바닥을 기어 다녔거든요."

[가정의학과 교수, 「좋은 죽음에 대한 의사의 개념과 교육」(2014)에서 발췌][5]

세상에 존재하는 대부분의 사건들은 상대적으로 좋은 측면과 나쁜 측면이 있다. 일반적으로 사람들은 무언가를 대면할 때 좋은 것은 추구하고 나쁜 것은 회피하는 전략을 사용하는데, 이 두 가지 전략을 동시에 추구하는 것은 생각보다 쉽지 않다. 죽음도 마찬가지다. 긍정적인 측면을 강화하고 한 인간의 삶에 의미를 만들어 가는 웰다잉의 접근방법이 있는가 하면, 죽음의 부정적인 측면인 공포와 고통으로부터 회피하려는 회피전략도 있다. 이 두 가지 전략이 동시에 이루어진다면 가장 이상적인 죽음이겠지만, 여러 가지 사회적 통계 지표를 보면 대부분의 인간은 그렇게 대응하지 않는다.

인간은 무엇보다 고통으로 벗어나는 것을 '좋은 죽음'의 기준으로

---

5   유상호, 「좋은 죽음에 대한 의사의 개념과 교육」, 서울대학교 석사논문, 2014.

삼는다. '좋은 죽음'을 다룬 논문들의 실증적인 연구들을 보면 환자의 85%, 가족의 90%가 그리고 전문 건강관리인(HCP: Healthcare Providers)의 83%가 '좋은 죽음'을 위해 고통의 통제가 필요하다고 답하였다. 이런 현상은 호스피스나 중환자실에서 환자와 가족의 고통을 줄이는 것을 최우선으로 하는 운영철학과도 일치한다.

무엇보다 신체적 증상과 고통은 '나쁜 죽음'을 피하기 위한 아주 중요한 문제이다. 문헌에 따르면, 죽음에 직면한 사람들의 95% 이상이 적당한 고통 완화를 위한 처치를 받았음에도 불구하고 죽어가는 환자들은 여전히 고통이 남아 있다고 보고한다.[6] 실제로 미국 하원 의료자문위원회(MEDPAC: The Medicare Payment Advisory Commission)의 보고에 따르면 병원에서 죽음을 맞이하는 환자의 70%가 적당한 고통 완화 절차를 받지 못한다고 한다. 특히, 장기요양병원 같은 시설에서 죽음을 맞이하는 경우 고통에 대한 조치가 이루어지지 않거나 낮은 수준에서만 이루어진다고 한다.[7] 그리고 신경이나 장기 관련 통증 같은 경우 새로운 통증 완화기법들이 더 개발되어야 한다고 주장하고 있으며 미국의 경우 미국 통증 의학회(AAPM: American Academy of Pain Medicine)나 미국 통증 학회(APS: American Pain Society) 같은 여러 건강 관련 기구들이 생의 마지막에 고통을 덜어주기 위한 노력을 기울이고 있다.

---

6 R. K. Portenoy, H.T. Thaler, A.B. Kornblitb, *The Memorial symptom assessment scale: an instrument for the evaluation of symptom prevalence, characteristics and distress.* EurJ Cancer 1994; 30. 1326-36.

7 Medicare Payment Advisory Commission. *Report to the Congress:Increasing the Value of Medicare.* 2006 June; www.medpac.gov/documents/Jun06_EntireReport.pdf. [Ref list]

비록 고통의 완화가 '좋은 죽음'을 위한 전제조건은 아닐지라도 고통 완화는 죽음을 준비하는 환자에게 가이드라인을 제시하고, 여러 가지 치료나 교육을 하는 데 중요한 조건이 된다. 고통의 완화 외에도 '좋은 죽음'에 관련된 신체적인 증상은 소진이나 불면증, 호흡곤란, 섭식장애 등 다양하다. 이런 신체 증상의 일반적인 치료기법들이 존재하지만, 죽음과 관련하여 이런 증상들을 다루는 새로운 기법들이 필요하다.

2) 심리적 증상

사람들은 죽음의 질을 이야기할 때 신체적인 측면을 가장 먼저 떠올리지만, 심리적 측면 또한 죽음의 질에 가장 광범위하고 중요한 영향을 미친다. 대표적인 예로 죽어가는 사람들의 1/3 이상이 우울 증세를 보이는데, 이는 일반적인 슬픔과 분명히 구분해야 하며, '좋은 죽음'에 아주 부정적인 영향을 미친다.

우울증이 일단 진행되면 삶의 질을 떨어뜨리고 환자를 더욱 힘들게 만든다. 또한 고통을 더욱 민감하게 받아들이게 하고 수명을 단축시킨다. 더욱이 우울로 인한 부정적인 사고와 실망감은 가족이나 사회와의 관계를 악화시키고 더 많은 문제를 발생시키는 것으로 알려져 있다. 나아가 자살률을 높이고, '좋은 죽음'에 결정적인 역할을 하는 삶의 의미를 찾는 능력 또한 잃게 만든다.[8]

---

8 K.G. Wilson, H. M. Chochinov, M. G. P. Skirko, Allard, S. Chary, P. R. Gagnon, et al. *Depression and anxiety disorders in palliative cancer care*, J Pain Symptom Manage. 2007 Feb;33(2):118-29.

병원에서는 죽음을 맞이하는 이들의 심리적 문제를 조금 과소평가하여 진단한다고 한다.[9] 그 이유는 전문적인 건강관리인들(HCP)을 포함하여 가족, 지인 등 많은 사람들이 죽음을 맞이하는 사람들은 당연히 부정적인 감정을 가지고 있을 것이라고 추정하기 때문이다. 실제로 죽음을 맞이하는 사람들의 감정은 부정적인 과정을 거칠 수밖에 없다.

가장 잘 알려져 있는 퀴블러-로스 모델The Kübler-Ross model의 죽음의 5단계 이론The Five Stages of Grief[10]도 부정적인 심리로 연결되는 심리적 상태의 변화를 다루고 있다. 퀴블러-로스는 죽음에 직면했을 때 일반적으로 부정denial, 분노anger, 타협bargaining, 우울depression, 수용acceptance의 5단계를 거친다고 가정한다. 먼저 자신이 곧 죽을 것임을 알게 되었을 때 사람들은 "아닐 거야.", "나에게 그런 일이 일어날 리가 없어.", "믿을 수 없어."라는 반응을 보인다. 두 번째의 심리적 반응은 분노다. "왜 하필이면 나야?", "어떻게 나한테 이런 일이 일어날 수 있지?" 등 더 이상 상황을 부정할 수 없게 되었을 때 나타나는 공격적 행동이 그것이다. 이때 당사자는 주위 사람과 신에게까지 직접적으로 분노를 표현한다. 세 번째 단계는 타협으로 죽음이라는 불가피한 현실을 어떻게든 연기하거나 지연할 수 있을 것이라는 희망을 가지는 것이다. 네 번째 단계는 자신에게 발생할 결과의 확실성을 이해하고 스스로 상황을 바꿀 수

9 H. C. Schulberg, M. Saul, M. McClelland, M. Ganguli, W. Christy, R. Frank. *Assessing depression in primary medical and psychiatric practices*. Arch Gen Psychiatry 1985; 42: 1164-70.

10 J. W. Santrock, *A Topical Approach to Life-Span Development*. New York: McGraw-Hill. 2007. ISBN 0-07-338264-7.

없다는 걸 받아들이게 되는 것이다. 초연한 자세를 취하거나 침묵을 지키며, 사람들과 만나는 것을 거절하고 슬퍼하는 데 시간을 쓴다. 마지막으로 죽음의 수용이다. 결국 좋든 싫든 받아들여야 한다는 걸 인식하고, 먼 여정을 준비하는 마음으로 작별인사와 평온의 상태에 이른다.

'좋은 죽음'을 준비하기 위해 죽음을 맞이하는 사람들의 심리적 변화를 관찰하고 보살피는 일은 매우 중요하다. '좋은 죽음'을 위해 중요한 것은 죽음을 맞이하는 사람들이 자연스레 가지는 감정을 이해하고 이런 감정이 우울이나 불안증 같은 정신질환으로 발전하지 않도록 관리하는 것이다. 감정 이론에 따르면 인간의 감정은 그 사람이 사건을 어떻게 해석하는가에 많은 부분 의존한다. 따라서 죽음을 맞이하는 이가 평온과 긍정적 정서를 기반으로 '좋은 죽음'을 실현하기 위해서는 자신의 죽음이라는 사건을 어떻게 받아들일지가 결정적이다. 임종 상담과 생의 마지막 순간에 신에 귀의하는 경향성은 이를 뒷받침하는 현상들이다.

죽음과 관련된 심리적 현상들이 왜 발생하고 어떻게 진행되는지에 대해 보다 많은 연구가 필요하다. 또한 부정적 심리 상태에 대한 적절한 치료와 임종 상담에도 관심을 기울여야 한다.

3) 사회적 관계 및 지원

'좋은 죽음'을 규정하는 또 하나의 중요한 요소는 사회적 관계와 지지이다. 이는 환자가 자신의 문제를 털어놓고 이야기하거나 의미 있는 긍정적인 시간을 보낼 사람이 있는가, 얼마나 자주 그럴 수 있는가의 문제와 관련이 있다. 영국 의료 정책에서는 생물학적 죽음 이전의 사회적 죽음을 매우 심각한 상황으로 받아들인다. 로톤Lawton의 연구에 따르면 중환자실에서 죽어가는 환자들은 가족이나 사회적 관계가 단절됨으로써 많은 상심을 경험한다.[11] 실제로 건강전문가(HPC), 간호사 그리고 일반인들을 대상으로 한 '좋은 죽음'에 대한 설문 결과들에서 대부분의 '좋은 죽음'은 가족과의 좋은 관계를 유지하는 것 또는 가족 구성원으로서의 역할을 실현하는 것으로 표현되며, 이런 경향은 특히 일본과 한국, 중국, 대만 등에서 많이 나타난다.[12, 13, 14] 많은 학자들이 '좋은 죽음'을 규정할 때 죽음을 맞이하는 본인과 가족이 함께 동의하는, 또는 서로가 바라는 죽음이라고 말한다.

한 재미있는 연구는 죽어가는 환자들이 간호사들과 진심 어린 인간적 관계와 상호작용을 바란다는 것을 보여주었다.[15] 호스피스 운동의 선구자로 알려진 손더스의 초기 환자이자 성크로스토프 호스피스병원의 실제 창업자인 데이비드 타스마David Tasma가 손더스에게 "I want what is in your mind and in your heart(나는 당신의 가슴에서 나오는 진실한 마음을 원해요)."라고 말한 사건은 유명하다. 그러나 이후 연구들이 밝

11　J. Lawton, *The dying process: patients' experiences of palliative care*. Abingdon, UK: Routledge, 2000.

12　M. T. Hsu, Hahn DL, Hsu M. *A single leaf orchid: meaning of a husband's death for Taiwanese widows*. Ethos. 2003; 30(4): 306-326.

13　M. Miyashita, M. Sanjo, T. Morita, K. Hirai, Y. Uchitomi. *Good death in cancer care: a nationwide quantitative study*. Ann Oncol. 2007; 18(6): 1090-1097.

14　CSC. Chao. *The meaning of good dying in Chinese terminally ill cancer patients in Taiwan [dissertation]*. Cleveland: Case Western Reserve University, 1993.

15　B. Johnston & L. N. Smith. *Nurses' and patients' perceptions of expert palliative nursing care*. Journal of Advanced Nursing, 54(6), 700-709, 2006.

힌 바에 따르면 애석하게도 실제로 간호사들도 이런 관계를 맺고 유지하기를 원해도 현대의 병원 문화에서는 대부분 이를 억제하는 분위기이다.[16] 일반적으로 간호사의 역할은 '일을 하는 것(doing to)'에 집중되어 있지 '있어 주는 것(being with)'에 맞추어져 있지 않았다는 것이다. 맥나마라McNamara의 연구에 따르면 간호사들 또한 총체적인 간호(holistic care)를 원하지만 그것이 무엇인지, 어떻게 하는지는 대부분 잘 모른다.[17] 즉, '좋은 죽음'의 담론은 아직 교육이나 현실에서 적용하기엔 멀다는 뜻이다. 웰다잉과 '좋은 죽음'에 대한 더 많은 연구가 필요하듯 사회적 관계가 '좋은 죽음'에 어떻게 그리고 얼마나 영향을 미치는지에 대해서는 더 많은 연구들이 필요할 것이다.

인간으로서 죽어가는 과정에서도 사회적 관계를 유지하고 지지를 받는 것이 중요하지만, (죽어가는 환자들에 대한 설문조사에서 밝혀졌듯이) 또 다른 대표적인 '좋은 죽음'의 요인은 죽음을 준비하는 사람들이 가족이나 사랑하는 사람에게 부담과 상처를 주지 않는 것이다. 한 사람의 죽음은 그 사람에게만 괴로움과 고통을 주는 것이 아니라 그의 가족과 그를 사랑하는 사람들 모두에게 큰 고통과 상처를 주게 되는데, '좋은 죽음'에서는 이런 고통과 상처를 서로 표현하고 최소화하는 것이 매우 중요하다.

---

16 B. H. Rasmussen, P. Sandman & A. Norberg. *Stories of being a hospice nurse: a journey towards finding one's footing*. Cancer Nursing, 20(5), 330〉341, 1997.

17 B. McNamara, *Good enough death*: autonomy and choice in Australian palliative care. Social Science & Medicine, 58(5), 929-938, 2004.

4) 인간으로서의 존엄함

따뜻한 호박색 촛불이 조용한 공기를 통해 흔들거리고 있었습니다. 한 중년 여인이 여러 색으로 수놓인 그녀가 직접 만든 이불을 덮고 침대 위에서 숨을 가쁘게 몰아쉬며 마지막 숨을 준비하고 있었습니다. 작은 의자에 앉은 그녀의 남편은 그의 투박한 손가락으로 그녀의 뺨을 쓰다듬거나, 가끔씩은 부드러운 키스로 그녀를 안아주었습니다. 그녀는 말을 할 수 없었고, 그녀의 남편은 그녀에게 그들의 인생이 얼마나 의미 있었는지 말해주며 그녀가 무척 그리울 것이라 말을 하였습니다. 그녀의 호흡이 멈추자 그는 그녀에게 마지막 키스를 하고 나를 향해 시선을 돌려 바라봅니다. 나는 온 마음을 다해 그의 슬픔을 안아주었습니다. 나는 그들이 작별인사를 하기 위해 잠시 자리를 비켜주었습니다. 내가 나갈 때, 그는 감사하다고 말을 했습니다. 그때 저는 너무나 감동했습니다. 그들이 인생의 마지막 순간을 함께 보내는 그 특별한 순간을 저도 함께 했으니까요."[18]

위의 장면은 '좋은 죽음'이 무엇인지에 대한 통찰을 준다. 따뜻하고 조용하며 아름다운 장소에서 일어나는 죽음은 경의를 표하기에 충분하며 성스럽기까지 하다. 남편은 그녀가 죽어가고 있다는 것을 마음을 열

---

18 B. A. Perry, *A description of exceptionally competent nursing practice*, The University of Alberta, Edmonton, AB., 1994.

어 받아들였고 마지막 작별인사를 하는 것에 집중하고 있다. 그녀는 결국 죽었지만 이야기는 해피엔딩이다. 간호사는 이런 인간적인 경건한 경험을 목격하고 참여할 수 있었던 것에 기뻐하고 있다. 캐나다 간호사 협회(CNA: Canadian Nurses Association)는 인간의 존엄성을 유지하는 것이야말로 간호사들이 윤리적으로 지켜야 할 최우선의 가치라고 말한다.

존엄한 죽음이란 어쩌면 너무 이상적이며 이론으로만 존재하는 것이라고 말하는 사람들도 있다. "좋은 죽음", "존엄한 죽음", "좋은 환자"란 매우 주관적이며 양적으로 표현하는 것이 힘들기 때문이다. 그럼에도 웰다잉과 관련된 많은 연구들, 사회적 운동 그리고 관련 기관들은 존엄을 웰다잉의 핵심 문제로 받아들인다.

실제로 일반인들을 포함하여 의료인들이나 직접적으로 죽음을 기다리는 사람의 가족들도 죽음을 하나의 자연스러운 과정으로 받아들이기를 꺼린다. 죽음을 받아들이고 인간으로서의 마지막을 준비하기보다는 기술적으로 더 진보된 의료서비스를 원한다. 실제 의식조사에 따르면 죽어가는 나이 많은 노인들이 인간적인 존엄성을 유지할 수 있는 많은 장치들(연명치료의 중단, 죽음 준비, 집에서의 죽음 등)을 마다하고 가족이나 의사의 지시에 따르려 한다.[19, 20, 21]

인간의 존엄을 유지하는 죽음이란 무엇일까? 노튼펠트L. Nordenfelt

19 L. Jansson, A. Norberg, P.O. Sandman, *When the severely ill elderly patient refuses food: Ethical reasoning among nurses*. Int J of Nurs Stud. 1995; 32(1): 68-78.

20 S. Kaufman, *The clash of meanings: Medical narrative and biographical story at life's end*. Generations. Winter 1999-2000; 23(4): 77-82.

21 S. Kaufman, *Intensive care, old age, and the problem of death in America*. Gerontologist. 1998; 38(6): 715-725.

는[22] 존엄에는 4가지 개념이 포함되는데, 첫째로는 인간을 대할 때 기초적이고 일반적인 측면(universal human dignity)에서의 존엄성이 있으며, 둘째로는 한 사람의 삶을 사회적 또는 기능적 가치의 측면(dignity as merit)에서 인정하는 것, 셋째로는 도덕적 수준에서 존중받는 것, 마지막으로 타인에 의해 가장 쉽게 공격받을 수 있는 자기정체성에 대한 존중이 그것이라고 말한다. 이런 정체성은 신체적 상태, 자율성, 사회 계층 등 다양한 차원을 포함한다.

웨인라이트P. Wainwright와 갤라거A. Gallagher는[23] 생의 마지막을 간호할 때 이 네 가지의 존엄성 중에서 가치적인 측면과 도덕적인 측면은 배제해야 한다고 주장하였다. 앞에서 사회적 위치나 도덕성에 대한 판단에 앞서 한 인간으로서 존엄을 지키는 것이 중요하다고 말했다. 그럼에도 불구하고 위의 두 존엄이 '좋은 죽음'에 큰 영향을 미친다는 연구도 있다.[24]

병원에 입원한 노인들을 대상으로 인터뷰와 관찰 연구를 수행한 자스론Cynthia Jacelon(2004)에 따르면 환자들이 스스로 느끼고 있는 자신의 가치와 사람들이 바라보는 관점이 일치할 때 그는 존엄의 측면에서 가장 존중받는다고 느낀다고 하였다. 영국의 호스피스 환자들을 대상으로 질적 연구를 수행한 뒤아르트 앤즈Duart Enes(2003)는 죽음을 기다리

---

22 L. Nordenfelt, *Dignity of the elderly: an introduction. Medicine, Health Care and Philosophy*, 6, 99-101, 2003.

23 Wainwright, P., & Gallagher, A. (2008). *On different types of dignity in nursing care: a critique of Nordenfelt*. Nursing Philosophy, 9(1), 46-54.

24 Woods, S. (2007). *Death's dominion: ethics at the end of life*. NewYork, NY: Open University Press.

는 환자들에게 존엄성은 절대적으로 관계를 통해 형성되며, 얼마나 잘 듣고 이해하는지, 얼마나 긍정적으로 받아들이는지, 얼마나 스스로 잘 통제하는지, 얼마나 권리를 존중 받는지 그리고 사적 공간과 일들이 얼마나 보장되는가에 달려있다고 말한다. 따라서 존엄성이란 자신 내부의 일이기도 하지만 상호관계적인 것으로 봐야 한다.[25]

5) 영적 실존적 믿음

"나는 특별히 한 남자를 기억합니다. 그는 정말로 몸을 떨고 있었고 불안해 보였습니다. 그는 잠들지 않았고 내가 어떤 말을 하던 그의 대답은 한결같이 온몸이 부서질 듯 아프다는 것이었습니다. 그러나 그것은 단순히 육체의 고통이 아니었습니다. 왜냐하면 그는 아주 강한 진통제를 두 개의 튜브를 통해 맞고 있었기 때문입니다. 나는 그에게 뭔가 더 해줄 수 있는 것이 있지 않을까 스스로 자문하곤 했습니다. 정말로 슬프고 외로운 남자였으니까 말입니다."

[The power of consoling presence – '어느 간호사의 영적 존재론적 호스피스 경험'에서 발췌][26]

---

25 Anderberg et al., 2007; Jacelon, 2004; Jacelon et al., 2004; Street & Kissane, 2001
26 Tornøe, K.A., Danbolt, L.J., Kvigne, K., & Sørlie, V.M. (2014). *The power of consoling presence - hospice nurses' lived experience with spiritual and existential care for the dying*. BMC nursing.

영적이고 실존주의적 믿음은 사람들이 자신의 삶에 대해 얼마나 의미를 부여하고, 삶의 목적을 느끼며, 그 속에서의 가치를 부여하는가를 말해주며 '좋은 죽음'에서 중요한 요소이다. 영적이고 실존주의적인 믿음 하면 흔히 종교적인 믿음을 떠올리기 쉽다. 그러나 꼭 종교적인 믿음이 아니라도 자신의 삶에 의미와 목적을 부여할 수 있다.[27]

실제로 많은 연구들이 죽음을 기다리는 사람들은 자신의 의미와 존재에 대한 물음에서 답을 얻기를 원한다고 말한다. 이런 영적이고 실존주의적 문제는 호스피스들에게 있어 중요한 철학적 문제이기 때문에 환자들을 대상으로 한 종교적 활동도 활발하게 이루어진다. 그럼에도 많은 의료 전문가들이 이런 심리적이고 영적인 문제를 다루는 일에 익숙하지 않고, 관련 의료인들에게 도덕적 스트레스와 피로감을 주기도 한다. 아직 이 부분에 대한 많은 연구가 이루어지지 못해 정보도 부족하다. 아직 많은 의료기관이나 호스피스에 이런 문제를 상담할 수 있는 시설과 서비스가 갖추어져 있지 않다는 것도 지적해야 할 문제이다.

6) 그 밖의 요인들

'좋은 죽음'을 규정하는 요인들은 위에서 논했던 것 외에도 어디에서 임종할지, 누가 지켜보는 가운데 임종할지, 수면 중 임종을 맞을지 등 다양한 요인이 존재한다. 한 연구에 따르면(Melanie, 2011) 임종 장소로는 모두가 짐작하듯 본인이 살던 집을 가장 선호했으며(44.2%), 다음

---

27 Institute of Medicine. *Approaching death: improving care at the end of life*. Washington, DC: National Academy Press, 1997.

으로는 호스피스(32.5%), 그리고 일반병원이나 종양전문센터(12%) 순으로 나타났다.

'좋은 죽음'에 영향을 미치는 또 하나의 요인은 의료진과의 관계다. 의사와 간호사로부터 신뢰와 지지를 받고 죽음을 편하게 받아들인다면 편안한 죽음을 맞이할 수 있을 것이다. 때문에 자신을 이해하고 도와주는 의료진, 영적 두려움이나 삶의 의미에 대해 이야기를 나눌 수 있는 의사와 간호사를 선호하였다.

죽음의 과정에 이르는 동안 유지되는 삶의 질 또한 '좋은 죽음'에 영향을 미친다. 환자들은 평상시와 같은 태도와 삶의 질을 유지하기를 원하며 의사와 간호사를 포함하여 가족까지 자신의 그런 모습을 인정해주기를 원한다.

좋은 죽음의
통합적 프레임 워크

우리는 앞서 '좋은 죽음'을 구성하는 개개의 요인들을 살펴보았다. '좋은 죽음'엔 이런 개인 차원의 주관적 느낌과 조건이 중요하게 작용한다. 그러나 '좋은 죽음'을 보다 사회적인 측면에서 보면 이런 하나하나의 요인들이 개별적으로 작용하는 것으로만 보기는 어렵다. 많은 요인들이 다차원적인 경험으로 나타나 상호적으로 영향을 미친다. 우리는 이런 여러 측면들을 종합적으로 고려하여 '좋은 죽음'이라는 현상을 설명하고, 우리 사회가 '좋은 죽음'을 기획하고 유도하기 위한 틀을 만들어야 한다.

'좋은 죽음'을 하나의 구조적 모델로 제시한 좋은 사례가 바로 '엠마뉴엘 & 엠마뉴엘'의 모델이다.[28] 그들은 '좋은 죽음'이란 임종 환자의 특성과 임종 환자를 돌보게 될 시스템 그리고 임종 환자가 겪게 될 총체적인 경험의 결과로 구성된다고 보고, '좋은 죽음'을 보다 복합적인 모형으로 제시하였다. 이 이론에 따르면 죽음의 과정은 4가지 결정적인 요소들로 구성되는데, 첫째, 변할 수 없는 환자의 특징들, 둘째, 환자가 경험하는 변화 가능한 다양한 차원들 혹은 여러 가지 개입으로 인해 나타나는 환자의 반응, 셋째, 가족, 친구, 의료시스템의 잠재적인 개입, 그리고 마지막으로 전반적인 산출의 결과이다. (〈그림 1〉 참고)

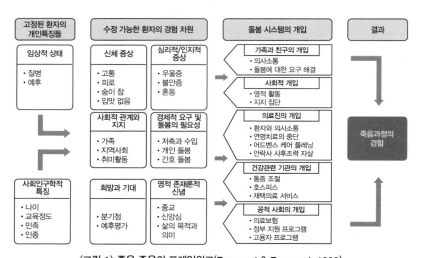

〈그림 1〉 좋은 죽음의 프레임워크(Emanuel & Emanuel, 1998)

28　Ezekiel J. Emanuel & Linda L. Emanuel. *The promise of a good death*. The Lancet, vol. 351. Suppl 2 SII21 -9, 1998.

이 모델은 죽음을 육체적인 고통이나 정서적, 심리적 증상을 뛰어넘는 다양한 측면의 경험들로 구성된 사건으로 본다. 더불어 죽음에 대한 개입 또한 단순히 의료의 측면을 넘어 가족, 공동체, 의료기관 국가 등 환자의 모든 사회적 네트워크가 연관되어 나타나는 현상으로 보며, 이런 요소들을 통해 '좋은 죽음'을 어떻게 구성할지를 다시 묻고 있다.

행복의 속성과
좋은 죽음

지금까지 우리는 '좋은 죽음' 그리고 '웰다잉'은 무엇인지 조금은 복잡한 요인들을 가지고 설명해 보았다. 이제 조금 다른 이야기를 해보자. '좋은 죽음'의 "좋은" 또는 웰다잉의 "웰well"의 본질은 무엇일까? 이 문제를 얘기하기에 앞서 최근 화두가 되고 있는 행복에 대한 이야기를 잠깐 해보려 한다. 마틴 셀리그만Martin Seligman 등 심리학자들이 중심이 되어 진행된 긍정 심리학, 행복, 그리고 웰빙에 대한 과학적 탐구는 인간 행복에 대해 새로운 사실들을 밝혀냈다. 그들의 이야기 중 '적극적 행복'과 '소극적 행복'이라는 개념이 '좋은 죽음'에서 '좋은'이라는 단어의 의미를 이해하는데 참고가 될 수 있다.

긍정심리학의 핵심 중 하나는 사람들이 행복을 추구하는 방식이 모두 다르다는 것이다. 많은 사람들은 오랫동안 소극적 행복론에 기초하여 행복을 추구해 왔는데, 여기서 '소극적'이란 행복을 직접적으로 추구하기보다는 부정적이고 불행한 것으로부터 자신을 보호하는 방식으로 행복을 추구하는 것을 말한다. 행동에서 생존과 불행에 관련된 것들을 우선하는 것은 어찌 보면 당연하다. 예를 들어, 굶주림, 전쟁, 질병, 가난, 무능력 같은 불행은 자신의 인생에서 어떻게든 피해야 하는 시나리오들이다. 셀리그만 같은 긍정심리학자는 우리의 현대 사회가 이제 이런 부정적인 것들로부터 상당히 멀어졌음에도 불구하고 아직 문화적, 사회적으로 소극적 행복 추구에 길들여져 방어적 행동을 계속하고 있다고 말한다.

많은 사람들이 긍정성을 추구하는 전략을 사용하기보다는 부정성을 회피하는 전략을 사용한다. 그리고 이런 부정적인 것들로부터 멀리 도망가는 것이 행복이라고 착각한다. 예를 들어, 굶주림은 불행을 가져올 수 있기 때문에 이를 해결하기 위해 온갖 노력을 다한다. 하지만 굶주림의 해결은 불행을 극복하고 예방하는 것이지 직접적으로 행복을 주는 요인은 되지 못한다. 즉 소극적 행복 추구의 전략은 불행에서 멀어져 0에 도달할 뿐 행복을 위해 더 이상 나아갈 수는 없다. 0까지 가는 노력과 0을 넘어서 행복으로 가는 길은 질적으로 완전히 다르기 때문이다.[29]

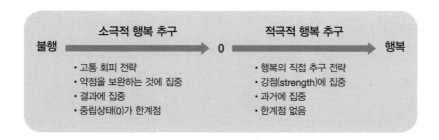

29 Martin Seligman, *Flourish*. New York: Free Press. pp. 16-20, 2011, ISBN 9781439190760.

'좋은 죽음'이라는 화두도 마찬가지다. 웰다잉의 '웰well' 그리고 '좋은 죽음'의 "좋은"을 단순히 나쁜 죽음의 반대말로 이해해서는 안 된다. 죽음에 대해 연구한 많은 학자들은 사회적으로 죽음이 부정적인 의미로 해석되는 것에 주목한다. 사람들은 죽음을 부정의 가장 대표적 사건으로 보고, 가능하면 피하고 도망가려고 한다. 즉, 죽음의 공포가 자신의 삶을 소극적 행복에 기반을 두도록 한다는 것이다. 공포를 두려워하고 회피하려는 이런 전략은 '웰다잉'과 '좋은 죽음'에도 많은 영향을 준다.

위의 이론에 따르자면 죽음에 대처하는 전략을 두 종류로 나누어 볼 수 있다. 먼저 죽음에 따르는 공포와 여러 가지 부정적인 요인들을 피하기 위해 행하는 전략이다. 사실 이런 방식을 '좋은 죽음'이라 하긴 어렵다. 이는 '좋은 죽음'이라기보다 '불행하지 않은 죽음'이다. 그렇다면 불행한 죽음은 무엇일까? 위갠드Wiegand와 데브라Debra[30]의 조사에서는 '나쁜 죽음'으로 유족과 환자의 바람이 일치하지 않는 죽음, 의존적인 환자, 심적 외상을 초래하는 죽음, 고통 속의 죽음, 준비되지 못한 죽음, 가족에게 많은 부담을 주는 죽음, 고독사, 젊어서의 죽음 등을 나열하고 있다. 다시 말해 이런 죽음을 피하는 것은 '좋은 죽음'의 추구라기보다 '좋지 않는 죽음' 혹은 '나쁜 죽음'을 피하는 것이 된다.

그렇다면 적극적 행복에 기반을 둔 '좋은 죽음'이란 무엇일까? 그것은 죽음의 공포와 고통 속에서도 자신의 의미와 완성을 추구하고 그

---

30 Wiegand & Debra, *Is a Good Death Possible After Withdrawal of Life-Sustaining Therapy?*, Journal of Pain and Symptom Management, Volume 41, Issue 1, 314, 2011.

를 통해 직접적인 행복을 찾는 전략일 것이다. 죽음의 고통과 온갖 부정적인 것들을 피하는 것은 어쩌면 당연한 일이다. 하지만 그것이 죽음을 준비하는 환자에게 중심이나 핵심적인 일이 되어서는 안 된다. 보다 중요한 일은 남아있는 삶과 직접적인 행복에 집중하는 것이다. 행복 연구에서 흔히 하는 착각은 행복한 사람들의 상황이 불행한 사람들의 상황과 여러 가지 면에서 다를 것이라고 보는 것이다. 행복한 사람들도 우리와 똑같이 많은 어려움과 고통을 겪고 산다. 그들의 특징은 우리와 똑같이 온갖 부정적인 일들을 겪으며 살면서도 이런 부정적인 일들을 삶의 중심에 두지 않는 것이다. 죽음의 경우도 마찬가지다. 죽음의 과정에는 온갖 공포와 두려움, 공허함이 존재하기 마련이다. 하지만 그럼에도 우리는 삶이 주는 마지막 행복을 찾고, 의미와 감사함을 마음의 중심에 놓아야 한다. 알 수 없는 두려움과 공포와 싸우거나 도망가서는 안 된다. 그것들을 내 삶의 의미 그리고 인간에 대한 이해라는 그릇 속에 담아 정리하고 수용해야 한다. 이렇게 해야 하는 것은 죽음의 고통을 덜기 위해서가 아니다. 그것이야말로 '행복한 인간'으로 사는 방법이며, 이런 자세가 '좋은 죽음', 곧 '웰다잉'으로 이어지기 때문이다. 죽음의 공포가 우리의 삶을 지배해서는 결코 안 된다.

2
한국인들은 죽음을 어떻게 대하는가?

문화현상으로 보는 웰다잉

최근 한국사회에서 웰다잉에 대한 담론이 확산되고 있다. 인간에게 죽음이란 무엇인가? '좋은 죽음'과 그렇지 않은 죽음이 있는가? 그러나 단순히 말하면 죽음은 죽음일 뿐이다. 모든 살아있는 생명은 죽는다. 죽음은 특별한 것이 아닌, 지극히 일상적인 사건이다. 인간의 죽음 역시 죽음의 하나일 뿐이다. 다른 것이 개입할 여지가 없다.

인간이 동물과 다른 점은 죽음을 의식하고 죽음에 대한 두려움을 가진다는 것이다. 죽음에 이르기까지 느끼는 육체적, 정신적 고통, 죽음의 결과로 나타나는 가족이나 지인들과의 단절, 무엇보다 죽음의 불가역적인 특성을 인식하기 때문이다. 죽음 이후의 세계에 대해 우리는 알지 못하며 죽은 뒤에 다시 살아날 수도 없다. 이러한 죽음의 불가역적인 특성이 인간에게 공포와 두려움을 준다.

웰다잉에 대한 담론은 죽음 자체의 의미를 숙고하는 과정에서 나오는 게 아니라 삶의 의미를 돌아보는 과정에서 나온다. 즉 어떻게 사는 것이 의미 있는 것일까라는 철학적인 문제 제기에서 시작된다. 삶의 의미와 가치를 생각하다 보면 '잘 죽는 것', '좋은 죽음'에 대해 생각할 수밖에 없다. 그래서 '좋은 죽음'의 의미를 묻는 것은 '좋은 삶'의 의미를 묻는 것과 같으며, 이런 의미의 기준은 가치관과 신념, 그리고 당대의 사회·문화적인 환경과 무관할 수 없다. 이렇게 '좋은 죽음'과 '나쁜 죽음'의 기준은 죽음에 대한 인식과 태도의 문제로 귀결되며, 이런 인식과 태도의 형성은 종교적, 사회·문화적인 상황과 밀접한 관련을 맺고 있다. 예를 들어 고려의 불교적 세계관, 조선의 유교적 세계관, 조선 중기 이후 전래된 기독교적 세계관은 한국 사람들의 삶과 죽음에 대한 인식과 태도를 형성하는 데 주요한 요소로 작용했다.

한국사회의 죽음 문화는 지난 20여 년 동안 급변해 왔다. 한국의 죽음 장소는 집에서 병원으로, 장례문화는 매장에서 화장으로, 장례 장소는 집에서 장례식장으로 빠르게 바뀌었다. 우리나라의 유교 문화에서 화장은 부모를 두 번 죽이는 불효로 여겨지며 가난한 사람, 무연고자들에게나 해당하는 장례로 인식되었다. 한국인들은 집 밖에서의 죽음을 '객사客死'라 부르며 매우 수치스러운 일로 여겼다. 불과 20여 년 전만 해도 집에서 죽어 땅에 묻히는 것을 바람직한 죽음으로 보았지만 지금 이런 생각은 급격히 바뀌고 있다. 또한, 전에는 죽음이 선고되는 순간까지 치료를 계속해야 한다는 사회적인 분위기였지만 최근에는 이러한 태도에 변화가 생기고 있다. 예를 들어 자식이 "임종을 앞둔 부모를 마지막 순간까지 치료하는 것이 과연 효도일까?", "의사가 말기암 환자가 죽음에 이를 때까지 항암치료, CT촬영, 심폐소생술을 계속해야 할까?" 등의 문제들이 새롭게 제기되고 있다. 죽음을 둘러싼 이런 문제를 깊이 성찰하다 보면 결국 '어떻게 사는 것이 의미 있는 삶인가'라는 물음으로 귀결되고 만다.

기존의 죽음에 대한 인식과 태도에선 수용이 힘들었던 '존엄한 죽음', '품위 있는 죽음'에 대한 담론이 확산되면서 2018년 2월 4일 마침내 '연명의료결정법(호스피스 완화의료 및 임종 과정에 있는 환자의 연명의료 결정에 관한 법)'이 시행되었다. 연명의료결정법의 핵심은 말기암 등으로 죽음에 임박한 환자가 무의미한 연명치료를 하는 걸 선택 또는 거부할 수 있는 권한을 법적으로 보장하는 것이다. 이런 연명의료결정법의 시행과 함께 '사전장례의향서', '유언장 작성', '엔딩노트' 등에 대한 관심도 높아졌고 '한국인의 웰다잉 가이드라인'이라는 것도 등장했다. 이 글에서는 이렇듯 기존의 죽음에 대한 인식과 태도와는 다른 모습이 나타나고 있는 최근 한국사회의 웰다잉에 대한 단상을 적어보고자 한다.

생전장례식

모든 인간 사회가 장례문화를 갖고 있다. 죽은 자는 말이 없을 뿐만 아니라 자신이 속한 사회와 가족 구성원들에게 물리적으로 해줄 수 있는 게 아무것도 없다. 즉, 죽은 자는 생산 활동을 할수 없다. 따라서 남은 자들은 죽은 자에게 일정한 형식과 내용으로 구성된 의례 절차를 밟아 장례를 치른다. 에드가 모랭Edgar Morin은 "인간만이 유일하게 장례를 치르는 문화를 갖고 있다.”고 말한다. 이러한 주장은 장례문화를 통해 인간이 동물과 다른 점, 인간 사회와 문화를 이해하는 하나의 시각을 제시하려는 것으로 보인다.

장례를 치르는 이유는 여러 가지일 것이다. 첫째, 종교적으로 죽은 자를 저세상으로 보내려는 목적이다. 유교, 불교, 기독교, 민간신앙에서 말하는 천국, 극락, 저승과 같은 곳으로 보내기 위한 종교 의례의 과정인 것이다. 주자가례에 따른 유교의 장례 절차, 천주교의 위령미사, 무속의 굿, 불교의 49재 등은 죽은 자를 저세상으로 보내기 위한 핵심 의례라고 할 수 있다. 둘째, 장례는 일정한 절차와 형식을 담은 의례를 통해 죽은 자에게 예를 표하고 죽음을 이야기함으로써 사회구성원을 떠나보내기 위한 의식이다. 이처럼 장례에는 종교적인 측면과 인간적인 측면들이 결합되어 있다.

당연한 얘기 같지만 장례는 죽음 뒤에 치러진다. 장례는 죽은 자를 위한, 죽은 자에 대한 의례이기 때문에 구조적으로 죽음 뒤에 발생할 수밖에 없으며 이런 까닭에 생전 장례는 생각할 수 없다. 인간은 태어나서 죽음에 이를 때까지 다양한 통과의례를 치른다. 돌, 성인식, 결혼식, 장례식이 그 예이다. 돌잔치에는 돌을 맞이한 아기가 있다. 의례의 참여자들은 어린아이와 보모를 축하해 주려고 참여한다. 성인식도 마찬가지다. 성인식에는 청소년에서 성인으로 전환하는 대상이 있다. 결혼식 또한 결혼의 당사자인 신랑과 신부가 있다. 사람들은 의례에 참석하여 의례 당사자와 그 의례를 주최한 사람들에게 축하와 덕담을 보낸다.

하지만 통과의례 중 가장 마지막에 행해지는 장례에는 의례 당사자가 부재한 가운데 진행된다. 장례는 죽음의 당사자인 자신이 치르는 것이 아니라 죽은 자를 위해 산 자가 치러주는 의식인 것이다. 따라서 정작 의례 참여자들은 의례 당사자에게 아무 말도 전할 수 없다. 의례 참여자들끼리의 소통만 있을 뿐이다. 돌이나 성인식, 결혼식처럼 당사자에게 덕담을 건넬 수 없으며 당사자에 대한 평가만 있을 뿐이다. "그는 ○○한 사람이었노라…." 그 평가가 좋든 나쁘든 죽은 자는 말이 없다.

2006년 방영된 〈투명인간 최장수〉라는 TV드라마가 있었다. 최장수라는 강력계 형사가 알츠하이머에 걸린 뒤 죽음에 이르기까지의 과정을 보여주는 내용이었다. 그런데 이 드라마에 독특한 장면이 나온다. 죽음을 앞둔 최장수가 생전에 자기 장례식을 치르는 모습이다. 최장수는 생전장례식에서 다음과 같이 말한다.

"다음 세상에도 꼭 이렇게만 살았으면 좋겠습니다. 사랑하는 우리 아내 소영이 만나 결혼하구요. 우리 다미, 솔미 낳아서 살고 싶습니다. 더도 말고 덜도 말고, 다음 생만큼만 꼬옥 그렇게만 살았으면 좋겠네요. 이토록 많은 사랑을 주셔서 정말 감사합니다."

이런 생전장례식은 2006년 방송 당시에는 주목을 받지 못했다. 〈투명인간 최장수〉에 나오는 생전장례식은 현실이 아닌 드라마에서나 가능한 일이라고 생각했기 때문이다. 당시의 죽음에 대한 인식과 태도, 죽음 문화와는 거리가 먼 설정이었다.

그런데 이런 질문을 던져볼 수 있다. 인간의 죽음을 처리하는 장례란 무엇일까? 장례는 반드시 죽어서만 진행해야 할까? 시신을 처리하는 일은 죽음 이후 진행될 수밖에 없지만, 살아있을 때 장례식을 진행하는 것은 금기의 대상일까? 죽음 전의 장례식과 죽음 후의 장례식에는 어떤 차이가 있을까? 가장 확실한 차이는 의례의 주인공이 있느냐 없느냐로 귀결될 것이다.

생전장례식에 대해 긍정적으로 답한 설문조사 자료가 있다. 취업포털 '커리어'가 직장인 370명을 대상으로 실시한 '생전장례식'에 대한 설문조사에서 69.2%가 "생전장례식에 대해 긍정적으로 생각한다."고 답했다. [출처: 헤럴드경제 인터넷판, 2018-09-22 12:00] 이런 설문조사를 가지고 곧바로 생전장례식이 실행될 것이라 예측하기는 어렵겠지만 흥미로운 결과인 것만은 사실이다. 왜 사람들은 생전장례식에 긍정적인 반응을 보일까? 당사자가 없는 장례식, 죽음 전에 작별의 인사도 없이 정작 그 자리에서 당사자는 볼 수도 없는 장례식에 대한 아쉬움 때문이 아닐까? 혹시 친밀한 관계도 아니면서 부고를 접하고 형식적으로 문상을 가야 하는 장례문화에 대한 회의적인 시각이 반영된 것은 아닐까?

반면 생전장례식에 부정적 시각을 가진 사람은 30.8%로 조사되었다. 이들 가운데 44.7%는 "생전장례식/살아있는 장례식이라는 것이 익숙하지 않아서"라고 대답했다. 기존의 장례식과 다른 모습에 대해 부정적으로 생각하는 건 당연한 일인지도 모른다. 장례식이 죽음 이후에 진행되는 것이라는 생각이 당연하게 여겨지고 실제로 그렇게 진행되었기 때문이다. 특히 아직 살아있는 사람의 죽음에 대해 이야기하는 것을 금기로 여기던 우리의 죽음 문화와도 밀접한 관련이 있다고 본다.

생전장례식에 대해 부정적인 의견을 보인 사람들 가운데 21.1%는 이것이 오히려 "당사자와 가족들에게 상처가 될 수 있기 때문"이라고 대답했다. 이런 응답은 죽음이 주는 슬픔, 상실감, 산 사람과의 단절 등 죽음의 불가역적인 특성에 기인하는 것으로 보인다.

말기암 85세 존엄사 선택, 생전장례식 열고 파티

"지금 살아있는 순간이 감사하게 느껴지며 다가올 죽음에 대해 진지하고 편안하게 생각할 수 있게 됐습니다. 인공호흡기 달고 좀 더 살아서 뭐하나요. 그거 아무런 의미 없다고 봐요."
"검은 옷 말고 예쁜 옷 입고 와라." 연명치료 거부 "인간답게 살 것."

7일 서울 동대문구 시립동부병원 3층 호스피스 완화의료 병동. 말기 전립샘 암환자 김병국(85) 씨는 기력이 없어 병상에서 일어나지 못한다. 목소리는 또렷했다. 그는 "사는 것에 집착하기보다 살아있을 때 어떻게 지내는 지가 중요하다. 어차피 회생 가능성이 없다. 그렇다면 즐겁게 죽음을 받아들이고 살아있을 때 잘 지내는 게 중요하다."라고 말한다.

취재진은 지난달 4일부터 네 차례 김 씨의 병실을 찾았다. 그새 병세가 많이 나빠졌다. 죽음이 다가오면서 삶의 집착이 강해질 뻔도 한데 김 씨의 연명의료 중단 신념은 흔들리지 않는다. 그는 생과 사의 현장을 누비는 소방대원의 삶을 보고 연명하는 게 억지라는 생각을 굳혔다. 입원 이틀 후 연명의료계획서에 서명했다. 임종 상황이 오면 인공호흡기, 심폐소생술 등을 하지 않겠다는 약속이다.

김 씨는 8월 중순 이 병원에서 '생전(生前) 장례식'을 열었다. 지인들에게 부고장을 보내며 "검은 옷 대신 밝고 예쁜 옷을 입고 오라"고 했다. 50여 명과 즐겁게 춤추고 노래했다. 그는 "죽은 다음 장례는 아무 의미 없다. 임종 전 지인과 함께 이별 인사를 나누고 싶었다."고 말한다.

[중앙일보, 2018.10.10 18:03, 종합 1면]

얼마 전 실제 생전장례식이 언론에 보도된 적이 있다. 암 환자 김병국(85) 씨는 병원에서 생전장례식을 진행했다. 그는 친지와 지인들에게 부고장을 보내고 문상복인 검은 옷 대신 예쁜 옷을 입고 오라고 했다. 그의 생전장례식 모습은 유튜브에서 확인할 수 있다. 그는 "죽음 이후에 지내는 장례는 아무런 의미가 없다"며 "죽음이 오기 전에 지인과 함께 이별식을 갖고 싶다"고 했다. 김 씨의 말처럼 죽음 이후 지내는 장례는 정말 의미가 없는 것일까? 그렇다면 지금까지 우리는 의미 없는 장례를 지내왔단 말인가? 아마도 김 씨는 삶의 과정의 하나로서 죽음을 받아들이려고 했던 것 같다. 김 씨는 살아있을 때 지인들에게 작별 인사를 하는 것이 좋다고 판단했을 것이다. 그리고 가족들에게 자신이 죽음을 담담하게 받아들이고 있으니 걱정하지 말라고 말하고 싶었던 것 같다. 그럼에도 아직까지 생전장례식은 우리에게 생소하고 낯선 것이 사실이다. 얼마 전 일본에서도 생전장례식이 진행되었다는 신문기사를 본 적이 있다. 일본 대기업의 CEO인 안자키 사토루安崎曉 씨가 수술이 불가능한 암 선고 진단을 받은 이후 도쿄 시내 한 호텔에서 '감사의 모임'이라는 이름으로 '생전장례식'을 치렀다는 기사였다. [출처: 중앙일보, 2017.12.13 종합 2면]

感謝の会開催のご案内

秋冷の候、皆様ご清祥のこととお慶び申し上げます。

記

【日時】 2017年12月11日(月) 11時30分～13時30分
【場所】 東京赤坂ANAインターコンチネンタルホテル B1F

会費お志等のお気遣いは無用でございます。平服またはカジュアルでおいでください。

コマツ元社長　安崎曉

감사의 마음 개최 안내. 저 안자키 사토루는 10월 초 몸 상태가 좋지 않아서 병원에서 검사를 받아보니 예상치 못하게 담낭암이 발견되었습니다. 게다가 담도, 간장, 폐 등에 전이돼 수술은 불가능하다는 진단을 받았습니다.

저는 남은 시간을 Quality of life(삶의 질)을 우선시하고자, 다소의 연명효과는 있겠으나 부작용 가능성도 있는 방사선이나 항암제 치료는 받지 않기로 했습니다.

1961년 고마쓰에 입사해 대표이사가 된 뒤 95년 사장에 취임, 회장을 거쳐 2005년 현역에서 은퇴했습니다. 40여 년간 여러분들께 공적으로 사적으로 대단히 신세를 져서 진심으로 감사하게 생각하고 있습니다. 또 은퇴 후 여생을 함께 즐겨주신 많은 분들께 대단히 감사하게 생각하고 있습니다.

아직 기력이 있을 동안 여러분에게 감사의 마음을 전달하고자 아래와 같이 감사의 모임을 열고자 하니 참석해주시면 저의 최대의 기쁨이겠습니다.

회비나 조의금은 불필요하며 복장은 평상복 혹은 캐주얼복으로 해서 와주십시오.

그렇다면 생전장례식을 웰다잉의 한 사례로 볼 수도 있을까? 죽음을 맞이하는 사람의 입장에서 사후의 장례와 생전의 장례에는 어떤 차이가 있을까? 또한 생전장례식에 참가하는 사람들의 입장은 어떨까? 죽음을 맞이하는 사람에겐 생전장례식이 보고 싶은 사람, 화해하고 싶은 사람, 용서받고 용서해주고 싶은 사람을 만나 마지막 하고 싶은 말을 할 수 있는 기회가 될 것이다. 반면에 생전장례식에 초대받은 사람은 참여해야 할지 말아야 할지 상처와 스트레스를 받을 수도 있다. 이렇게 생전장례식은 초대받은 사람에게 생각지 못했던 부담으로 다가올 수 있다. 아마 이런 이유로 세상의 모든 장례식이 죽음 이후에 진행되는지도 모른다.

최근 나타난 생전장례식은 의료기술의 발전으로 죽음을 맞을 시기를 어느 정도 예측할 수 있기 때문에 가능해졌다고 본다. 내가 확실히 죽을 것이라는 사실! 지금과 같은 의료기술의 발전 속도라면 수십 년 뒤에는 환자가 모년 모월쯤에(예를 들어 2050년 10월에서 12월쯤) 죽을 것이라는 의학 소견서가 가능해질지도 모르겠다. 이런 단계까지 의료기술이 발전한다면 모든 인간에게 '시한부 인생'이라는 말이 더욱 현실적으로 다가올 것이다.

필자가 지난 2009년 대전시 지원을 받아 실행한 〈웰다잉 전문가 양성 과정 프로그램〉 중에는 '생전 영정사진 찍기', '유언장 쓰고 관 속에 들어가는 체험', '장례식장 시신안치실', '화장장과 추모공원 방문' 등의 내용이 있었다. 이런 프로그램을 교육과정에 넣은 것은 타자가 아닌 '나의 죽음'이란 상황을 조금이나마 간접적으로 체험해 보기 위함이었다.

사람들은 내가 아닌 타자의 죽음이나 장례 장면을 보면서 죽음에 대해 간접적으로 생각하기 때문이다. 또한 자신의 죽음을 생각해 보고 이를 통해 어떻게 살 것인가를 고민하도록 유도하려는 의도이기도 했다.

생전장례식 자체가 웰다잉이라고 생각하진 않는다. 대신 생전장례식을 결정하는 과정, 생전장례식을 실제로 진행하기 위한 계획, 장례의 진행과 장례식 이후 당사자 및 참여자가 생각하는 일련의 과정이 웰다잉이라고 생각한다. 생전장례식을 진행할 것인가의 물음 자체가 어떻게 살 것인가를 성찰하도록 만들기 때문이다.

나는 죽음은 죽음일 뿐이라고 생각한다. 죽음은 죽음 이상도 이하도 아니다. 따라서 좋은 죽음이란 '아직 죽지 않은 자가 죽은 자에 대해 의미를 부여하는 과정'이라고 생각한다. 죽음은 그 사람의 삶을 통해 좋은 죽음이나 그렇지 않은 죽음으로 평가될 수 있다. 즉 그 사람에 대한 평가는 그의 죽음이 아니라 삶을 통해 평가되는 것이다. 이런 이유로 죽음과 삶은 연결된다. 스티브 잡스는 스탠포드대학 졸업식에서 "죽음은 삶이 만든 최고의 발명품"이라고 말했다. 췌장암 진단을 받은 뒤 그의 연설을 보면 죽음 앞에서 삶이 무엇인가를 깨달은 것으로 보인다.

아들과 세상의 종말에 대해 이야기한 적이 있다. 만약 2021년 12월 31일에 지구가 멸망한다면, 그리고 이것이 불변의 사실이라면, 나는 이러한 상황을 어떻게 받아들여야 할까? "세상의 모든 사람이 죽는다면 후회도 아쉬움도 억울함도 없을 것 같다"고 아들은 말했다. 나만 죽는 것이 아니라 세상의 모든 사람이 죽는 것이라면 어떤 논의도 무의미하다는 것이다. 나는 생각했다. 모든 사람은 죽는다. 다만 한 번에 모두 죽

은 것이 아니라 죽는 시기가 다를 뿐이다. 그렇다면 웰다잉이란 시기가
다른 죽음을 내가 어떻게 맞이할 것인가의 문제가 될 것이다.

연명의료 중단

　　　　　지난 2018년 2월 4일 우리나라에서 연명의료결정
법(호스피스 완화의료 및 임종 과정에 있는 환자의 연명의료 결정에 관한 법)이 시
행되었다. 연명의료결정법이 시행된 이유는 의료기술의 발달에 따른
무의미한 연명치료로 나타나는 의도치 않은 부작용들 때문이었다. 물
론 연명의료결정법의 시행에 따른 부작용을 막기 위한 제도적인 장치
도 마련되었다.

연명의료 중단(존엄사) 시행 8개월만에 2만742명이 존엄사를 택했다. 20년 논쟁 끝에 시행한 존엄사 제도가 임종 문화를 서서히 바꾸고 있다. 이들은 대부분이 인공호흡기를 아예 달지 않거나 심폐소생술을 하지 않은 사람들이다. 인공호흡기를 달고 있는 사람이 이를 제거한 경우는 아직 많지 않다. 8개월 간 월 평균 2,500명이 서

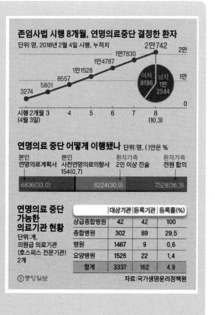

존엄사법 시행 8개월, 연명의료중단 결정한 환자
단위:명, 2018년 2월 4일 시행, 누적치
　　2만742
1만7830
1만4787
1만1528
8557
5801
3274
시행 2개월 3(4월 3일)　4　5　6　7　8(10.3)
여자 8198　남자 1만2544

연명의료 중단 어떻게 이행됐나　단위:명, ( )안은 %
본인 연명의료계획서 6836(33.0)
본인 사전연명의료의향서 154(0.7)
환자가족 2인 이상 진술 6224(30.0)
환자가족 전원 합의 7528(36.3)

연명의료 중단 가능한 의료기관 현황 단위:개, 의원급 의료기관 (호스피스 전문기관) 2개	대상기관	등록기관	등록률(%)
상급종합병원	42	42	100
종합병원	302	89	29.5
병원	1467	9	0.6
요양병원	1526	22	1.4
합계	3337	162	4.9

ⓒ중앙일보　　　　자료:국가생명윤리정책원

명했다(…). 아직 걸음마 단계이긴 하지만 참여자가 늘면서 웰다잉 (Well dying) 확산에 기여할 것으로 전망된다.

존엄사 서명자 가운데 본인이 직접 서명하는 연명의료계획서 작성자는 6,836명(33%)이다. 나머지는 가족 2명이 환자의 평소 연명의료 중단 신념을 대신 진술하거나(6,224명), 환자의 뜻을 몰라서 가족 전원이 존엄사에 합의한 경우(7,528명)다. 아직은 본인이 결정한 비율이 낮은 편이다.

[출처: 중앙일보, 2018.10.10 18:03 1면]

중앙일보 기사에 따르면, 2018년 10월 3일 기준으로 연명의료 중단을 선택한 사람이 2만 742명으로 조사되었다 이 가운데 본인이 연명의료계획서를 작성한 사람은 6천 836명(33%)이었다. 그 밖의 66%는 환자 가족 2인 이상 진술, 환자 가족 전원 합의에 의한 연명의료 중단에 동의했다. 신문기사는 "아직 걸음마 단계이긴 하지만 참여자가 늘면서 웰다잉 확산에 기여할 것으로 전망된다."고 기술하고 있다.

이 신문 기사를 접하면서 나는 "연명의료중단을 웰다잉으로 보아도 될까?"라는 생각을 했다. 왜냐하면 이러한 통계자료만으로는 환자가 연명의료를 중단할 수밖에 없는 다양한 상황과 원인을 알 수 없기 때문이다. 만약 연명의료중단이 존엄한 죽음을 선택할 권리, 당하는 죽음이 아닌 맞이하는 죽음을 위함이 아니라면, 그래서 회생 가능성이 없는 장기 환자의 의료비 부담이나 가족 간의 갈등으로 인한 것이라면, 이는 웰다잉과 거리가 멀 수밖에 없다. 왜냐하면 이런 상황은 어쩔 수 없는 선택의 상황에서 진행되기 때문이다.

이런 면에서 연명의료결정은 의료비 부담이나 환자 돌봄의 문제로 인한 가족 간의 갈등을 해결하려는 합법적인 구실이 될 뿐이다. 물론 연명의료결정법의 취지는 공감한다. 하지만 법을 시행하기 위해선 삶과 죽음에 대한 인간으로서의 실존적 문제도 고려해야 한다. 환자와 환자 가족이 의료비 걱정이나 환자 돌봄으로 인한 갈등이 없는 상태에서, 연명치료를 할 수 있는 상황임에도 '존엄한 죽음', '품위 있는 죽음'을 위한 연명의료중단을 선택할 수 있다면 이는 웰다잉의 한 방식이 될 수 있을 것이다.

존엄한 죽음의 선택이 치료비 문제, 환자 돌봄의 문제로 결정된다면 죽음을 맞는 이나 남은 가족들 모두에게 슬픈 죽음, 상처가 남는 죽음이 될 수 있다고 생각한다. 연명의료 결정에는 이런 세심한 부분까지 고려되어야 할 것이다.

죽음 문화의 변화를
보여주는 통계자료

통계청 자료에 따르면, 한국인의 사망 장소가 집인 경우는 1989년 77.4%에서 2017년 14.4%로 감소했다. 반면에 병원(의료기관)에서 사망하는 경우는 12.8%에서 76.2%로 증가했다. 2017년 보건복지부 통계에 따르면 2016년 화장률은 82.7%로 나타났지만 1994년에는 20.5%에 불과했었다. 장례 장소는 현재 거의 100% 장례식장에서 진행하는 것으로 조사되었다.

사망 장소의 변화

연도	집	병원(의료기관)
1989	77.4%	12.8%
2013	17.6%	71.6%
2017	14.4%	76.2%

자료출처: 통계청(2013, 2017)

지난 2015년 한국소비자원이 조사한(2014년 1월부터 2015년 3월까지 630명 대상) 평균 장례비용은 1,381만원이었다. 이런 결과는 2005년 보건복지부의 '장례문화 의식 및 실태 조사결과'에서 평균 장례비용이 1,425만원이었음을 감안하면 오히려 감소한 것이다. 장례비용이 감소한 데에는 장례업체의 경쟁과 장례용품의 투명성, 상조회사의 등장으로 인한 장례비용 공개 등의 원인이 작용한 것으로 보인다. 특히 화장률의 증가는 장례비용의 감소와 밀접한 관련이 있을 것이다. 한국소비자원의 조사에 따르면 응답자 630명의 평균 장례비용은 화장이 1,328만원, 매장이나 1,558만원인 것으로 조사되었다.

이 통계자료는 한국의 장례문화가 1990년 이후 급변하고 있음을 보여준다. 1990년대 이전만 해도 우리 사회에서 병원을 포함한 집 밖에서의 죽음을 객사라 부르며 좋지 않은 죽음으로 보았다. 죽음에 대한 이러한 관념 때문에 병원에서 치료를 받다가도 임종에 이르면 퇴원하여 집으로 돌아오곤 했다. 또한 유교적 사고가 강했던 우리 사회에서 화장은 부모를 두 번 죽이는 불효로 여겼으며, 가난한 사람이나 무연고자들이나 하는 것이라는 인식도 강했다.

이처럼 오늘날 한국의 장례문화는 전통과 다른 양상을 보인다. 불과 수십 년 전만 하더라도 한국인들이 생각하는 바람직한 죽음은 집에서 사망하고, 집에서 장례를 치르며, 땅에 묻히는 것이었다. 하지만 현재는 전혀 다른 모습이다. 병원에서 사망하고, 장례식장에서 장례를 치르며, 시신은 화장된다. 오늘날 한국인들의 대부분은 병원에서의 죽음, 장례식장에서의 장례, 매장이 아닌 화장이 웰다잉의 한 모습이라고 생각한다. 일본의 화장률은 거의 100%에 가깝다. 일본 사람들은 장례식장에서 장례를 치르기도 하지만, 여전히 집에서 장례를 치르는 경우도 많다.

이러한 장례문화의 변화를 통해 볼 때 웰다잉을 어떻게 정의하고 규정하느냐에 따라 웰다잉의 개념이 달라질 수 있다. 웰다잉은 사람들의 인식의 문제이며, 당대의 사회문화적 상황과도 밀접한 관련을 맺고 있다는 것도 알 수 있다. 앞에서 본 죽음 문화의 변화를 보여주는 통계자료도 웰다잉이 고정된 개념이 아니라 시대와 사회구조적인 상황에 따라 변동 될 수 있음을 보여준다.

어느 가장의 죽음

A씨는 전북 정읍에서 태어났다. 22살에 결혼해서 3남 3녀를 두었다. 그는 20여년 다녔던 직장을 그만두고 건설업에 뛰어들었다. 땅을 사서 주택을 짓고 매매하는 일을 했다. 이러한 그의 사업은 건설 경기의 호조 속에서 날로 번창했다. 지역 사회의 상하수도 공사, 다리를 건설하는 일을 수주했다. 사업이 번창하는 가운데 그는 건강상의 이유로 병원을 찾게 되었다. 검진결과 위암으로 판명되었다.

이후에 그는 수술을 진행했고, 수술이 잘되어 몇 달 뒤부터는 정상적인 생활을 할 수 있었다. 하지만 몇 년 지나지 않아 다시 위암이 재발했다. 처음에 의사는 위암 재발 소식을 당사자에게 알리지 않으려 했지만 이상한 분위기를 감지한 A씨는 의사에게 자신의 문제이니 있는 그대로 알려달라고 사정했다. 의사는 위암 재발 소식과 함께 길어야 1년 정도 살 수 있을 것 같다고 말했다.

시한부 삶을 통보받은 A씨는 며칠 후 영정사진을 촬영했다. 영정사진을 촬영한 이유는 나중에 투병하면서 좋지 않은 모습을 보일 수도 있으니 살이 붙어 있는 얼굴 모습을 사진에 담고 싶어서였다. 그리고 A씨는 자식들과 함께 고향을 방문해 자신이 묻힐 곳을 직접 지목하며 죽거든 이곳에 묻어 달라고 말했다.

A씨는 교회나 기독교인들에 대해 강한 반감을 가지고 있었다. 그러던 그가 투병을 시작하면서 교회에 다니기 시작했다. 교회에 대해 부정적이었던 그가 교회에 다니기 시작한 것은 자신이 죽은 뒤를 걱정하여 가족들을 하나님에게 의탁하기 위해서였다. 결국 A씨는 죽음을 맞아 생전에 찍은 영정사진을 장례 때 사용했으며, 본인이 묻히기 원하던 곳에 안장되었다. 또한 그가 원했던 것처럼 가족들은 그의 죽음 뒤에 지금까지 교회에 다니고 있다.

이 사례는 웰다잉에 대한 담론이 없던 수십 년 전의 일이지만, 현재 우리 사회에서 논의되고 있는 웰다잉의 모습과 유사하다. 영정사진 촬영, 자신의 장례 방식 지정, 가족들을 위한 당부 등이 그렇다. 한 가지 특이한 점은 그가 죽음을 앞두고 가족들을 위해 종교에 귀의했다는 점이다. 자신의 건강 회복을 위해서가 아니라 가족의 건강과 행복을 위해서였다.

이 사례에서 보듯이 A씨는 자신의 죽음 문제를 스스로 선택하고 처리하려 했다. A씨처럼 웰다잉은 의식이 있을 때 당사자가 의지를 가지고 실천해야 하는 문제들이다. 삶이 자신의 문제이듯 죽음도 자신의 문제인 것이다. 이처럼 웰다잉은 죽음의 과정이 아닌 삶의 과정에서 진행되어야 하는 문제인 것이다.

제2부

웰다잉 사례 연구 1

웰다잉에 부합하는 삶

1
87세 가주연 할머니의 사례

되돌릴 수 없는 삶

웰다잉 사례의 하나로 충남 청양군 청양읍에 거주하고 있는 올해 87세의 가주연(가명) 여사의 삶이 선정된 것은 기본적으로 외부인들의 추천에 의한 것이다. 가장 중요한 추천 이유는 나이에 걸맞지 않게 활기찬 삶을 영위하는 가운데서도 차분히 죽음을 준비하고 있고, 웰다잉에 불리한 환경들을 극복해가면서 주변사람들로부터 정말 멋지고 풍요로운 삶을 살고 있다는 평가를 받고 있기 때문이다.

필자는 이 사례를 기술하기 위해 2018년 3월부터 주변 지인들에게 웰다잉의 사례 발굴 및 사례집 작성의 의의에 대해 자세하게 설명하고 연구의 취지에 부합하는 인물의 추천을 의뢰했다. 그 결과 추천받은 여러 인물들 중 충청남도 청양군 청양읍에 살고 있는 가주연 여사를 사례의 주인공으로 결정하고 '웰다잉하는 삶'에 대한 그의 일상과 노력에 대하여 기술하기로 하였다. 사례의 주인공으로 선정된 뒤에는 그를 잘 아는 주변 인물들에게서 관련 자료들을 수집하였으며, 사례의 내용을 긍정적인 측면에서 작성한다는 조건 하에 본인과 둘째 아들로부터 집필에 대한 허락을 받았다. 단, 가주연 여사가 자신의 삶과 가치관에 대해 기술하는 건 얼마든지 좋지만, 실명은 밝히지 말아 달라고 부탁함에 따라 가씨 성姓만 그대로 쓰고 이름은 가명을 사용하기로 했다.

가주연 여사의 '웰다잉하는 삶'에 대한 기술의 형식과 내용은 건양대학교 웰다잉 융합연구회에서 1년 동안 연구를 진행하여 펴낸 「2018 국민 웰다잉 인식구조 검사도구 개발 및 실태조사」에 충실히 따르려고 애썼다. 이 연구 결과에 따르면, 한국인들의 웰다잉에 대한 전반적인 인식은 죽음에 대한 경비와 장례 준비에 중점을 두고 있는 것으로 나타났다. 또한 죽음을 심리적으로 받아들이는 수용성受容性과 영성靈性과 심리적 존엄에 관련된 사항을 '좋은 죽음의 조건'으로 인식하고 있는 것으로 나타났다. 죽음을 심리적으로 받아들이는 수용성이란 장례준비 등 죽음에 대한 준비를 자발적으로 하고 있으며, 긍정적 시각에서 질병을 치료하는 등 신체적 증상에 대하여 능동적으로 통제를 하고 있고, 가족 관계나 사회적인 관계를 원활히 해나가는 것 등을 말한다. 또한 이 연구는 '좋은 죽음'을 저해하는 요인으로 경제적 어려움, 죽음에 대한 공포, 외로움과 같은 문제들이 있다고 밝혔다. 바꿔 말하면, '좋은 죽음'을 맞이하기 위해서는 경제적으로 여유가 있어야 하고, 죽음에 대한 공포에서 벗어나 외로움과 같은 개인적인 문제들을 긍정적으로 극복하는 등의 조건을 갖추어야 한다는 것이다.

이러한 연구 결과에 기초하여 주위 지인들을 통해 가주연 여사의 삶에 대한 분석조사를 실시한 결과, 그분의 삶이 웰다잉에 부합하는 삶이라고 규정하고 사례를 기술하게 되었다. 모든 사회과학 연구가 그렇듯이 가주연 여사에 대한 사례조사가 연구 목적에 100% 정확하게 부합하는 정답이라고는 주장하기 어렵다. 하지만 지금까지 이루어진 선행 연구들의 관점에 비추어 볼 때 그의 삶이 정답에 가깝다고 할 수 있는 근거들을 많이 포함하고 있기에 '웰다잉적 삶'의 모범 사례로 선택했다는 점을 밝힌다.

연구의 방법

본 연구는 가주연 여사 개인의 삶을 다룬 단일 사례연구이다. 하나의 사례 연구에서 2개 이상의 사례를 포함하는 것을 다중 사례 연구라고 한다면, 이 연구는 오직 가주연 여사 개인만을 다루었다. 하지만 그 안에서도 복합적인 분석 단위는 갖고 있다. 즉, 가주연 여사 1인의 웰다잉적 삶 전반을 주요 분석 단위로 연구하였지만 죽음에 대한 수용성과 신체적 증상에 대한 능동적 대응을 중간 수준의 분석단위로 하였고, 경제적 풍요의 유지, 죽음의 공포로부터의 자유, 외로움으로부터의 자유를 하위 분석단위로 하여 체계적으로 기술하였다.

또한 사례연구가 갖는 질적 특성을 확보하기 위해 키더Luise Kidder와 주드Charles M. Judd가 주장한 대로, 가능한 한 연구의 설계에서부터 구성 타당성(Construct Validity), 내적 타당성(Internal Validity), 외적 타당성(External Validity), 신뢰성(Reliability)을 갖추기 위해 최대한 노력했다. 먼저, 구성 타당성의 확보를 위해서는 증거의 사슬기법에 기초하여 다양한 자료원을 사용하려 하였다. 즉, 주인공의 삶을 기술함에 있어서 한 사람의 구술에 의존하지 않고 주인공을 잘 알고 있는 다른 분들에게도 같은 사실을 확인하는 작업을 거쳤다.

둘째, 내적 타당성을 확보하기 위해 인과관계를 최대한 확보하기 위해 노력했다. 즉, 추상적인 기술에 대해서는 역사적 사실이나 숫자와 같은 증거를 확보하여 제시하려고 노력했다. 특히 이 사례 연구는 사건의 설명 형식으로 구성되기에 내적 타당성의 확보가 매우 중요하다. 결과적인 사건 Y(웰다잉의 삶)에 대하여 영향을 미치는 변수로 웰다잉의 조건이 되는 행동 X 외에 Y에 영향을 미치는 조건 Z가 숨어있고 필자가 이것을 밝히지 못했을 경우 내적 타당성이 상실되기 때문에 화자話者의 구술로부터 인과관계를 찾아내려고 최대한 노력했다. 또한 화자로부터 확보한 증거에서 유발되는 추론推論 역시 최대한 증거로부터 수렴되도록 노력했다. 필자는 설명 형식을 갖춘 사례 연구가 내적 타당성을 확보하기 위해 일반적으로 사용되고 있는 트로킴William Trochim 등이 주장하는(1989) 패턴매칭법pattern-matching logic을 도입하였다. 이 기법은 경험적으로 관찰된 패턴과 미리 예측된 패턴을 비교하는 논리인데, 관찰된 패턴이 미리 예측한 패턴과 일치하면 내적인 타당을 확보한 것으로 본다. 필자는 가주연 여사의 삶이 웰다잉적 삶의 패턴에 부합하는지를 조사하면서 그것과 관련하여 기존 선행 연구나 보도자료 등을 조사하여 내용을 비교하고 분석하면서 일치점과 다른 점을 찾아내려고 노력했다.

셋째, 외적 타당성이란 연구결과를 일반화할 수 있는가의 문제인데,

이것은 일정한 지역이나 특정인에 대해 조사한 내용을 다른 지역이나 다른 사람들에게도 적용할 수 있는가 하는 것이다. 이를 위해 웰다잉적 삶의 기준에 대하여 조사한 다양한 선행 연구 및 건양대학교 웰다잉 융합연구회에서 1년 동안 진행하여 펴낸 「2018 국민 웰다잉 인식구조 검사도구 개발 및 실태조사」에서 제시한 변수들을 기준 또는 조건으로 채택하여 그 조건에 맞는지를 검토했다. 외적 타당성의 확보는 사례 연구에서 가장 어려운 일 중의 하나로 알려져 있다(Robert K. Yin, 2003). 사례 연구가 외적 타당성을 확보하는데 취약한 이유는 기본적으로 표본의 선정에 있다. 따라서 본 사례 연구의 외적 타당성의 확보도 표본으로 선정된 가주연 여사의 적합성에 좌우되는 측면이 있다. 가주연 여사의 표본 선정에 대한 의사결정은 순전히 필자의 전문적, 개인적 판단에 따른 것이라는 점을 밝혀둔다. 필자는 표본의 선정에 대하여 100% 합리적 의사결정이라고 주장할 수는 없어도 그에 근접하고 있다는 것을 설득하기 위해 기존 연구들의 기준을 제시하였다.

넷째, 신뢰성 검증인데, 이는 수행된 연구를 다른 연구자가 똑같이 따라했을 때 동일한 결과와 발견을 얻을 수 있는지 확인하는 것이다. 신뢰성 검증은 동일한 연구에서 오류와 편견을 최소화하는 것이다. 본 웰다잉 사례 연구는 교육과 계몽의 목적을 갖고 있기 때문에 연구 내용을 공개함에 있어서 신뢰성을 확보하는 것이 매우 중요하다. 사례 연구에서 신뢰성을 확보하는 가장 보편적인 방법은 가능한 한 많은 절차들을 조직화하고 다른 사람들이 연구자의 연구를 지켜보고 있다는 가정 하에 내용을 작성하는 것이라고 알려져 있다. 이런 맥락에서 볼 때, 필자의 입장에서는 독자들로부터 최대한 가주연 여사의 삶이 웰다잉에 부합하는 삶이라고 인정받도록 노력하는 것이다. 이에 따라 선행 연구를 통해 최소한이나마 웰다잉적 삶의 기준(죽음에 대한 심리적 수용성, 신체적 증상에 대한 능동적 통제, 원활한 사회적 관계 등)을 제시하고 이를 가능케 하는 기반조건들(경제적 어려움의 극복, 죽음의 공포로부터의 자유, 외로움으로부터의 자유 등)을 미리 제시하여 그 기준에 맞는 삶을 살고 있는지 조사하고 기술하려고 노력했다.

가주연 여사의
전반적인 삶의 개요

　　　　　가주연 여사는 1932년생으로 87세이다. 20년 전에 남편을 여의고 충남 청양군 청양읍에서 혼자 살고 있다. 애써 키운 네 자녀들은 모두 도시에 나가 살고 있다. 가주연 여사는 예나 지금이나 변함없이 농사를 짓고 있다. 달라진 것이 있다면 과거에 비해 농사의 규모를 많이 줄였다는 점이다. 젊은 시절에는 공무원인 남편의 큰 도움 없이도 남자 한 사람이 감당하기 힘든 규모의 논밭을 경작하였다. 하지만 지금 나이에는 혼자 할 수 있는 일이 아니기에 거의 모든 논밭을 임대하고, 집 옆에 붙어있는 300여 평의 밭만 취미 삼아 경작하고 있다. 하지만 300여 평의 밭도 87세의 노인이 혼자 취미 삼아 경작하기에는 너무 넓은 농지임에 틀림없다.

　　가주연 여사가 농사를 짓는 7월의 밭을 보면, 얼마 전 마을과 감자를 캐낸 곳에 가을 김장을 담기 위해 배추와 무를 심을 준비 작업을 하고 있다. (배추 100 포기, 무 200여 개의 수확을 목표로 모종을 준비하고 있다.) 밭의 맨 위쪽에는 참깨들이 익어가고 그 아래에는 여물어가는 옥수수들이 수염을 드러내고 있다. 고추는 길이 50 미터 이상 되는 두 개의 두렁에서 자라고 있는데, 올해는 종자가 잘못되어 키도 크지 않고 작황도 좋지 않다. 그 아래쪽에는 대파 300여 포기가 줄을 맞춰 가지런히 심어져 있다. 그 옆에는 오이나무가 넝쿨을 뻗으며 자라고 있고, 10포기 정도 되는 가지나무에는 가지들이 짙은 보랏빛 자태를 뽐내고 있다. 밭 가장자리에는 나뭇가지들을 높이 쌓아 호박 넝쿨이 휘감고 올라가도록 했다. 7월의 따가운 햇살을 받으며 넓은 호박잎들이 축 늘어져 있는 모습을 볼 수 있다.

이 모든 농작물들은 가주연 여사 혼자 먹고 지내기에 충분하고도 넘치는 양이다. 도시에서 사는 네 자녀들에게 농부의 즐거운 마음으로 자부심을 가지고 보내주기 위해 경작한다는 걸 알 수 있다. 그런데 도시에 살고 있는 자녀들의 생각은 조금 다르다. 가주연 여사가 애써 지은 먹거리들을 기꺼이 받긴 하지만, 이제 너무 많이 늙어버린 어머니의 힘든 육체노동의 산물이기에 마음이 편치 못하다. 네 자녀들은 이제 농사는 그만 짓고 서예와 동양화 같은 취미생활을 즐기며 편히 사시라고 이구동성으로 권한다. 서예와 동양화는 가주연 여사가 농한기가 되면 몰입하는 취미들이다. 하지만, 의미 있는 취미를 고리로 걸어 어머니를 설득하는 것이 효과가 없다는 걸 자식들은 잘 안다. 네 남매가 모이면 "어머니는 돌아가실 때까지 농사일을 그만두지 않으실 것"이라고 실망스럽게 말하곤 한다. 그만큼 도시에서 생활하는 네 자녀가 보기에 87세의 노인이 흙더미 속에서 농사일을 하는 모습이 유쾌하지만은 않다. 평생 농사를 지어온 농부들이 그렇게 농사에 미련을 못 버리고 힘겹게 일만 하다가 생을 마감하는 것을 자주 목격하기 때문이다. 농촌에서 평생 농사만 지으며 살아온 진짜 농부들은 토지에 대한 인식이나 느낌이 도시인, 심지어 귀농을 한 농부들과도 사뭇 다르다. 늘 땅을 일구며 살아온 농부들은 흙을 자기 삶이나 신체의 일부처럼 여기게 된다. 마치 이건 오늘날 애완견을 친자식처럼 여기며 살아가는 도시인들의 태도에 비유할 수 있다. 아니 그것보다도 몇 배는 더 강할 것이다. 평생을 어루만지던 자신의 땅, 이것은 어느새 농부들의 몸의 일부가 되어 생각과 행동을 지배한다. 농사지을 힘은 없지만 땅을 묵힐 수는 없다. 잡초가 논과 밭을 뒤덮을까봐 두려워서 한여름 땡볕 속에서도 풀을 매야 마음이 편하다. 그런 늙은 농부들이 한여름에 일사병으로 죽기도 하는 것이 현실이다.

가주연 여사는 지금까지 건강한 몸으로 농사를 지울 수 있는 것이 신이 내린 축복이라고 생각한다. 때로는 그것이 가족 간에 중요한 갈등 요인으로 작용한다는 것도 잘 안다. 가주연 여사는 자신이 흙으로부터 각종 채소들을 길러서 식재료로 쓰고 또 자식들에게 싱싱한 먹거리를 공급한다는 것에 큰 자부심을 갖고 있다. 아무나 그렇게 농작물들을 만들어내지는 못한다고 생각하며, 농부는 흙을 지키기 때문에 매우 중요하고 신성한 일을 하는 존재라고 생각한다. 그리고 그 나이에도 그렇게 농사를 지을 수 있는 것을 하느님께 진심으로 감사한다.

하지만 한여름에도 땀을 흘리며 농사일을 하는 할머니의 모습은 보는 이들에게 안타까움을 자아내기도 한다. 이런 모습을 지켜봐야 하는 자식들에게 고향은 고통일 수도 있다. 동양화나 서예학원에서 함께 공부하는 학우들이 가주연 여사의 집을 방문하여 땀과 흙 범벅이 된 모습으로 농사일을 하는 모습을 보면, "아니, 가 여사님이 이렇게 험한 농사일을 하시는 분인 줄 몰랐다. 워낙 외모가 고와서 그저 집에서 밥이나 해먹고 학원이나 다니며 즐기는 줄 알았다"고 말하곤 한다. 그러나 이런 상황을 자주 겪다 보니 가주연 여사는 그조차 재미있는 일상의 하나로 여겨 크게 개의치 않게 되었다. 오히려, 주위 사람들이 그렇게 평가하는 것에 일종의 자부심이나 우월감 같은 걸 갖기도 한다. 즉, 농사도 열심히 짓고 시간이 나는 대로 서예와 동양화도 열심히 하면 되지 않느냐는 담담한 태도를 보인다.

하지만 세월의 흐름에는 장사가 없는 법이다. 약 70대 중반까지만 해도 외출하려 차려입으면 귀부인처럼 보였지만, 이젠 어쩔 수 없이 죽음을 향해 가고 있는 할머니 티가 난다는 것을 가주연 여사도 인정한다. 평생 거친 농사일을 해왔고 지금도 하고 있기 때문에 그럴 수밖에 없다는 것을 잘 알고 있다. 하지만 둘러보면 농사일처럼 험한 일을 하지 않고 집에서 마냥 쉬고 있는 주변의 노인 중 자신보다 훨씬 건강이 좋지 않고 얼굴에서 건강미가 사라진 경우도 얼마든지 볼 수 있다. 가 여사는 이런 생각으로 위안을 얻곤 한다.

거울을 통해 하루가 다르게 늙어가는 자신의 모습을 보면서 가주연 여사는 죽음에 가까워지고 있음을 느낀다. 그래서 자식들이나 주위 사람들에게 폐를 끼치지 않고 죽어야 하며, 이를 위해 차분하게 준비를 해야겠다는 생각을 한다. 이런 준비의 일환으로 최근엔 자신이 죽었을 때 입고 갈 수의壽衣를 소문 없이 준비했고, 세 자녀들을 불러 가지고 있던 부동산의 등기권리증을 정리하여 나눠주었다. 등기권리증이 넘어갔다고 해서 자녀들이 금방 팔 수 있는 것은 아니지만, 가주연 여사 자신이 앞으로 언제 죽음을 맞게 될지 모른다는 것을 염두에 둔 준비의식의 하나임에 틀림없다. 독실한 가톨릭 신자인 가주연 여사는 "언제 너희들의 숨을 거둬갈지 모른다"는 성경 구절을 명심하며 살아가고 있다고 말한다.

웰다잉의 기준 및 그 조건의 삶으로 본
가주연 여사의 사례

1) 죽음에 대한 수용성

가주연 여사 역시 죽음을 필연으로 받아들이며, 대부분의 노인들이 전통이나 학습을 통해 준비하는 죽음을 준비하고 있다. 나이가 80이 되던 해에 큰아들을 불러 차를 타고 삼베로 유명한 경상북도 안동에서 삼베를 사와 자기 수의를 손수 제작했다. 가주연 여사는 안동 지방이 삼베 재배에 최적의 기후와 토질을 갖고 있다고 배웠다. 다른 지역의 삼베는 점파點播 방법으로 일정한 간격을 두고 씨를 뿌려 재배하는 반면, 안동 지역에서는 촘촘히 삼베 씨를 뿌려 재배하는 밀파密播 방법을 사용한다고 차를 운전하는 큰아들에게 설명한다. 다른 지역의 삼베는 나무가 크고 줄기가 억센 데 비해 안동의 삼베는 나무가 가늘고 줄기가 부드러워 고운 삼베를 생산하는 것으로 알려져 있다. 차 안에서 큰아들에게 죽어서도 거친 옷을 입고 있으면 불편할 테니 이왕이면 부드러운 옷을 입으려 안동에 와서 직접 안동 산産 삼베를 사게 되었다고 설명한다. 어머니의 말씀을 듣고 큰아들은 고등학교 지리 시간에 시험을 보기 위해 "안동 하면 안동포"가 유명하다는 걸 외웠던 기억을 떠올렸다.

가주연 여사는 젊었을 때부터 사용하던 아주 오래된 재봉틀과 손바느질로 자기 친어머니 수의도 만들어드렸다. 무남독녀 외동딸이었던 가주연 여사는 남편을 따라 외지에 나가서 살았던 10여 년을 빼면 평생 친정어머니와 함께 살았다. 그런 친정어머니가 3년 전에 99세의 나이로 돌아가셨다. 약 5년 동안 요양병원에 누워 계셨던 친정어머니를 돌보며 가주연 여사는 죽음에 대해 더 많은 생각을 하게 되었다. 독실한 가톨릭 신자였던 친정어머니의 고통스러운 병상 생활을 보면서 하느님께 제발 편하게 돌아가시게 해달라고 많이 기도했다고 한다. 친정어머니가 90세 중반부터 거동을 하지 못하게 되면서 금방 돌아가시나 했는데, 무려 5년 동안이나 요양병원 신세를 지고 돌아가시게 될 줄은 몰랐다고 한다. 친정어머니가 돌아가시기 2년 전부터는 의식불명 상태에 빠져 언제 숨을 거두실지도 모르는 상황이 되었고, 때문에 가주연 여사의 생활도 많이 흐트러질 수밖에 없었다. 그래서 자신은 친정어머니처럼 자신은 물론 주변사람도 고통스럽게 하는 죽음을 맞이하지 않고 제발 깨끗한 모습으로 죽게 해달라고 기도하고 있다.

가주연 여사는 85세가 되던 해에 영정사진을 준비했다. 촬영부터 액자에 넣는 것까지 노인의 영정사진 제작은 읍사무소에서 재정을 지원하고 있다. 가주연 여사는 자식들이 다 모인 자리에서 다섯 장의 인물 사진을 펼쳐 놓고 그 중 영정사진으로 쓰면 좋을 사진을 골라보라고 했다. 그리고 할머니는 다섯 장의 사진들과 관련된 일화들을 길게 이야기 했다. 다섯 장의 사진 중 두 장의 사진은 너무 젊어 보여서 제외되었다. 나머지 세 장은 60세가 넘어 찍은 것들인데, 모두 자녀들의 결혼식 때 사진들이었다. 가주연 여사는 죽어서도 가장 보람 있고 기쁜 일만 기억하고 싶다고 했다. 무엇보다 자신의 희생으로 자식들을 공부시켜서 모두 어엿한 직장인이 되고 결혼하는 모습을 보는 것이 부모로서 가장 보람 있고 기쁜 일이었다고 한다. 사진 중 가장 늦게 결혼한 막내딸의 결혼식 때 사진이 가장 편안하면서도 나이에 걸맞은 사진이라서 선택되었다. 막내딸의 결혼 기념사진에서 가주연 여사의 얼굴만 따와서 요즘 말로 포토샵을 해 편안하고 안정된 모습의 영정사진이 만들어졌다. 가주연 여사는 책장 한쪽에 세워져 있는, 자신이 죽은 뒤에도 남을 영정사진을 보면서 건강할 때 편안한 죽음을 맞게 해달라고 열심히 기도하고 있다.

다음으로 가주연 여사가 하고 있는 '죽음 준비' 중 하나는 개인적인 정리이다. 죽음 준비로써의 개인적인 정리란 말 그대로 뒤를 깨끗하게 하는 것이라고 가주연 여사는 강조한다. 죽어서 남들의 입방아에 오르내리고 싶지 않은 것은 인간 본연의 심리일 것이다. 가주연 여사는 그 첫 번째가 자신의 사후에 혹시 발생할지도 모를 재산분배를 둘러싼 자식들 간의 분쟁을 방지하는 것, 두 번째는 살아서 신세 진 사람들에게 마음의 빚을 갚는 것, 그리고 세 번째가 자신의 장례 방식을 정해놓는 것이라고 생각하여 실천하고 있다.

우선, 재산 분쟁을 예방하기 위해 가주연 여사는 자식들 넷이 한데 모였을 때 재산분배의 내용을 선언하고, 그에 대한 자식들의 승복을 받아낸 다음, 해당하는 땅들의 등기권리증을 일일이 나누어주었다. 크고 작은 논밭들로 이루어진 부동산이기 때문에 정확하게 4분의 1씩 나눌 수는 없었지만, 거의 그런 수준에서 분배가 이루어졌고 자식들 간에 이견도 없었다. 여기에다 가주연 여사는 부동산 증여에 따른 세금도 네 자녀들의 통장에 입금해 주었다. 하지만, 장남에게 넘어간 현재 살고있는 집은 증여하지 않았다. 자신이 요양병원에 입원하기 전이나 위중한 상태로 병원에 실려 가기 전에는 살던 집을 절대 매각하지 말 것을 당부했고 장남은 이를 받아들였다. 자신이 평생을 지낸 집이 다른 사람에게 넘어가는 것은 싫다고 분명히 말했다.

가주연 여사가 삶에서 정리하고 있는 것들 중 아주 특별한 것이 하나 있다. 세 자녀를 귀찮게 하는 것임에 틀림없지만, 전국의 특별한 인연을 가진 사람들을 방문하여 함께 식사를 하거나 선물하면서 감사의 대화를 나누는 것이다. 이승에서 맺어진 인연의 정리라고 해야 할까? 가주연 여사는 80세 이후에 1년에 몇 차례씩은 타지에서 사는 지인들을 방문한다. 이 행사에는 네 자녀가 다 동원된다. 네 자녀의 차가 필요하기 때문이다. 그리고 지인을 찾아가는 동안에 차 안에서 자신이 만나게 될 사람과의 인연에 대하여 이야기한다. 인연의 정리를 자식들에게 구술하는 것이라고 말할 수 있다.

한번은 큰아들 부부가 어머니를 모시고 일본에 다녀온 적도 있다.

1960년대에 가주연 여사가 잠시 대전에서 어렵게 살 때 옆집에 살 때 나이가 좀 더 많은 언니뻘 되는 분이 있었는데, 가 여사가 피치 못할 일이 있을 때 큰아들을 도맡아 돌봐주었다고 한다. 당시 세 살이었던 큰아들을 그렇게 예뻐해 주고 먹을 것이 생기면 꼭 나눠주곤 했다는 것이다. 그런 분인데 1980년대에 무역업을 하는 남편을 따라 일본으로 건너가 후쿠오카 지방에서 살고 있었다. 몇 년 전부터 생전에 꼭 찾아뵈야 한다고 입버릇처럼 되뇌던 가주연 여사는 작년에 큰아들 내외와 함께 일본으로 건너가서 그분을 만났다. 당시 90세인 그 할머니는 아직 건강했고 일본 생활에도 잘 적응하여 살고 있었다. 가주연 여사와 큰아들 내외는 할머니와 일본인 며느리의 안내로 하루 동안 후쿠오카 시내 관광을 잘 하고 돌아왔다. 가주연 여사는 그 할머니에게 십자가가 새겨진 2돈짜리 금반지를 선물하였다. 누가 봐도 소설 같은 가슴 뭉클한 재회였고 정리였다.

2) 건강 유지와 질병 치료

'좋은 죽음'이란, 오래 살더라도 건강하고 유쾌하게 생활하다가 주위에 폐를 끼치지 않고 깨끗하게 죽는 것이라고 다들 말한다. 사람이라면 누구든 이런 죽음을 원할 것이다. 그러나 그게 마음대로 되지 않으니 잘 죽기도 참 어렵다. 늙고 병들어 타인의 도움을 받아야만 움직일 수 있게 되어도, 갑자기 치매가 찾아와 기억을 상실하여도, 사람들의 삶에 대한 애착은 더 커진다고 하니 통제할 수 없는 죽음의 조화가 얄미울 뿐이다. 그래서 누구나 건강한 죽음을 맞기 위해 노력할 필요가 있다.

　건양대학교 웰다잉 융합연구회에서 실시한 「웰다잉에 대한 국민의식조사」에 따르면, 국민들 누구나 '좋은 죽음'을 맞고 싶어 하는 것으로 조사되었다. 그리고 개인이 건강한 죽음을 맞기 위해 가장 기본적이고 핵심적인 조건은 평소에 건강관리를 잘 하는 것이었다. 가주연 여사도 평소에 건강한 죽음을 맞기 위해 열심히 노력하고 있다. 그 첫 번째는 건강 유지를 위해 병원을 자주 찾고 잠시 고통이 따르더라도 주저하지 않고 시술을 비롯한 치료에 적극적으로 임하는 것이다. 젊어서부터 고된 농사일을 한 까닭에 60대에는 다리 관절이 모두 망가지는 고통을 경험했다. 큰 결심을 하고 인공관절 수술 분야에서 최고의 실력을 갖고 있다는 의사를 찾아갔고, 15일 동안을 입원해 수술과 재활을 통해 정상적인 관절을 되찾게 되었다. 무거운 걸 들어서도 안 되고 너무 힘든 일을 해서도 안 된다는 의사의 경고에 따라 앞으로는 절대 농사를 짓지 않겠다고 자식들 앞에서 공언했지만 그것은 말 그대로 공허한 약속이 되어 버렸다. 인공관절 시술 뒤 6개월이 지나고 다리 관절 상태가 정상으로 돌아오자 언제 그랬냐는 듯이 농사일을 다시 시작했다.

　이제 시술한 지 15년이 지났지만 수술이 워낙 잘 되어 버티고 있다는 것을 가주연 여사도 잘 안다. 이젠 다리도 아껴 써야 한다는 걸 잘 알면서도 자고 일어나면 몸을 움직여 해야 할 일들로 가득해 무리하지 않을 수 없다는 것이 할머니의 변명이다. 한번은 집안의 정원수 가지가 잔뜩 우거진 걸 보고 나무에 올라가 가지치기를 하다가 아래로 떨어진 일도 있었다. 네 자녀들은 그런 어머니의 모습을 보고 안타까워하지만,

가주연 여사는 자녀들의 "제발 그만두시라"는 성화도 아랑곳없이 자신에게 농사가 천직이라는 신념을 버리지 않고 있다. 한여름 뙤약볕 아래서 일하다가 죽음을 맞이하는 농부들의 땅에 대한 애착이나 농작물에 대한 지극한 사랑은 농사일을 직접 경험해 보지 못한 사람들에겐 이해하기 힘든 일이기도 하다. 죽음은 신만이 정할 수 있는 일이니 자신에게 주어진 역할을 충실하게 수행하면 된다고 가주연 여사는 말한다. 자식들도 이제는 농사일 말리는 것도 거의 포기한 상태이다.

요즘은 이가 망가지기 시작해서 임플란트 시술을 받고 있다. 잇몸상태가 좋지 않음에도 이 두 개를 한꺼번에 뽑고 임플란트를 하고 있다. 자식들이 힘드시지 않냐고 걱정하면 견딜 만하다고 답한다. 젊은 사람들도 쉽사리 하기 힘든 임플란트 시술이지만, 틀니 대신 임플란트를 고집하는 걸 보면 건강과 아름다움에 대한 애착이 강하다는 걸 알 수 있다.

가주연 여사는 청양군농업협동조합의 조합원으로 등재되어 있어 농협의 중개를 통해서 2년마다 종합건강검진도 꼭 받고 있다. 종합검진에서 이상 징후가 발견되면 자식들과 상의하고 인지도 높은 병원을 찾아가 진료를 받으면서 질병에 노출되는 것을 최대한 방어하려고 노력한다. 가주연 여사는 자신이 건강해야 자식들이 편안하고 안정적인 사회생활을 할 수 있다고 믿고 있다.

가주연 여사는 건강한 정신과 육체를 유지하기 위해 늘 긍정적인 생활을 하려 노력한다. 농사철인 여름에는 보통 새벽 5시에 일어나서 채소에 농약을 치거나 밭과 집 주변에 쉴 새 없이 자라는 잡초를 제거하는 등 농사일을 시작한다. 무더위로 낮이나 저녁에는 일을 할 수 없기 때문에 아침 시간을 최대한 활용하는 것이다. 새 작물을 심을 때는 밭을 돋우고 씨앗을 뿌리거나 모종을 이식하는 일을 하지만, 평상시에는 잡초를 뽑거나 농약 치는 일을 한다. 또 100평 남짓한 집 정원에 우거진 나무들의 가지를 쳐주는 등의 일도 매일매일 한다.

약 3시간 정도 아침 일을 하고 나면 집안으로 들어와 씻고 아침을 짓기 시작한다. 보통 아침 10시가 되어야 아침식사를 한다. 일 욕심을 내다 보면 아침식사를 거르기도 한다. 청춘을 다 바쳐 키운 네 자녀는 모두 도회지에 나가서 살고 있기 때문에 가주연 여사는 친정어머니가 돌아가신 후부터 혼자 지낸다. 혼자서 밥을 해서 먹을 때나 잠잘 때 가장 외롭고 슬픈 생각이 든다고 한다. "이러려고 내가 그 고생을 해가면서 자식들을 키웠던가?" 하는 회한悔恨이 들기도 한다. 하지만, 그런 생각이 들 때마다 자신의 팔자나 운명으로 받아들인다. 아니면, 자신만 그런 게 아니고 자식들을 도회지로 내보낸 노부모들이 다들 그렇게 살아가니 "시대가 그런가보다." 하며 애써 스스로를 위로하려 한다.

가주연 여사는 약 10년 전부터 서예와 동양화에 심취해 있다. 본래 붓글씨 쓰는 것을 즐겼던 데다 학원에서 열심히 배운 덕분에 이젠 서예와 그림이 프로의 경지에 이르렀다. 국내에서 열리는 각종 대회에 서예와 그림을 출품해서 우수상까지 받았다. 작품을 출품한 성의에 대해 주는 특선을 넘어 우수상까지 받았다고 주위에 자랑을 하기도 한다. 가주연 여사는 자신의 이런 소질에 큰 자부심과 기쁨을 갖고 더 실력을 높이기 위해 애쓰고 있다. 붓글씨나 동양화를 표구하여 도시에 사는 자녀들이나 손자와 손녀, 지인들에게 선물하기도 한다. 자신이 죽었을 때 살아있는 사람들이 그 작품을 보고 칭찬한다면 그처럼 기분 좋은 일도 없을 거라고 말한다.

또 하나, 요즘 가주연 여사가 재미있어 하는 일은 컴퓨터를 하는 것이다. 시골집에 큰돈을 들여 컴퓨터를 사놓고 인터넷 서핑을 즐긴다. 일주일에 한 번은 컴퓨터학원에 다니며 사용법을 익히고 있다. 자녀들이 집에 오면 컴퓨터 앞에 앉아 작업을 하며 어린아이처럼 좋아하는 모습을 볼 수 있다. 하지만 나이 든 사람들이 기계를 사용할 때 보통 그렇듯이 배웠던 걸 금방 잊어버려 아쉬워하곤 한다. 예를 들어, 네모 박스를 만들어 사용하는 방법을 배웠다가 며칠이 지나면 금방 잊는다. 옆에 젊은 사람이라도 있으면 박스의 선을 두껍게 하는 방법을 잊었다며 가르쳐 달라고 조르기도 한다. 뭐든 악착같이 배우려는 모습이 가주연 여사의 유별난 특성이라고 할 수 있다. 네 자녀들도 어머니가 그와 같은 열정을 가지고 사는 것에 내심 감탄하고 있다. 요즈음 가주연 여사는 스마트 폰을 이용하여 카톡으로 손자와 손녀들에게 자신이 그린 그림을 보내거나 재미있는 소식을 주고받고 있다. 손자와 손녀들은 나이가 90이 다 된 할머니가 자신들과 카톡을 주고받는 것을 신기해하기보단 당연시한다. 손자, 손녀들도 누구나 그 정도는 할 수 있다고 여기는 것 같다. 가주연 여사는 손주들의 이러한 태도에 자연스럽게 부응하려 애쓴다. 얼마 안 있어 죽을 할머니로 취급받기보다 그들의 눈높이에서 자신감을 가지고 살아가는 당당한 인간으로 대접받고 싶어 하는 것이다.

가주연 여사는 천주교인이다. 세례를 받은 지도 50년이 지났다. 주일이면 잊지 않고 교회에 나가며, 평일에도 각종 종교 활동에 열심히 참여한다. 시골 천주교회의 재정을 위해 실시하는 각종 특산품 판매 봉사활동에도 빠지지 않는다. 청양의 유명한 고추를 대도시로 팔러 다니기도 하고, 신부님의 부탁으로 된장을 판매하기 위해 서울 출장도 마다하지 않는다. 밖에서 볼 때 할머니는 분명 교회의 열성분자이다. 가주연 여사는 깊은 신앙이 죽어서 천국으로 가는 당연한 수단이라고 생각한다. 그리고 자신의 열정이 교회 재정에 조금이라도 보탬이 되는 것에 진심으로 자랑스러워한다.

3) 경제적 어려움의 극복

많은 연구에서 경제적 어려움은 웰다잉의 의지를 저해하는 요소로 조사된다. 영국 같은 나라에서는 좋은 죽음을 '고통으로부터 자유로운 것'이라고 정의하는 데 전반적인 동의가 이루어져 있다. 개인에게 경제적 풍요는 정신적, 신체적 고통으로부터 자유로움을 제공하는 중요한 요소라 보는 것이다. 공적 건강보험제도가 잘 발달해 있다고 평가받는 한국에서도 돈 때문에 병원에 가기가 무섭다는 노인인구가 50%가 넘는 것으로 조사되고 있다. 이런 노인들은 죽을 때 돈이 없어 제대로 된 병원치료를 받아보지 못한 걸 후회할 가능성이 높다.

실제로 2011년 한국농촌경제연구원 박대식 연구위원 등이 '농어촌 취약계층의 생활실태와 정책 개선방안: 독거노인과 조손가족을 중심으로'라는 연구를 통해 밝힌 바에 따르면, 한국 농어촌 독거노인의 78%

가 월평균 소득 50만원 미만이고, 농어촌 조손가족의 66%가 월평균 가구소득 70만 원 미만으로 경제적인 어려움을 겪고 있다. 연구진은 농어촌 취약계층의 실태파악을 위해 전국 16개 시군의 읍면 지역에 거주하는 독거노인 328명과 조손가족 노인 313명을 대상으로 설문조사를 실시했다. 조사 결과 농촌지역 독거노인의 월평균 생활비는 32만 8천 원이고 주로 식비, 주거비, 보건·의료비 부담이 큰 것으로 나타났다. 조손가족은 월평균 생활비가 58만 4천 원이며, 부담이 큰 지출항목은 식비, 주거비, 교육비 순이었다. 농어촌 조손가족의 경우 친부모가 양육비를 정기적으로 보내주는 경우는 소수(아버지 24.2%, 어머니 17.0%)에 불과했고, 아이 친부모가 향후에 자녀를 양육할 의향도 낮은 것으로 나타났다. 이에 따라 농어촌에 거주하는 독거노인들의 죽음에 대한 만족도를 높이기 위해서는 경로당, 마을회관 등을 활용한 그룹 홈사업을 전국적으로 사업화하고, 식사지원 및 영양개선 프로그램의 강화, 독거노인 응급안전 돌봄이 서비스를 확대해야 하는 것으로 나타났다.

제주신문의 보도(2016년 6월 19일자)만 보더라도, 초고령화 사회에 진입한 농촌지역의 노인 중 84%가 경제적으로 불만족을 느끼는 것으로 조사되었다. 농림축산식품부로부터 제출받은 '농촌고령자 실태 및 정책개선방안 자료'에 따르면 농촌 노인 중 84%가 경제적으로 만족하지 못하는 것으로 나타났다. 농촌 노인의 삶의 만족도를 조사한 결과 경제적 만족률은 15.5%로 가장 낮았으며 건강상태(27.5%), 사회여가문화활동(33.8%) 순으로 만족도가 낮은 것으로 나타났다. 또한 농촌 노인 100명 중 9명은 자살을 생각해 본 적이 있고, 100명 중 1명은 실제 자살을 시도해 본 적이 있는 것으로 나타났다. 현재 농림축산식품부는 고령농업인이 소유한 농지를 담보로 노후생활안정자금을 매월 연금 방식으로 지급해 고령 농업인의 노후생활안정지원을 위한 농지연금제도를 운영하고 있다. 하지만 2016년 8월말 현재 가입률이 불과 1.16%밖에 안 돼 정책적 효과를 거두지 못하고 있는 것으로 나타났다. 2015년 말 기준 농가인구 275만2천 명 중 65세 이상 노인인구는 107만5천 명으로 전체 인구의 39.1%에 달해 초고령 사회에 진입해 있다.

이런 사실에 비추어 볼 때, 약 15억 원에 달하는 부동산을 형성하여 네 자녀들에게 분배했지만, 여전히 1억 원 이상의 예금통장을 보유하고 있는 가주연 여사는 웰다잉의 삶에 부정적 영향을 미치는 경제적 어려움으로부터 벗어나 있다고 볼 수 있다. 실제로 가주연 여사는 농촌에서 혼자 사는 노인임에도 노령연금 수령 대상자에서 제외되어 있다. 생활비는 청양읍내 번화가에 있는 2층짜리 상가건물, 월평균 70만 원 정도 되는 논과 밭의 임대료 수입과 함께 도시에 나가서 살고 있는 네 자녀로부터 월 150만 원 이상의 용돈을 받고 있다. 연간 40만 원씩 나오는 토지 등 재산세는 자녀들이 순서대로 내고 있다. 1년에 한 번씩 찾아오는 추석과 설 명절, 생일날에는 네 자녀가 수백만 원씩의 두둑한 용돈을 보태준다. 요즘은 사회에 진출하여 돈을 벌기 시작한 손자와 손녀들까지 할머니의 생일 같은 특별한 날엔 약간의 용돈을 보태 할머니의 즐거움을 더해준다. 또한 가주연 여사는 유사시에 대비할 수 있는 현금을 1억 원 이상 보유하고 있어 돈에 대해서는 늘 자신감을 갖고 산다. 약 5년 전에는 1년 동안에 세 개의 이를 임플란트 시술하며 들어간 9백만 원을 자식들의 도움 없이 지불했다. 이 같은 상대적 풍요는 그가 평생 동안 열심히 일한 노동의 대가이고, 농촌에서 살면서도 재테크에 관심을 두고 읍내 번화가에 상가건물을 사두는 등 머리를 쓴 덕이다.

책 『미라클 모닝』의 저자 할 엘로드는 죽음에는 경제적 죽음과 신체적 죽음이 있는데, 사회활동을 하는 한 경제적 죽음은 신체적 죽음 못지않게 고통스럽다고 주장한다. 우리는 주변에서 경제적 어려움을 견디지 못해 자살을 택하는 사람들을 종종 본다. 유명세를 타고 엄청난 돈을 벌었던 유명 연예인이나 스포츠 선수들 중 짧은 기간 동안 수십억, 수백억 원의 돈을 날리고 공황에 빠져 자살하는 경우를 볼 수 있다. 이들은 자신이 가장 높은 수준의 부를 축적했던 것과 비교하여 엄청난 부채를 짊어진 것을 비관해 목숨을 끊는다고 한다.

하지만 한국의 농촌 노인들은 구조적으로 경제적 가난에서 벗어나기 쉽지 않다. 농업에 종사하던 노인들이 노동력을 잃게 되면 월 평균 100만 원 미만의 돈으로 살아간다고 한다. 이와 같은 생활이 경제적으로 만족스러울 리 없고 그러다 보면 웰다잉을 위한 풍요로운 삶은 꿈도 꾸기 어려운 형편이다. 그들은 평생 열심히 일했지만 결국 남은 것은 가난밖에 없다고 한탄한다. 그래서 노인들은 노동력이 상실되는 시점에서 삶의 방향성을 잃고 좌절하는 경우가 많다. 노동을 할 수 없으니 술과 친해지기도 하고, 다른 사람들과 논쟁에 빠지기도 한다. 여유가 없으니 자신의 고집을 꺾지 못하기도 한다. 그래서 주변에 얘기를 나눌 수 있는 사람이 점점 없어지고 외로움만 쌓이게 된다.

가주연 여사는 비록 여성의 몸이지만 공무원이었던 남편의 경제적 도움 없이 평생 남성 평균 이상의 힘든 노동을 하면서 자식들을 도시로 내보내 공부시키고 악착같이 돈을 모았다. 그 결과 지금은 몸 이곳저곳이 많이 망가졌지만, 경제적 여유를 갖고 있기에 고장 난 몸을 고쳐가며 살아간다. 취미생활로 하는 농사가 기력에 부친다고 생각되면 수십만 원 하는 보약을 지어먹기도 하고 단골 병원에 찾아가 수만 원짜리 영양제를 맞기도 한다. 1주일에 3일은 읍내의 한약방에 출근하듯 진료를 받고 침을 맞기도 한다.

경제적 능력이 되다 보니 주위 사람들을 위해 돈을 잘 쓴다. 설 명절 때 자녀들과 손주들의 세뱃돈으로 백만 원 이상을 거뜬히 쓴다. 직장생활을 하는 며느리들에게 여름이면 보약을 지어 먹으라고 돈을 내놓고, 가족과 친지들 생일날이 되면 밥 사먹으라고 통장에 돈을 넣어준다. 최근엔 사위가 환갑을 맞았는데, 그 기념으로 금 10돈을 선물하기도 했다.

가주연 여사의 경우를 볼 때 긍정적으로 경제적 삶을 살아가는 사람과 그렇지 못한 사람들 간에 늙어서 죽음에 대해 갖게 되는 인식이 크게 다르다는 것을 짐작할 수 있다. 이는 예수 그리스도의 죽음에서도 볼 수 있다. 성경에 보면, 예수 그리스도가 십자가에 못 박혀 죽으면서 마지막으로 "다 이루었다(요한복음 19장)"고 말한 구절이 있다. 예수 그리스도가 광야에서 나와 3년 동안 어리석은 이스라엘 백성들을 가르치는 가운데 보여 준 기적 중 하나가 그를 보기 위해 몰려든 군중들을 배부르게 먹인 것이었다. 한 번에 수천 명씩 되는 군중들을 배불리 먹이지 못했다면 아마 예수 그리스도는 숨을 거두면서 "다 이루었다"고 말하지 못했을 것이다. 자신을 찾아온 배고픈 민중들을 배불리 먹이지 못했다면 어떤 스승이든 죽을 때 아쉬워했을 것이다. 어찌 보면 과도한 씀씀이를 가진 듯 보이는 가주연 여사에 대하여 자녀들 또한 걱정하기도 한다. 하지만, 그럴 때마다 가주연 여사는 "돈은 쓰라고 있는 것이고, 그만큼 쓸 돈은 있다"고 말한다. 이런 경제적 행동에 대해 부정적인 시각도 있을 수 있지만, 87세 된 농부 할머니로서는 드물게 멋있는 삶을 살아가고 있다고 평가할 수도 있는 것이다.

4) 죽음에 대한 공포의 극복

1973년 소설 『비행 공포Fear of Flying』를 발표해 선풍적인 인기를 끈 미국의 여류 소설가 에리카 종Erica Jong 이 최근 죽음과 늙음을 목도한 경험에 대해 쓴 소설 『죽음에 대한 공포Fear of Dying』를 내놓았다. 소설의 줄거리는 이렇다.

젊은 시절 드라마에 출연한 여배우로 한때 반짝 인기를 누렸던 바네사는 대중의 주목 속에 억만장자와 결혼하면서 연예인 생활을 접었다. 하지만, 인기 높던 시절을 생각하면서 높은 콧대를 꺾지 못한 채 화려한 여배우 생활의 환상에서 벗어나지 못한다. 그는 나이가 들면서 온몸에 잡히는 주름을 원망하고 가까이서 목격되는 죽음의 어두운 그림자를 두려워하며 여러 차례의 결혼과 분방한 성생활에서 체험한 쾌락을 그리워한다. 바네사는 성적 쾌락을 통해 죽음의 공포를 넘어설 수 있다고 생각하는 것으로 그려진다. 바네사는 섹스를 통해 삶을 확인하고 죽음에 대한 공포를 넘어설 수 있다고 생각한다. 그러나 이런 믿음은 서서히 깨져간다. 섹스를 통해 남성을 꼼짝 못하게 만드는 기교가 있고 그런 힘을 즐겨 활용했지만 결국 그것은 과장된 무엇이라는 사실을 깨닫게 된다. 작가는 소설의 말미에서 진실한 대화 없이는 온전한 성적 욕구도, 상대와 친밀감 없이는 엑스터시도 없다는 메시지를 전한다. 남편의 건강이 위태로워지는 것을 목도하며 바네사는 정상적인 부부관계를 회복하고 가정의 안정을 되찾는다. 또한 외동딸의 약물 중독을 치료하고 임신과 출산을 돕는 어머니의 모습으로 되돌아간다. 그러나 한 인간이 할 수 있는 모든 시도에도 불구하고 끝내 죽음에 대한 두려움은 떨칠 수 없다는 메시지를 전하며 소설은 끝을 맺는다.

이 소설을 통해 알 수 있는 것은 죽음은 시공을 초월하여 인간의 주위 어디든지 산재해 있고 사람들은 각자의 방법으로 그 죽음의 공포로부터 벗어나기 위해 노력한다는 것이다. 하지만 죽음의 공포로부터 벗어날 해결책은 없고 죽음의 공포는 여전히 잠재해 있다. 에리카 종의 관점에서 볼 때 가주연 여사는 이와 반대의 삶을 살아왔다고 볼 수 있다. 50대 후반에 남편이 숙환으로 죽은 뒤 그는 줄곧 혼자 살아왔다. 언뜻언뜻 몰려오는 죽음의 공포를 혼자 감당할 수 있다고 생각했을 것이다. 네 자녀가 모두 도시에 나가 나름대로 바쁜 생활을 하는 가운데 남편 없이 친정어머니와 단둘이서 30년 이상 시골에서 농사를 지으며 살아왔다. 어쩌면 가주연 여사의 치열한 삶에 죽음의 공포가 끼어들 여지가 없었다고 볼 수도 있다. 50대 후반에 남편을 여의었기에 중간중간 중매가 들어왔고, 네 자녀들 중 누구도 어머니의 재혼을 반대하지 않았다. 하지만, 가주연 여사는 재혼이 자신의 갈 길이 아니라 생각하며 혼자 살기를 고집했다. 특히, 가주연 여사는 세례를 받은 천주교인으로서 각종 교회활동을 매우 열심히 하였는데, 이런 종교 활동도 혼자 기도하며 살아가도록 하는 데에 중요한 영향을 끼쳤다. 홀로된 친정어머니와 함께 사는 것도 매우 큰 위안이 되었다. 하지만, 친정어머니가 아파서 거동을 하지 못하게 되면서부터 예전보다 죽음에 대한 공포를 더 크게 느꼈다고 한다. 그것은 자신의 죽음에 대한 공포라기보다 친정어머니의 죽음, 그리고 자신도 혼자되고 언젠가는 죽을 것이라는 사실에 대한 공포였다. 그럴 때마다 기도하면서 죽어서 하느님 곁으로 갈 것이라는 믿음과 자신감을 키우려고 노력했다.

철학자 토마스 홉스는 저서 『리바이어던』에서 죽음에 대한 공포의 역사성을 논의하고 있다. 원래 '리바이어던'의 뜻은 구약성서 욥기 41장에 나오는 바다 괴물의 이름으로, 책에서는 인간 개인의 힘을 넘어선 강력한 국가를 의미한다. 홉스는 이 책 13장에서 '인간의 자연 상태, 그 지극한 행복과 비참함'을 주제로 얘기한다. 이 장은 홉스 정치철학 입문의 첫걸음으로 인식되고 그래서 가장 많이 인용되는 부분이기도 하다. 인간에게 있어 지극한 행복이란 무엇인가? 홉스는 말한다. "신이 그를 숭앙하는 인간들에게 예정하신 지극한 행복이 과연 어떠한 것인가는 그것을 향유해 보고 나서야 비로소 알 수 있을 것이다. 그것은 사실 스콜라 철학자들의 '천국의 환상(beatifical vision)'이라는 말이 이해 불가능한 것처럼 지금 당장 이해할 수 있는 기쁨(joy)은 아니다. 이에 반해 우리가 지극한 행복이라고 부르는 것은 욕구의 대상물을 획득하는 데에 있어서의 계속적인 성공이다. 우리가 이 세상에 살고 있는 동안에는 결코 정신의 고요 같은 것은 있을 수 없다. 삶은 그 자체가 운동이며 따라서 욕구 없는 삶, 공포 없는 삶은 감각 없는 삶과 마찬가지로 결코 존재할 수가 없으니까 말이다." 비명횡사의 위험과 끊임없는 공포가 만연한 상황에서 이 지상의 삶에서 지극한 행복, 곧 욕구의 대상물을 획득하는 데에 있어서의 계속적인 성공이 지극한 행복이라는 것은 논할 여지도 필요도 없다는 것이다. 이런 전쟁과 같은 삶의 상태에서 인간들로 하여금 평화를 지향케 만드는 정념情念으로는 죽음의 공포, 결적結賊한 생활에 필요한 사물들을 구하려는 의욕 및 근로에 의해 그런 것들을 획득할 수 있으리라는 희망을 들을 수 있다. 그래서 인간들은 이성의 제안에 따라 그들 서로가 동의할 수 있는 평화를 생각해내게 된 것이다.

홉스에게 죽음에 대한 공포는 인류 보편의 정념이며 또 그것이 종교 발생의 원인 중 으뜸가는 것이었다. 홉스는 신이 예정하신 '지극한 행복'이나 스콜라 철학자들의 '천국의 환상'이 사람이면 누구든지 자연적으로 겪는 비명횡사非命橫死에 대한 끊임없는 공포에 대해선 아무런 효험이 없다는 점을 확인시키려 했다. 그는 이러한 절체절명의 실존적 위기에서 인간을 구원할 수 있는 것은 리바이어던뿐이라는 점을 예시하려 했다. 하지만, 홉스가 보는 죽음의 공포라는 인류 보편의 정념은 그가 살았던 혼란스러운 시대상을 반영하고 있다. 즉, 괴질, 빈곤, 전쟁 등의 일상에서 부단히 죽어나가는 사람들을 보면서 느끼는 죽음에 대한 공포를 구제할 수 있는 것이 리바이어던, 즉 국가라고 보고 강력하고 힘 있는 국가를 세우는 것이 죽음의 공포를 씻어줄 수 있는 방법이라고 생각했다. 물론, 홉스가 종교를 부정한 것은 아니다. 전쟁 등으로 사람들이 하느님이 부여한 수명을 다 살지 못하고 죽어가는 것은 죄악이라고 보고 정의롭고 힘 있는 국가의 건립에 의해 이것을 해결할 수 있다고 본 것이다.

홉스의 관점에서 볼 때, 가주연 여사는 과연 자신이 하느님께서 정하신 수명만큼 살지 못할까봐 공포를 느끼고 있는 것일까? 희귀병에 걸려 정상적인 수명을 살지 못하는 사람들은 자신이 언제 죽을지 모르기 때문에 분노하기도 하고 공포감을 느낀다고 한다. 하지만 가주연 여사에게 그런 종류의 죽음에 대한 공포는 없다. 87세의 나이에 아직도 건강하다는 믿음이 있다. 실제로 약 3백여 평의 밭농사를 짓고 있고, 1년 내내 집 주위에 가득 차 있는 나무들의 조경작업을 스스로 하고 있다. 친정어머니가 99세까지 살다가 죽는 것을 보면서 오히려 오래 살아 추한 모습을 보이지 않을까 하는 공포감을 갖고 있다. 홉스가 주장하는, 인간의 죽음에 대한 공포의 역사성은 철저히 어떤 시대에 한정되어 있다고 보는 것이 옳을 것이다. 요즘처럼 평화로운 시대에 장수長壽를 누리는 사람들에게는 의미 없는 이야기일 것이다. 그럼에도 불구하고 홉스가 죽음의 공포에 대한 국가의 역할을 강조한 것은 오늘날 활발히 논의되고 있는 복지의 문제와 큰 관련성이 있고 봐야 할 것이다. 최근 증가하는 노인복지 혜택은 홉스가 주장한 리바이어던과 맥을 같이하고 있음이 분명하다.

어떤 뇌과학자는 다음과 같이 주장하기도 한다. "생각해 보라. 무엇이 당신을 두렵게 하는가? 불안인가? 그렇다면 무엇이 불안한가? 그 근원에 죽음이 있다고 의식하지 않는다고 생각할지 모르지만 우리 몸은 한시도 죽음을 잊지 않고 느끼며 두려워하고 있다." 죽음의 공포는 결국 일상을 스트레스로 채우며 조금씩 우리 몸과 정신을 좀먹는다. 죽음, 공포, 스트레스, 이 삼각 고리에서 벗어나려면 어떻게 해야 할까? 혹시 뇌에서 죽음의 공포를 지우면 해결이 될까?

인간에게 죽음의 공포와 거기서 파생되는 스트레스는 떼려야 뗄 수 없는 것이다. 스트레스의 원인을 근본까지 파고들어가 보면 우리가 항상 보고 겪으면서도 나에겐 닥치지 않을 것 같은 죽음에 닿게 된다. 죽음은 단순히 신체의 수명이 다하는 것을 의미하지 않는다. 사회활동을 하는 사람들에게는 자신의 존재 가치가 사라지는 것도 '심리적 죽음'에 포함된다고 뇌과학자들은 주장한다. 예를 들어, 수험생이나 취업 준비생, 각종 자격시험을 앞둔 학생은 시험을 통해 자신의 존재 가치를 확인하는 것이다. 하지만 이런 존재 가치가 부정될 위험에 맞닥뜨리면서 사람들은 살아가는 일에 더욱 악착같아진다.

여러 나라에서 이루어진 웰다잉의 연구 과정에서 죽음의 공포는 중요한 검증 대상이다. 왜 그럴까? 공포는 태어날 때부터 가지는 '선천적 공포'와 태어난 후에 여러 경험으로부터 배우는 '후천적 공포'로 나눌 수 있다. 인간에게 죽음에 대한 공포는 선천적으로 가지고 있는 공포의 대표적인 예이다. 이 공포는 태어날 때부터 우리 대뇌 신경회로에 새겨져 있다. 어떤 이성적 결단도 죽음의 신경회로 앞에 굴복할 만큼 강력하게 새겨져 있는 것이다. 후천적 공포는 공포의 상황에 노출됐을 때의 감정, 즉 극심한 공포심을 기억하는 것이다. 이런 후천적 공포도 결국 죽음의 공포를 담당하고 있는 신경회로와 관련이 많다. 사실 인간이 죽음을 두려워하지 않는다면 다른 어떤 두려움도 문제가 되지 못한다. 그래서 죽음에 대한 공포는 웰다잉 연구에서 빼놓을 수 없는 근원적인 문제일 것이다.

죽음이 삶의 한 과정이라면 노인들은 죽음을 자신의 삶을 돋보이게 하는 값진 기회로 만들어야 한다는 연구자도 있다. 죽음에 대한 주체적 인식을 통해 삶의 순간순간이 깊은 의미를 가지도록 해야 하며, 그러기 위해선 죽음을 삶의 한가운데서 인식하는 법을 배워야 한다는 것이다.

이런 맥락에서 가주연 여사가 언뜻언뜻 죽음에 대한 원초적인 공포심을 갖는 것은 당연한 일이다. 이를 지울 수 있는 방법 같은 것은 개발되지 않았다. 죽음의 공포를 느끼는 정도는 개인마다 다를 것이다. 따라서 가주연 여사가 죽음의 공포를 극복하는 그만의 방법에 주목해야 한다. 죽음에 대한 공포가 영향을 미쳐 일상이 흐트러질 정도가 된다면 아마 가주연 여사에게서 웰다잉을 기대하기는 힘들어질 것이다. 하지만, 지금까지 가주연 여사에게 죽음의 공포가 일상생활을 하는 데 부정적 영향을 미치지는 않았다. 여사는 언젠가는 죽을 것이고 그 죽음을 잘 맞이해야 한다는 자세로 살아간다. 네 자녀들에게는 자신의 친정어머니처럼 요양병원에 5년이나 누워 있다가 2년 동안 의식불명의 상태가 되어 죽는 일은 없었으면 좋겠다는 말을 자주 한다. 가주연 여사는 5년간 요양병원에 누워 있던 친정어머니가 죽음에 가까워 "죽는 것이 무섭다"고 말하곤 했던 장면을 기억한다. 사람이 죽을 때가 되면 자신이 죽는다는 사실이 진짜로 무서워지는 것일까?

5) 외로움의 극복

건양대학교 웰다잉 융합연구회의 조사(2018)에 따르면, 한국 사람들이 행복하게 죽지 못하는 개인 차원의 중요한 문제 중 하나가 외로움인 것으로 나타났다. 외로움이란 주관적인 문제이다. 사람에 따라 유독 외로움을 타는 사람이 있고 오히려 혼자 있는 것을 즐기는 사람도 있다. 외로움의 사전적 정의는 '혼자가 되어 갖게 되는 쓸쓸한 마음이나 느낌'이다. 인간은 사회적 동물이기에 타인과 소통하지 못하고 격리되었을 때 외로움을 느끼게 된다. 예를 들어, 낯선 환경에서 혼자서 적응해야 할 때, 사랑하는 사람과 이별하였을 때 등 혼자가 되었다고 생각할 때 외로움을 느낀다. 외로움의 어원은 하나를 뜻하는 '외(外)'와 '그러함' 또는 '그럴 만함'을 뜻하는 접미사 '~롭다'를 붙여서 만들어진 것이라고 한다.

인간의 성격을 구분할 때, 내성적인 사람은 다른 사람과 어울리기보다는 혼자 있는 것이 편하다고 생각하는 것으로 알려져 있다. 외향적인 성격의 사람은 다른 사람들과 같이 있는 것을 즐기는 편이기 때문에 주위에 사람들이 많아야 외로움을 덜 느낀다. 그래서 외향적인 사람이 내성적인 사람보다 외로움을 겪는 경우가 더 많다고 한다. 혼자 지내는 걸 잘 참아내지 못하기 때문일 것이다. 정신심리학자들에 따르면 사람이 너무 오랫동안 외로움을 겪다 보면 우울증으로 이어지는 수가 있다고 한다. 사회적 소외감을 느끼고 주변 사람들로부터 격리되어 있다고 느낄 때 실제로 뇌의 통증을 느끼는 부분이 활성화되기 때문이라고 한다. 최근 사회적으로 문제가 되고 있는 '왕따'나 '따돌림' 현상도 여러 사람이 한 사람을 심리적, 사회적으로 소외시켜 외롭게 만듦으로써 심리적 고통을 주는 행위이다.

인간에게 가장 부담이 되는 삶의 짐은 과연 무엇일까? 돈, 건강, 장애, 열등감 등등 해석하기 나름이겠지만, 어떤 면에서는 외로움. '고독'이 가장 큰 무게의 고통이라고 할 수 있다. 여러 어려움이 있어도 함께 헤쳐 나갈 동반자나 친구가 있고 자아가 건강한 사람은 쉽게 무너지지 않는다. 반면, 다른 조건들이 충족되어도 깊은 고독과 혼자라는 상실감을 벗어날 능력이 없으면 죽음을 택하기도 한다. 특히 노인들에게 고립의 공포는 위협적이다. 한국에서 자살하는 노인이 증가하는 가장 이유 중의 하나가 외로움인 것으로 알려져 있다.

이런 관점에서 본다면, 누구든지 외로움을 잘 극복해야 행복한 죽음, 자연스런 죽음을 맞게 될 것이라고 볼 수 있다. 함께 살던 친정어머니마저 죽고 나서 가주연 여사는 철저히 혼자가 되어 살고 있다. 도시에 살고 있는 네 자녀와 손주들이 수시로 찾아오지만, 1년 중 대부분의 날들을 혼자서 밥을 먹고 혼자서 밤을 지낸다. 혼자인 사람들이 지내는 낮과 밤은 그렇지 않은 사람들과 분명한 차이가 있다. 낮에는 눈에 보이는 사물들이 있어 벗 삼을 수 있지만 밤에는 사물이 보이지 않기에 혼자인 사람들이 더욱 철저한 고독감을 느낀다. 고독의 시간, 혼자가 된다는 두려움은 행복의 시간보다 서너 배는 느리게 흘러가기에 이를 겪어야 하는 사람에게는 끔찍한 경험이다. 이처럼 외로움은 무섭다. 배우자에 의지하며 살던 노인이 반려자의 장례를 치르고 나서 목숨을 끊는 경우도 그렇고, 죽어서 배우자 옆에 묻어 달라고 하거나 가족들이 그렇게 해주는 이유도 다 고독에 대한 막연한 두려움 때문이다.

하지만 가주연 여사는 삶이 외롭냐는 질문에 크게 외롭다고 느끼지는 않는다고 대답한다. 가장 큰 이유는 평생을 함께해 온 농작물들과 늘 대화를 하며 살기 때문이라고 한다. 큰 마당의 한쪽 구석에 묶여 있는 검둥이도 외로움을 잊게 해주는 오랜 친구다. 이상한 움직임이 있으면 짖어서 주의를 끌고, 주인이 외출했다가 돌아오면 꼬리를 흔들며 반가워한다. 무엇보다 네 자녀들이 수시로 시골집을 드나들고, 이제는 사회생활을 시작한 손주들도 할머니가 있는 시골집으로 휴가를 오기에 오히려 번잡스러울 때도 있다. 나이가 들어 혼자 있고 싶을 때도 있는데 자식들이나 손자들이 쳐들어오듯이 방문을 하면 귀찮아질 때가 있다는 것이다.

자녀들이나 손주들로부터 존중 받으면서 살고 있지만, 무엇보다 아직까지 동네 주민들과 좋은 관계를 맺으며 교류하고 있는 것이 외로움을 느낄 틈이 없는 큰 이유일 것이다. 마을 주민들이 약 200여명 되는데 그 중 60명 내외의 사람들과 활발하게 교류하는 편이다. 1년 전까지만 해도 가주연 여사는 마을부녀회 회장으로 활발하게 일했다. 벌써 물려주었어야 하는데 다들 못한다고 손사래를 치는 바람에 회장직을 내놓지 못하다가 70대 중반의 이웃을 설득해 가까스로 회장직을 물려주게 되었다. 가주연 여사는 저녁밥을 마을회관에서 해 먹고 다른 노인들과 함께 TV를 보며 깔깔거리거나 세상 돌아가는 이야기를 한참 하다가 잠잘 때가 되어서야 집에 돌아오곤 한다. 집에서 300미터 떨어진 마을회관까지 씩씩하게 걸어 다닐 다리 힘이 있고, TV를 볼 수 있는 건강한 눈을 가지고 있으며, 웃고 떠들 수 있는 건강한 입이 있는데다, 가끔씩 마을회관의 부식비로 10만 원 정도는 기부할 수 있는 경제력도 갖추고 있기 때문에 외로워할 사이가 없다.

하지만, 사람이란 원하는 사람과 함께 있어도 외롭고 철저히 혼자라는 느낌을 갖는 경우가 많다. 사랑이 진하면 진할수록, 행복하면 할수록 이것들과 결별할 미래를 생각하면 외로움에 빠질 수밖에 없다. 이러한 외로움을 채우기 위해 사랑을 시작하거나 사랑을 찾아 나서도 외로움이 극복되는 경우는 드물다. 어떤 의미에서 사랑은 더 큰 외로움을 각오하는 것이며, 혼자 남을 때 맞게 될 더 깊은 공허를 준비하는 어리석음일 수도 있다. 문제는, 이러한 외로움을 잘 관리하거나 견디지 못하면 건강한 생활을 유지하기 어렵고, 외로움이 채워지지 않을 때 다시 무언가를 찾아 헤매는 생활로 빠질 수 있다는 것이다. 그렇다면 우리는 독한 감기처럼 불현듯 찾아오는 외로움을 어떻게 기술적으로 잘 처리하고 건강하게 살 수 있을까?

이에 대해 가주연 여사는 외로움이라는 것도 우리 삶의 한 조건이기 때문에 고독과 조화롭게 살아가는 방법을 터득하는 것이 중요하다고 말한다. 실제로 가주연 여사는 공무원이던 남편이 가정을 잘 돌보지 않고 밖으로 나돌 때 큰 고독과 외로움을 경험하였다고 한다. 그럴 때면 잠든 네 자녀의 얼굴을 보면서 저들이 내 진정한 보물이라고 생각하며 고독과 싸웠다. 외로움을 습관화해서도 안 되겠지만 그것과 적절하게 동행하는 방법은 터득할 필요가 있다. 하지만 가주연 여사는 고독을 즐기는 건 금물이라는 생각이다. 자기 처지를 불쌍히 생각하여 만성적 고독감 속에 빠지면 대인관계는 더욱 어려워지고 스스로 고립될 수도 있기 때문이다.

다음 방법은 외로움을 타는 습관을 타파하는 것이라고 한다. 외로움을 타는 습관은 낭만처럼 보일 수도 있지만, 대개는 무언가에 대한 두려움의 산물이다. 외로움을 불가항력적인 것으로 받아들이다 보면 심신이 미약해지고 다른 질병을 부르게 된다. 외로움을 이길 수 없는 적이라 생각하면, 만성적 고독감 속에서 대인관계는 더욱 어려워지고 스스로 고립될 수도 있다. 가주연 여사는 자녀들과 많은 대화를 나눔으로써 만성적인 고립감에 빠지지 않으려고 노력한다. 이것이 습관이 되어 요즘도 자녀들이나 손주들과 수시로 전화하는 것은 물론 카톡으로 대화도 나눈다.

다음으로, 건전한 관계를 맺고 잘 유지하는 정신과 기술이 필요하다. 가주연 여사는 하느님에 대한 믿음을 통해 늘 하느님과 건강한 교류를 하는 것이 가장 중요하다고 생각한다. 그러다 보니 일반인들과 일시적인 유흥의 관계는 가지지 않는 것을 원칙으로 하고 있다. 모임에서 1차 회식이 끝나면 2차로 노래방에 가는 등의 통속적인 관계는 철저히 사절한다. 인간관계가 제한될 수도 있지만 한번 사귄 사람들과는 잡음 없이 장기간의 관계를 유지하는 강점도 가진다. 교우관계에서 가능하면 먼 친구들까지 다양하게 소통하며 평범하게 지내는 사람이 건강하다고 한다. 그리 가깝지 않은 사람들과 굳이 아까운 시간과 감정을 낭비하며 교제를 유지해야 하느냐 생각할 수도 있지만, 누구든지 필요한 사람만 곁에 두고 살 수는 없는 일이다. 이런 면에서 가주연 여사의 외로움 극복을 위한 인간관계 행동이 모두 긍정적이라고 말하긴 어려울 수도 있다.

가주연 여사는 외로움을 슬기롭게 극복하려면 무엇보다 시간마다 다른 현실에 잘 적응해야 한다고 말한다. 직장생활에서도 흔히 볼 수 있지만, 점심시간에 혼자 남게 되는 경우에 당황하는 사람들이 있다. 요즈음은 도시에서 '혼밥'이나 '혼술' 문화가 발달했다고 하지만, 인구가 줄고 있는 시골에서는 10여 년 전부터 이미 혼자 밥 먹는 노인들이 급격히 많아졌다. 혼자인 상황을 과하게 즐길 필요도 없겠지만 비정상적인 것으로 바라볼 필요도 없는 시대가 되었다. 가주연 여사에 따르면 외로움이란 생각하기 나름이다. 외롭게 보이는 환경에서도 외롭지 않다고 생각하면서 사는 것이 중요하다는 것이다. 실제로, 자녀들이 전화를 걸어 외롭지 않느냐고 물으면 여사는 "주위에 꽃들이 즐비하게 피고 나비들이 날아다니고, 봄부터 가을까지 온갖 식물들과 종일 대화를 나누는데 뭐가 외로우냐?"라고 대답한다.

사례를 통해 본
웰다잉의 조건

웰다잉이란 단순히 죽음에 이르러 그것을 잘 맞이하는 것만을 뜻하지 않는다. 죽음을 앞에 두고 자기 삶을 되돌아보고 더 의미 있고 가치 있는 삶을 살도록 도와주는 것이 웰다잉이다. 더 나은 죽음을 위해 현재의 삶을 재설계하고, 행복을 찾고, 아름다운 인생을 마무리하는 것이기도 하다.

지금까지 웰다잉의 모범 사례로 든 가주연 여사가 과연 웰다잉의 조건에 부합하는지에 대해 기존에 이루어진 연구의 변수들에 대입하여 기술해 보았다. 가주연 여사의 웰다잉 사례연구를 통해 계몽이 가능한 시사점은 다음과 같다.

　　첫째, 죽음에 대한 수용성을 높이는 것이다. 언제 찾아올지 모르는 죽음이지만 죽음이 인간의 삶과 늘 함께한다는 점을 받아들이고 이에 대해 스스로 대비해야 한다. 자신이 죽을 때 입을 수의를 손수 만들어 준비해 놓고, 재산을 분배하고, 자녀들에게 자신이 죽으면 화장을 해서 바다나 강에 뿌려줄 것을 당부하는 가주연 여사의 삶에서 의연함뿐만 아니라 정신의 건강함을 느낄 수 있다.

　　둘째, 고통스럽거나 추한 죽음을 맞지 않기 위해 꾸준히 건강관리를 해야 한다는 것이다. 특히 가주연 여사는 친정어머니가 죽음과 힘겨운 싸움을 벌이는 것을 목도하면서 '사람이 저렇게 죽어서는 안 되겠구나' 하는 생각과 각오를 절실히 했다. 그 결과 자녀들에게 연명치료를 하지 말 것을 당부하였고, 죽음을 앞두고 병원에 입원하면 연명치료 중단에 서명할 것을 분명히 했다. 대신, 평소 비용이 들어가더라도 문제가 있는 곳은 시술을 하는 등 꾸준하고 자발적으로 건강을 관리하면서 매일 건강한 모습을 보이려고 노력한다. 건강은 건강할 때 지켜야 한다는 평범한 사실을 많은 사람들은 실천하지 못하고 있지 않는가!

　　셋째, 경제적 어려움에서 벗어나 자신감 넘치는 생활을 하는 것이다. 가주연 여사는 부모로부터 재산을 물려받거나 하지 못했지만, 젊어서 피나는 노력을 해 농촌에서는 남부럽지 않은 만큼의 재산을 모았다.

여기에 도시생활을 하고 있는 네 자녀들도 적지 않은 용돈을 보내주고 있어 손주들에게 선물을 사주는 등 할머니로서의 품위를 지키며 존경받는 삶을 살고 있다. 특히, 자기 건강을 유지하기 위한 비용을 아낌없이 충당할 만한 경제력을 갖추고 있어 질병으로 인한 죽음의 고통을 능동적으로 극복하려 노력한다. 노후를 위한 경제력을 갖춰야 한다는 중요한 사실이 말로만 끝나서는 그쳐서는 안 된다는 것을 모두에게 일깨워 주고 있는 것이다.

넷째, 죽음의 공포로부터 자유로워지려고 노력하고 있다. 하느님을 찾고 기도하는 신앙생활이 그 핵심이다. 그 사람의 내면에 들어가 보지 않은 이상 그가 죽음의 공포에서 벗어나 있다고 평가하는 건 모순일 수 있다. 하지만 외적으로 드러나는 행동을 일관되게 관찰한다면 이도 가능하다. 가주연 여사의 경우가 그렇다. 죽음의 공포에서 벗어나지 못하는 사람들의 행동은 아무래도 저급하다. 그러나 죽음의 공포에서 벗어나 있는 사람들의 행동은 그보다는 품위가 있어 보인다. 나이 드신 분들의 행동이 품위가 있어 보인다면 우리 사회는 보다 더 건강해질 수 있을 것이다.

다섯째, 외로움의 공포로부터 벗어나기 위한 체계적인 생활 관리가 필요하다. 외로움이 지속되고 쌓여서 고독사로 이어지는 경우는 너무 많다. 가주연 여사가 80세 이후에도 마을부녀회 회장 등을 맡아 의도적으로 인간관계를 활성화하려고 노력하는 것을 예로 들 수 있다. 죽음에 다가갈수록 사람을 공포에 사로잡히게 만드는 요인 중의 하나가 외로움이다. 오늘날 증가하는 독거노인들의 외로움은 사회적인 문제로 부각되고 있다. 하지만 모든 개인들이 외로움에서 벗어나기 위한 방안으로 사회적 지원을 받기 전에 스스로가 노력하는 자세가 필요함을 그는 몸소 보여준다.

2
83세 임 장로의 삶을 통해 본 웰다잉 사례

노화이론에 비춰본 웰다잉

웰다잉의 모범사례로 대전에 거주하고 있는 83세의 임 장로를 선정하였다. 83세의 나이에도 불구하고 끊임없는 배움의 열정으로 건양사이버대학교 보건의료복지학과의 최고령 신입생이 된 임 장로에겐 다른 노인의 삶에 비추어 조금은 특별한 철학이 있을 거라고 판단하였다. 임 장로가 살아온 방식은 건강한 죽음을 준비하는 사람들에게 귀감이 될 만하다고 생각하기에 여러 노화이론에 비추어 그의 삶의 과정을 하나하나 반추해 보려고 한다.

노화과정은 매우 복잡하기 때문에 이에 대한 연구는 생물학, 심리학, 사회학 등 다양한 학문 영역에서 노화의 원인과 기전을 종합적인 관점으로 설명하며 전개되어 왔다. 하지만 노화를 설명해주는 이론이 단일하지 않으므로 여기서는 생물학적 이론, 사회적 이론, 심리적 이론이라는 몇 개의 틀을 가지고 임 장로의 삶을 비추어 살펴보려 한다.

사례자의 삶을 개략적으로 살펴보면 이렇다. 임 장로는 3남 2녀의 셋째로 조치원에서 태어나 자랐다. 중학교 때 신앙생활을 시작하여 고등학교를 마친 뒤 서울에 있는 그리스도의교회신학교(현재 서울기독대학교)에 입학하였다. 결혼 후 KT&G에 취업하였으며, 슬하에 1남 6녀의 자녀를 두었다. 직장생활 중 충남대학교 경영대학원을 수료하였고, 한성신학대학에서 석사학위를 받았다. 60세에 직장에서 정년퇴직하고 나서는 다양한 사회활동을 이어왔으며, 현재 서울기독대학교 이사로 재직하고 있다. 슬하의 자녀들은 모두 출가하였으며 30명에 이르는 후손을 두고 있다.

신체적인 측면에서의
웰다잉

임 장로의 아버지는 치매를 앓다 일찍 돌아가셨고, 어머니는 85세에 노환으로 운명하셨다. 임 장로는 이러한 유전적인 요인을 늘 마음에 두고 살았다. 치매에 걸리지 않기 위해 새로운 현상에 호기심을 갖고 여러 두뇌활동과 꾸준한 학습활동을 이어나갔다. 자신의 어머니가 85세에 운명하셨기에 본인도 85세까지 사는 것을 수명의 목표로 삼았고, 이후의 삶은 덤으로 사는 인생이라 여기기로 했다. 부모에게서 물려받은 건강한 치아 덕분에 지금까지 충치 하나 없이 치아가 건강하여 영양섭취의 면에서도 어려움이 없다. 나이가 들어 백내장이 생겨 수술을 받았으며, 고혈압과 전립선비대증을 관리 중이다.

임 장로는 일생 동안 신체를 무리하게 사용하는 일이 드물었다. 항상 주어진 범위 안에서 할 수 있는 만큼 꾸준히 몸을 움직였고, 밤을 새우는 등의 무리한 신체활동은 하지 않았다. 특별히 잘하거나 좋아하는 운동은 없었지만 새벽에 일어나 약수터를 오가며 걷기 및 스트레칭 운동을 했다. 직장이 한국담배인삼공사였기 때문에 흡연을 하지 않는 것이 쉬운 일이 아니었지만, 금연을 하였고 술도 마시지 않았다. 하루 세 끼를 규칙적으로 챙겨먹으며 영양섭취에 힘썼다. 식탁에서도 "나는 이 음식을 다 먹을 수 있으나 나의 건강을 위해 이 만큼은 남기겠다."고 말하며 절대 과식을 하지 않았다. 그래서 그는 자신이 건강을 유지할 수 있었던 것이 규칙적인 식사 때문이었다고 자부한다. 임 장로는 자가면역 능력을 증강시키기 위해 프로폴리스와 비타민 B군, 미네랄 등의 영양제를 복용하고 있다. 또한 명상을 통해 스트레스를 적극적으로 관리하고 있다.

이러한 임 장로의 신체적인 측면을 노화이론의 생물학적 이론인 '유전자 이론', '소모 이론', '자가면역 이론'에 비추어 살펴보기로 하자. 유전자 이론은 프로그램 이론과 같은 이론으로, 사람의 일생이 유전적 프로그램 또는 생물학적 시계라고 불리는 것에 의해 미리 예정되어 있다고 말한다. 이 이론은 나이에 따라 나타나는 유전자의 역할을 강조한다. 유전자 이론에 의하면 임 장로는 부모로부터 건강한 치아를 물려받았으나 치매에 걸릴 가능성도 가지고 있다. 임 장로는 본인이 치매에 이환될 수도 있다는 생각을 늘 염두에 두고 살아왔다. 때문에 의식적으로 두뇌활동을 계속하려 노력하였고, 학습활동도 꾸준히 해온 것으로 보인다.

소모이론은 신체 기관이 활동을 위한 에너지를 만들어내는 양이 정해져 있다고 주장한다. 인간의 몸을 기계와 같은 것으로 생각하여, 신체의 지속적인 사용이 기능적인 능률성을 차츰 저하시키고 한번 파괴된 세포는 재생되지 않는다고 본다. 소모과정은 흡연, 영양실조, 근육 긴장, 과음, 스트레스 등의 해로운 요소에 의해 가속화될 수 있다고 본다. 이 이론에 대입하여 볼 때 임 장로는 무리 없는 생활 패턴과 규칙적인 습관, 금연, 금주, 적극적인 스트레스의 관리 등을 통해 노화로 신체가 소모되지 않도록 노력해 온 것으로 보인다.

자가면역 이론은 노화과정에서 자가면역 반응이 나이와 함께 불안정해지며 세포와 신체기관에 영향을 미친다고 주장하는 이론이다. 노화에 따른 세포 변화를 몸이 이물질로 인식하여 항체가 형성되고 면역 기억체계를 파괴함으로써 노화가 진행된다는 이론이다. 임 장로는 면역기능을 증강시키기 위해 꾸준히 운동을 하고 영양제를 섭취했기 때문에 건강한 웰다잉을 준비하고 있다고 해석할 수 있다.

사회적 측면에서의
웰다잉

사회적 측면에서의 삶을 살펴보면, 임 장로는 KT&G에 취업한 뒤 보건관리과에서 직원들의 건강관리를 담당하며 정년까지 재직하였다. 정년 이후에는 종교 활동을 지속하면서 근처 복지관에 나가 다른 노인들과 소통하였다. 어린이집과 연계하여 매주 '동화책 읽어주는 할아버지'로 활동하며 아이들과 친근한 관계를 유지하고 있다. 어린이들을 즐겁게 해주기 위해 마술을 배워 다양한 마술쇼를 펼치기도 했다. 현재는 자신의 모교인 서울기독대학교에서 이사로 재직하고 있다.

임 장로가 다른 노인들에 비해 특별한 점이라면 배움에 대한 갈망이라 말할 수 있다. 여러 사회적 현상들에 대해 알고자 하는 열망이 강하여 한 때 비트코인이 사회적인 관심으로 떠올랐을 때엔 경제학 용어까지 공부하며 비트코인을 마스터하기도 하였다. 새로운 기기들에 대해 두려워하지 않아 각종 스마트 기기들을 자유자재로 사용한다. 따라서 스마트폰으로 기차표를 예매하고 송금하는 등의 일을 어렵지 않게 할 수 있다. 노인의 특성상 새로운 기기에 대한 사용법을 습득하려면 시간이 오래 걸리지만, 그는 천천히 그러나 꾸준히 반복하여 학습함으로써 기기들을 수월하게 다룰 수 있게 되었다.

인생에서 가장 아쉬운 점이 무어냐고 질문했을 때엔 "젊었을 때 끝까지 공부하지 않은 것"이라고 대답했다. 학사과정을 제대로 마무리하지 못한 데 대한 아쉬움이 남아 젊었을 때로 돌아간다면 학사, 석사, 박사 과정을 차근차근 제대로 밟아보고 싶다고 했다. 그래서 지금이라도 늦지 않았다는 생각에 건양사이버대학교 보건의료복지학과에 지원하여 최고령 신입생으로 합격하였다. 학업을 마치고 사회복지사 자격증을 취득하는 걸 목표로 하고 있다. 이 과정을 무사히 마무리할 수 있을지 알 수 없지만, 지금도 공부할 수 있는 체력과 시력이 있음에 감사하며 하루에 3시간 이상 휴대폰과 노트북으로 동영상 강의를 시청하고 있으며, 예습과 복습도 게으름 없이 하고 있다.

임 장로는 사회적으로 인정받는 사람이 되기 위해서 노력하였지만 동시에 가정에서도 인정받는 가장이 되기 위해 애썼다. 자녀들이 출가하기 전까지는 반드시 가족이 함께 모여 아침을 먹는 것을 원칙으로 여겼다. 함께 식사를 하면서 자녀들의 정서 상태를 챙기고 밥상머리 교육을 통해 예절 바른 사람으로 키우려 노력했다. 아내가 바쁠 때엔 스스로 식사를 차려 가족들을 대접했다. 그는 지금도 매일 아침 SNS 단체방을 통해 가족들과 소통한다. 좋은 글을 올리고 구성원 한 명 한 명 안부를 챙기며 집안 행사를 주관한다. 가족의 생일과 기념일을 잊지 않고 챙기며, 작게라도 축하하는 자리를 마련한다. 자신이 사회생활에 집중할 수 있도록 자녀 양육에 힘써 준 아내에게 감사한 마음을 잊지 않고 있다. 그리고 이제는 몸이 약한 아내를 옆에서 살뜰히 보살펴주고 있다. 80세를 넘기면서는 자신이 살아온 이야기를 자주 자녀들에게 들려주어 한평생 살아온 삶의 노하우를 전수하는 데에 힘을 쏟는다. 이러한 생활패턴과 노력 덕분에 배우자는 여전히 남편의 의견을 존중한다. 자녀들도 아버지를 집안 대소사의 최종 결정권자이자 집안의 중심으로 여긴다.

그의 이런 생활태도를 사회적 노화이론인 '활동이론', '사회유리이론'에 대비하여 살펴보기로 하자. 활동이론은 노인의 사회활동 참여가 성공적인 노화에 도움이 된다고 본다. 따라서 노인들이 일정 수준의 사회활동을 유지하고 환경 변화에 적극적으로 대처하여 새로운 역할과 취미를 개발하는 것이 필요하다고 본다. 그러기 위해서는 신체적, 정신적 상태를 고려하여 노인이 원하고 관심 있는 분야의 활동을 선택하고 참여할 수 있도록 지지해주어야 한다. 임 장로는 은퇴 이후에도 복지관, 어린이집, 학교 등에서 사회활동을 이어오고 있다. 또한 변화하는 환경에 대처하기 위해 새로운 지식을 습득하기를 즐기며, 이를 통해 건강한 노후와 웰다잉을 준비하고 있다.

사회유리이론은 노화를 사회적 역할과 상호작용의 위축 과정으로 가정한다. 힘은 노인에게서 젊은이로 점차 이동하며, 이런 현상이 개인이 죽은 뒤 사회의 모든 분야에서 지속적인 기능을 가능하게 한다고 본다. 임 장로는 스스로의 건강을 챙기고 경제적으로도 자립이 가능하다. 가정 내에서도 돌봄을 받는 노인이 아니라 가족들의 안부와 행사들을 챙기고 정서적으로 여전히 가족들을 돌보고 있어 어른으로 인정받고 있다. 이러한 노력 때문에 가족들은 가정의 대소사에서 임 장로의 의견을 존중하며, 어려운 일을 상담할 수 있는 지혜로운 인생의 스승이자 멘토로 여기고 있다. 이렇게 볼 때 임 장로의 사례는 사회유리이론에 역행한다고 볼 수 있다. 아직 힘의 이동이 부모에서 자녀로 완전하게 이동하지 않았으며, 여전히 자녀들의 지지를 받으며 자존감 높은 노후를 보내고 있기 때문이다.

경제적인 측면에서 본
임 장로의 삶

임 장로는 KT&G 퇴직 후 연금을 수령하여 생활하고 있다. 퇴직 당시에는 지금보다 금리가 높았고 평균수명도 길지 않아서 많은 직장 동료들이 연금 수령을 거부하였다고 한다. 하지만 본인은 연금 수령을 선택하였고 그 결정에 매우 만족하고 있다. 그는 자녀들이 보내주는 용돈과 연금을 노후 자금으로 사용하고 있다. 연금을 수령할 수 있는 시스템이 마련된 것에 대해 국가에 감사하는 마음을 가지고 있지만, 만약 연금 수령을 하지 못하는 상황이 되었더라도 이를 극복하기 위해 노력하고 주어진 수준에 맞추어 생활을 하려 노력했을 것이라고 말한다.

임 장로의 상황을 사회적 이론인 '사회교환이론'에 대비하여 설명해 보겠다. 사회교환이론은 노인의 사회적 노화과정을 노인과 사회 사이 복잡한 교환과정의 불균형으로 설명하고 있다. 사회적 상호작용은 사회에 대한 기여도와 보상을 추구하는 비용 간의 균형에 의해 유지된다. 그 사이에서 이익이 생겨날 때 상호작용이 계속 이어질 수 있는 것이다. 그런데 사회교환이론에 따르면 노화과정이란 이런 사회적 상호작용 사이에 불균형이 생겨나는 것으로, 노인이 가지고 있는 힘의 자원이 감소하고 사회가 요구하는 기여도에 다다르지 못하여 상호 교환할 자원이 점차 부족해지며 가치가 저하되는 것이다. 임 장로는 연금을 수령하고 있어 경제적으로 자립하고 있다. 노인들의 경제적 자립은 건강한 삶과 웰다잉에 중요한 요소이다. 임 장로는 경제적으로 자립하고 있을 뿐 아니라 자신의 수익 중 일부를 지속적으로 사회에 환원함으로써 경제적 힘의 자원에 있어서도 균형을 유지하고 있다. 또한 자신의 재능을 복지관과 어린이집에 기부함으로써 사회적으로도 존경과 인정을 받고 있기에 사회교환의 균형을 끊임없이 유지하며 건강한 노후와 웰다잉을 실천하고 있다고 해석할 수 있다.

심리·정서적 측면에서의
웰다잉

　　　　　새벽마다 스탠드를 켜놓고 독서를 하며 하루 일과를 시작한다. 기도와 성경 묵상을 통해 생각과 마음을 정리하고, 언제나 메모지와 볼펜을 가지고 다니며 메모하고 새로운 내용들을 기록한다. 생명을 소중히 여겨 아파트의 비좁은 발코니를 분재로 가득 채우고 새를 반려동물로 키우며 동식물과 교감한다.

　　임 장로는 젊었을 때부터 다양한 웰다잉 프로그램에 참여하면서 지금까지 유언장을 세 번이나 작성했다. 자신이 언제라도 죽을 수도 있다는 생각을 하며 하루하루를 감사히 여기고 의미 있게 살려고 노력한다. 최근에는 자신의 장례식도 구체적으로 계획하였다. LG그룹의 구본무 회장이 대기업 총수임에도 수목장으로 소박한 장례식을 치른 것에 감명받아 자신도 최대한 간소하게 장례를 치르길 원한다.

　　일생 중 가장 힘들었던 일은 일곱 명의 자녀를 양육하며 경제적 부담감을 느낄 때였다. 자신의 경제력으론 자녀들을 전부 대학에 보내기가 현실적으로 어려웠다. 그래서 후회 없이 공부를 시키고 싶다고 생각할 때마다 부담감이 밀려와 고통스러웠다. 하지만 자신의 배움에 대한 열정만큼 자녀들의 학업에도 끝까지 최선을 다해주고 싶은 마음이었기에 경제활동을 쉬지 않고 이어가며 자녀들 모두 대학을 졸업시킬 수 있었다. 임 장로는 이를 자신의 일생에서 가장 큰 업적으로 생각하고 있다.

　　임 장로는 "어떤 곳에 있든지 머문 곳에서 최선을 다하자."라는 삶의 철학을 지니고 일생을 살아왔다. 주어진 환경에 대해 불평하기보다는 감사할 면을 찾아내는 긍정적인 사고를 지녔다. "다시 젊었을 때로 돌아가고 싶은가?"라는 질문에 "다시 인생을 산다고 해도 지금처럼 완벽하게 살아낼 자신이 없다. 고비의 순간들을 기적처럼 넘겼고 매 순간이 감사했다. 자식들 모두 건강하고 자신을 통해 서른두 명의 가족들이 사회인으로서 당당히 사회에 기여하는 모습을 보고 있을 때, 더 이상 바라는 것이 없다"고 대답했다.

임 장로의 경우를 노화이론의 심리적 이론인 '인간욕구이론'에 대비하여 보겠다. 매슬로우Maslow는 인간의 욕구를 단계별로 정리하여 생리적 욕구, 안정과 안전의 욕구, 사랑과 소속감의 욕구, 자아존중감의 욕구, 자아실현의 욕구로 나누었다. 낮은 단계의 욕구를 달성해야 더 높은 단계의 욕구로 올라갈 수 있다고 보았는데, 임 장로의 경우, 타고난 체력과 꾸준한 건강관리를 통해 생리적 욕구를 달성하였고, 경제적인 독립으로 안정과 안전의 욕구를 달성하였다. 가족과의 소통을 통해 사랑과 소속감의 욕구를 달성하였으며, 사회생활을 통해 자아존중감의 욕구도 달성한 것으로 볼 수 있다. 마지막으로 모든 자기 삶의 순간순간에 만족한다는 성찰의 모습을 통해 마지막 단계인 자아실현의 욕구도 달성하였다고 해석할 수 있다.

웰다잉이란 단순히 죽음을 잘 맞이하는 것뿐만 아니라 죽음을 건강하게 준비하며 현재의 삶을 더욱 의미 있고 가치 있게 사는 것이라고 할 수 있다. 본 사례를 통해 임 장로의 일생을 노화이론에 대비하여 봄으로써 건강한 노후와 건강한 웰다잉이 어떤 것인지에 대해 정리해보았다. 임 장로 자신이 노화이론에 근거하여 인생을 살고자 하는 마음이 있었던 것은 아닐 것이다. 하지만 그의 인생을 보면 노화이론의 각 영역에서 말하는 건강한 노화를 바람직하게 이루어 가고 있었다. 오늘 이 순간에도 아침 일찍 일어나 운동하고 가족들의 안부를 챙기며 휴대폰과 노트북으로 치매에 대한 사이버 강의를 열심히 듣고 있을 임 장로의 모습이 눈에 선하다.

3
일흔 살 열정에 도전하는 정순엽 씨 사례

꿈을 꾸는 한 나이를 먹어도 늙지 않는다

웰다잉이란 무엇인가? 자기 삶의 유한성을 깨닫고 언젠가 다가올 죽음을 잘 준비하여 좋은 죽음을 맞이하는 것이다. 또한 자신이 죽을 수밖에 없는 유한한 존재임을 기억하며, 살아있는 동안 어떻게 살아야 할 것인가를 생각하면서 사는 것이다. 죽음을 성찰하고 받아들인다면 그만큼 삶의 소중한 가치를 깨달으며 살게 된다. 또한 삶에서 찾아오는 수많은 어려움과 고난도 회피하지 않고 자기 것으로 받아들이고 헤쳐 나갈 수 있게 된다.

20세기를 대표하는 정신의학자이자 세계적인 죽음학의 대가로 불리는 엘리자베스 퀴블러-로스는 삶의 유일한 목적은 성장하는 것이라고 말했다. 인생에서 만나는 모든 고난과 모든 악몽, 신이 내린 벌처럼 보이는 그것들이 모두 성장의 기회이며 성장이야말로 삶의 유일한 목적이라고 하였다. 그런 점에서 평범한 가정주부로 아트 공방을 운영하고 있는 정순엽 씨를 소개하고자 한다. 말을 듣지 못하고 하지도 못하는 자녀를 둔 운명적인 어려움을 피하지 않고 기꺼이 감당해내며 자녀를 반듯하게 길러냈다. 그 딸이 지금은 결혼하여 가정을 이루고 잘 살고 있다. 본인도 70세가 넘은 나이임에도 젊은 사람보다 더 열정적으로 새로운 일에 도전하여 창조적인 일을 하며 살고 있다. 건강한 삶을 위해 매일매일 꾸준히 운동하고, 영적으로 건강한 삶을 위하여 기도와 봉사의 삶을 살고 있으며, 신앙을 통한 죽음 수용과 죽음 이후의 삶에 대한 확신으로 기쁘게 살아가고 있기에 정순엽 씨를 웰에이징well-aging과 웰다잉well-dying의 사례로 소개하고자 한다.

새로운 도전과 열정

"나이를 먹는다고 늙는 것이 아니다. 더 이상 꿈을 꿀 수 없을 때, 열정이 사라질 때 늙는다."

서울의 동쪽 끝 강동구 명일동의 한 아파트 상가에 '아를르'라는 이름의 아트 공방이 있다. 목재와 아크릴, 천 등에 성경 구절을 독특한 글자체로 찍어서 아름다운 액자를 손으로 직접 만드는 아트 공방을 운영하고 있는 정순엽 씨가 주인이다. 올해 나이가 72세이지만 새벽 4시면 일어나서 새벽기도를 다녀오고 아침 8시 30분이면 어김없이 공방에 출근하여 저녁 6시까지 나무를 자르고, 사포로 문지르고, 색칠을 하고, 그 위에 성경 구절을 새겨 넣는 액자를 만드는 일을 19년째 해오고 있다. 그의 작품은 똑같은 것이 하나도 없다. 그가 만드는 액자는 크기와 모양과 색깔이 모두 다르고 아름답다. 예쁘고 맘에 드는 글자체를 만나면 그 글자체로 작업을 하다가, 새로운 글자체를 발견하면 새로운 작품 액자를 만들며 그 재미에 푹 빠진다. 집에서도 새로운 아이디어가 떠오르면 잠을 잊고 새 작품을 만들어 보려고 시도한다. 하루의 시간이 어떻게 지나가는지 모를 정도로 시간을 나누어서 귀하게 사용한다. 공방에서 새로운 작품들을 만들며, 일하는 중에도 틈틈이 자기계발에 대한 강의 동영상이나 세계 석학들의 인문학 강의 영상을 본다. 일찍부터 배움에 대한 열정이 남달랐던 탓이기도 하지만, 자신이 가진 정보와 나이에 갇혀버리거나 좁은 시야 속에서 성장을 멈춰버리지 않기 위해서다. 새로운 지식이나 인문학을 접해야 시야가 넓어지고 작품의 창의성을 높일 수 있다는 것을 그는 알고 있다. 하루 종일 공방에서 작업을 하며 시간을 보내면서도 핸드폰 유튜브 영상을 통해 우리나라나 세계 지성들의 강의와 앞서가는 정보를 들으며 현실과 미래에 대한 감각을 잃어버리지 않으려 노력한다. 현실에 안주하여 느슨해지기엔 아직 하고 싶은 일들이 너무 많아서 시간을 아껴 쓸 수밖에 없다. 동영상으로 들은 강의들은 수첩에 요점을 정리해 두고 마음에 드는 구절들은 꼭 기록해 마음에 새긴다. 그가 하는 작품들과 아이디어들을 보면 일흔을 넘은 나이라고 믿을 수 없을 정도로 감각이 현대적이고 독창성이 뛰어나다.

공방에서 작업하며 틈틈이 영어공부도 하고 자기계발 강의도 들으며 좋은 것은 따라하려고 노력한다. 어린 손녀딸이 말하는 걸 보면 신기하고 용기가 나서 새삼 더 많이 배우고 도전해야겠다는 생각을 한다. 포크 아트도 배우고 북아트도 새롭게 배웠다. 배운 것들은 모두 응용하여 작품으로 만든다. 낡은 책표지를 예쁜 천으로 고쳐 씌워서 새 책으로 만들어주는 일도 한다. 북아트로까지 영역이 넓어지고 있다. 늘 새로운 일을 창조하느라 시간 가는 줄 모른다. 시간이 남아돌고 할일 없어 지루하다는 다른 노인들의 말을 이해하지 못한다. 그는 아직도 청춘이다. 아니, 다시 왕성한 청춘의 시작이다.

장애인 딸을 키워낸
고난의 세월

그는 부모님 슬하에 2남 3녀의 형제들과 함께 자랐다. 위로 언니 둘, 아래로 남동생 둘 사이에 끼어 집에서는 존재감이 없는 아이였다. 어릴 때엔 언니 둘의 위력에 눌려 자기주장을 한 번도 펼쳐 본 적이 없다. 친정엄마가 내리 딸 셋을 낳고 아들 둘을 얻었으니, 부모님의 관심과 사랑은 늘 두 남동생에게 쏠려 있었다. 그는 부모의 큰 관심을 못 받고 늘 혼자서 조용히 놀았다. 이렇게 그는 하고 싶은 일들이 많았지만 하고 싶은 말조차 제대로 못 하는 수줍은 어린 시절을 보냈다.

어린 시절을 보낸 후 장성하여 결혼을 하고 나니 하고 싶던 것들과 배움의 욕구가 물밀듯이 몰려왔다. 그동안 배우고 싶었던 것들을 하나하나 배우기 시작했다. 첼로도 배우고, 피아노 치는 것도 배우고, 가야금도 배우고, 붓글씨도 배웠다.

어릴 때 가난하고 형제가 많아 배울 수 없었던 악기들을 하나하나 배우는 즐거움이 컸다. 삶에 부족함이 없이 행복했다. 그러나 첫 아이를 낳고 예기치 않은 삶의 고난과 고통이 찾아왔다.

예쁜 첫딸을 낳았으나 아이가 첫돌이 지나도록 말을 하지 않았다. 처음에는 말이 좀 늦는가보다 하고 대수롭지 않게 여겼다. 두 돌 반이 지나서야 아무래도 이상해서 병원에 데리고 가서 검사를 했다. 아이에게 청각장애가 있었다. 아이 귀에는 아무것도 들리지 않았고 그래서 말도 하지 못했던 것이다. 하늘이 무너지는 듯한 절망감과 손쓸 수 없는 막막함에 정신 나간 사람처럼 울며 세월을 보냈다. 아기가 태어나서 일정 시기가 되면 말을 알아듣고 말을 한다는 것이 당연하다고 생각했는데 그것이 당연한 것이 아님을 알게 된 것이다. 그러다 문득 정신을 차리고 아이를 가르칠 수 있는 학교를 알아보기 시작했다. 수소문 끝에 아이를 농아학교에 보냈다. 그러나 농아인들을 가르치는 특수학교에 아이를 보내고 학교에 가서 지켜보니 마음이 놓이지 않았다. 아이를 학교에서 데려와 집에서 직접 홈스쿨링을 시작했다. 이미 둘째 딸을 연년생으로 낳은 뒤였다. 어린 둘째를 이모 집에 맡기고, 큰 아이에게 매달려 본격적으로 말을 가르치기 시작했다.

말을 가르치는 것에 앞서 소리를 내는 발성법부터 가르쳐야 했다. 먼저 홈스쿨링을 시작한 농아인 엄마들을 찾아가 교육법을 배우기도 하고, 각종 책을 찾아서 혼자 연구하며 아이를 가르치기도 했다. 아이에게 말과 발성을 가르치려면 먼저 아이와 눈을 마주하고 아이 손에 입을 대 입에서 나오는 소리를 느끼게 해주어야 했다. 보통의 아이에게 글자를 가르치는 것보다 몇 배는 오래 걸리고 집중해야 하는 일이었다. 아이에게 엄마의 말하는 입모양과 입김, 호흡의 세기 등의 차이를 느끼게 하여 스스로 소리를 내게 만들고 한글도 익히게 하는 등, 하나부터 열까지 아이를 종일 붙잡고 가르치고 또 가르쳐야 했다. 비가 오면 밖으로 데리고 나가 손에 비를 맞혀 느끼게 하며 '비'라는 단어를 반복해서 가르쳤다. 그 결과 아이는 말을 할 수 있게 되었고 글도 읽을 줄 알게 되었다. 그래서 특수학교가 아닌 동네의 일반 초등학교에 입학을 시켰다. 일반 아이들에 비하면 말은 약간 어눌했지만 읽고 쓰는 데는 문제가 없었다. 그러나 들을 수 없었기에 말을 하려면 아이의 바로 앞에서 말해야 입모양을 보고 알아들을 수 있다. 학교에서도 학교 선생님의 입모양을 하나도 놓치지 않고 집중해서 보아야 알아들을 수 있었다. 선생님이 뒤에서 말하면 제대로 알아들을 수 없었다. 친구들이 등 뒤에서 부르거나 말해도 마찬가지였다. 이런 아이를 학교 친구들이 놀려대거나 짓궂게 장난하는 일이 많아 아이는 상처를 받곤 했다. 아이는 학교에 갈 때마다 늘 긴장했다. 그러나 공부를 잘하여 초등학교를 무사히 졸업하고 중학교에 입학할 수 있었다. 중학교는 더 어려움이 많았다. 초등학교와 달리 과목마다 다른 선생님이 수업을 하기 때문에 여러 선생님들의 수업에 적응하여 따라가기가 쉽지 않았다. 늘 긴장 속에서 살면서도 아이는 열심히 노력하여 중학교와 고등학교를 졸업하고 대학에도 입학해 미술을 전공했다. 중학교 때부터 미술을 가르치기 시작했는데, 아이가 좋아했고 결국 미술로 대학까지 가게 된 것이다.

힘든 시간들을
신앙의 힘으로 이겨내다

농아인 첫 아이와 비장애인인 둘째를 한 살 터울

로 키우느라 정신없이 사는 그를 남편은 전혀 도와주지 않았다. 남편의 까다로운 입맛에 맞는 음식을 제때에 맞추어 준비해 놓아야 했고, 유난히 깔끔하게 차려입는 의복 손질도 해야 하는 등 할일이 많았다. 조금이라도 소홀하거나 마음에 안 들면 타박이 심하여 아내를 힘들게 했다. 아이 가르치랴 집안일 하랴 남편 섬기랴 하루종일 쉴 틈이 없었다. 너무 힘들어서 그만두고 싶을 때도 많았다. 당시엔 장애인에 대한 사회적 시선이 곱지 않던 터라 동네 사람들의 수군거림도 감내해야 했다. 그러나 더 힘든 것은 해도 해도 끝이 없고 노력해도 진전이 없다는 것이었다. 듣지 못하는 딸에게 말을 가르치는 일은 만만치 않은 일이었다. 매일의 길고 긴 시간 속에서 육체적으로나 정신적으로 많이 힘들었다. 죽으려고 결심했던 적도 몇 번 있었다. 내 딸이 듣지도, 말하지도 못하고 사느니 아이도 죽고 본인도 죽는 게 낫겠다는 생각이 들기도 했다. 몸과 마음 모두 지쳐 힘들었고 위로받을 수 있는 곳이 없었다. 그러나 정신을 차리고 생각하면 딸을 듣지도 못하고 말도 못 하는 암흑의 세상에 내버려 둘 수는 없었다. 사람답게 살아가도록 해야 했다. 그때 그를 다시 일으켜 세웠던 것은 신앙이었다. 아무에게도 말할 수 없고 위로받을 수 없는 현실과 힘든 삶을 교회에 나가서 눈물로 기도하며 버텨냈다.

그렇게 노력한 덕분에 딸은 거의 비장애인에 가깝게 말을 하고 언어 소통을 할 수 있게 되었다. 시기를 놓치고 언어를 가르치지 않았더라면 수화만으로 세상과 소통할 뻔했다. 딸은 정상적으로 일반 초·중·고등학교를 졸업하고 대학에도 성공적으로 진학했다. 대학에서 미술을 전공하고 졸업한 딸은 아이들 교재 만드는 회사에 취직했다. 자기 전공을 살린 일을 할 수 있었고, 좋은 남자를 만나 결혼도 했다. 사위는 공부도 많이 한 공학박사로, 딸아이를 무척이나 아끼고 사랑해준다. 딸아이는 결혼생활도 잘 했고 딸 둘을 낳아 잘 키웠다. 그 와중에 귀 속에 보청기를 심는 수술인 와우 인공삽입 수술을 하게 되었다. 와우 수술은 귀 안과 바깥에 작은 기기를 설치하고 외부 소리를 전기신호로 바꿔 청신경을 자극해 소리를 듣게 하는 치료법이다. 하지만 수술 뒤엔 그동안 들렸던 소리와 다른 기계음이 들리므로 이에 적응하려면 소리음 공부를 하나하나 다시 해야 하는 수고와 고통이 따랐다. 성인이 되어 결혼까지 한 딸에게 누가 다시 소리음을 가르칠 수 있을까? 그 몫은 다시 엄마인 그가 감당해야 했다. 이미 결혼해서 손녀딸까지 있었다. 손녀딸들을 돌보며 딸아이에게 다시 소리음을 하나하나를 가르쳤다. 농아인 딸을 키우느라 겪었던 고초들을 어찌 말로 다 할 수 있으랴! 그렇게 엄마는 끝까지 딸을 돕고 도우미와 선생님 역할까지 감내했다.

손녀와 함께 도전하는
새로운 꿈

농아인 큰딸이 결혼하여 행복하게 사는 것이 기적처럼 기뻤고 한시름 놓을 수 있었다. 그러나 딸이 첫아이를 낳자 다시 걱정이 생겨났다. 손녀딸이 농아인의 유전자를 갖고 태어났을까봐 내심 딸보다 많은 걱정을 했다. 그러나 손녀딸은 모든 것이 정상이었다. 귀가 열려 있었다. 아주 잘 들었다. 잠자다가도 작은 소리에 민감하게 반응하며 울음을 터트렸다. 잠들었던 아기가 작은 소음에 깨어 울음을 터트리는 것이 얼마나 기쁜 일인지, 이렇게 잘 들을 수 있는 것은 또 얼마나 감사한 일인지, 감격과 감사가 넘쳐났다. 살면서 당연하다고 여기던 소소한 것들 중엔 감사해야 할 것이 얼마나 많은지, 이런 어려움을 겪기 전에는 몰랐던 일이었다. 볼 수 있는 눈, 들을 수 있는 귀, 말할 수 있는 입을 가졌다는 것이 얼마나 큰 기적인지 절실히 깨달았다. 누구나 가지고 있는 눈, 코, 입, 귀, 손, 발⋯ 그리고 그 기능들이 당연히 주어지는 것이 아님을 알게 된 것이다. 일상 속에서 누리는 수많은 것들이 얼마나 큰 기적인지 알게 되자 감사의 마음이 생겨났고, 낮아지고 겸손해지게 되었다. 결혼 후 풍요로움 속에서 부족한 것 없이 살다가 청각장애를 가진 첫 아이를 정상인으로 키워 내면서 수많은 고난을 겪으며 배운 것이다.

가족들의 우려와 간절한 바람 속에 태어난 손녀딸은 말도 빨리 배웠고 꾀꼬리같이 말도 예쁘게 잘했다. 너무도 신기하였다. 딸에게 말 한마디, 단어 하나 가르치느라 몇 시간씩을 반복하고 손에 입김을 불어넣었던 것에 비하면 손녀딸이 자라면서 "엄마, 아빠, 할머니" 하며 한 단어 한 단어 말할 때마다 기적과 같았다. 어쩜 저렇게 말을 쉽게 하는지, 목청을 통해 시원하게 나오는 목소리가 그렇게도 반가웠고 환희 그 자체였다. 듣지 못하는 딸에게는 모든 걸 하나하나 직접 보여주고 입에 갖다 대 보이며 가르쳤는데, 손녀딸은 너무나 말을 잘 했다. 그래서 말하는 것에 그치지 않고 손녀딸에게 시를 가르치기로 했다. 가르쳤다기보다는 동시집을 읽어주며 아이의 감정과 표현하고 싶은 것들을 표현하게 했다. 그랬더니 손녀딸은 아무런 두려움 없이 너무나 쉽게 시를 지었다. 있는 그대로의 감정을 그때그때 잘 표현했고, 할머니에게 자기가 쓴 시를 읽어주기도 했다. 심지어 할머니에게 시를 지어 선물하기까지 했다. 시를 어쩜 이렇게 잘 쓰냐고 칭찬하면 손녀는 "그냥 생각나는 대로 쓰면 되는 거야." 하고 대답했다. 일곱 살부터 쓰기 시작한 손녀딸의 시가 벌써 한 권 분량이 넘었다. 할머니도 손녀딸처럼 맑고 고운 감정들을 그대로 표현하고 싶은 마음에 시를 쓰기 시작했다. 그리고 손녀딸이 시를 선물할 때마다 사랑스런 아이에게 답하는 시를 썼다. 정순엽 씨는 이렇게 손녀딸의 시와 자신의 시를 모아서 공동시집을 내고 싶다는 꿈을 가지고 있다. 또한 아트 공방에서 액자를 만드는 과정을 책으로 내라는 수강생들의 권유와 성화에 액자 아트에 대한 자신만의 노하우가 담긴 책을 써보려는 생각도 조심스럽게 하고 있다. 손녀딸이 보내온 시를 읽고 감동을 받아 답하여 쓴 시가 있는데, 그 중에서 하나를 소개하면 다음과 같다.

선물 2

다니에게
선물로 받은 동시童詩 선물이
큰 기쁨의 씨앗으로
뿌려졌나봐

싹트고

잎이 자라

꽃동산 되려 하네.

정순엽 씨의
웰에이징과 웰다잉

정순엽 씨가 실천하려 했던 웰에이징과 웰다잉은 다음의 세 가지로 요약해 볼 수 있다.

첫째로 정순엽 씨는 도전하며 꿈꾸는 삶을 살았다.

첫째 딸과 둘째 딸에게 미술을 가르쳤는데 아이들 모두 미술에 소질이 있었다. 미술학원에 아이들을 데려다주고 데려오면서 미술을 간접 경험했다. 그냥 보는 것만으로도 즐거웠다. 아이들을 대학에 보내고 나서 아이들을 가르쳤던 선생님에게 자신도 그림을 배웠다. 이후 미술 선생님은 프랑스로 이민을 갔고, 놀러오라며 초청을 해 주었다. 덕분에 프랑스 여행을 할 기회를 가지게 되었다. 일반 여행지가 아니라 프랑스 곳곳에 있는 아틀리에들을 방문하는 여행이었다. 아틀리에마다 재료가 독특했고 작품에 개성과 아름다움이 있었다. 개성 넘치는 화구와 재료들로 인해 더욱 다양하고 풍성한 작품들이 나오는 것 같았다. 프랑스 여행을 하면서 새로운 일에 대한 열정이 솟아났다. 떠오른 아이디어들을 귀국해서 실행에 옮겼다. 성경 말씀을 넣어서 다양한 도구와 재료를 이용한 액자를 만드는 아트 공방을 열었다. 공방의 작품들은 독특하면서도 예뻐서 사람들의 반응이 좋았고 선물용으로도 인기가 많았다. 다행히 운영이 잘 되어 사업은 자리를 잡아갔다. 그러나 친척 동생과 함께 동업으로 운영하던 공방은 이해관계가 엇갈려 모든 것을 내어주고 빈손으로 나오게 되었다. 들어갔던 보증금이나 돈을 한 푼도 받지 못해 억울했고 경제적으로 어려움이 컸다. 그대로 주저앉을 수는 없었다. 혼자서 처음부터 다시 시작해야 했다. 수중에 가진 돈이 없어 좋은 공방 자리를 얻을 수 없었기에 상가 3층에서 조그맣게 다시 시작했다. 형제간이라 다툴 수도 없었기에 마음의 상처를 안고 눈물로 기도하며 묵묵히 일을 시작했다. 프랑스를 여행할 때 깊은 인상을 받았던 남프랑스의 부슈-뒤-론에 있는 도시 '아를르'를 공방 이름으로 내걸었다. 그리고 그 공방에서 새로운 도전과 열정이 시작되었다. 그때 나이가 60살이었다. 이후 매일 새로운 작품들을 만들어 팔고, 배우고 싶어 하는 수강생들이 오면 가르치기도 하면서 10여 년을 열심히 살았다. 어려운 상황이 와도 새로운 꿈을 포기하지 않았다.

둘째로 건강을 위해 매일매일 운동했다.

이 많은 일을 하려면 체력이 필요했다. 건강해야 하고 싶은 일들을 할 수 있기 때문이다. 젊을 때는 몸이 꼬챙이처럼 말랐었다. 오히려 70살이 넘은 요즘엔 얼굴에 살도 오르고 체격도 좋아져서 몸이 가장 건강해 보인다. 60세가 되면 근육이 절반으로 줄어든다고 한다. 그래서 운동을 시작했다. 자전거 타기 30분, 스쿼트 200번, 목침운동 그리고 스트레칭 1시간씩을 집에서 매일 규칙적으로 한다. 집에서 공방까지 버스를 타지 않고 운동 삼아 매일 걸어서 출퇴근한다. 출퇴근을 위해 걷는 시간만 합쳐도 하루에 한 시간을 운동하는 것이다. 기독교인인 그는 매일 새벽 4시 30분에 일어나 교회에 나가서 기도하고 새벽예배를 드린다. 그리고 아침을 준비해 먹고 8시 30분에 출근하여 오후 6시 30분에 퇴근한다. 자신이 운영하는 공방이지만 정확히 시간을 정해놓고 출퇴근한다. 점심도 사 먹지 않고 집에서 도시락을 싸 가지고 간다. 사 먹는 음식들은 염분이 많아서 입에 맞지 않기 때문이다. 고구마나 감자, 계란 등도 쪄 가져가 간식으로 먹으며 식생활에 신경을 쓴다.

셋째로 인생은 늙어가는 것이 아니라 익어가는 것임을 염두에 두고 살아간다.

"20살이 되어서 50이 되면 어떤 인생을 살까 묻는 사람과 묻지 않는 사람 사이에 하늘과 땅 만큼의 차이가 난다. 50세에 80세가 되어 어떤 인생을 살까 질문하지 않으면 인생의 목표 없이 방황할 수밖에 없다."

인문학 동영상 강의를 들으며 가슴에 와 닿는 구절들을 적어 놓은 그의 수첩에서 발견한 구절이다. 60세에 공방 '아를르'를 다시 시작하여 올해가 12년째이다. 10여 년을 정말 열심히 살았다. 이제는 다시 10년 후 80세를 바라본다. 80세를 향하여 하고 싶은 일들을 하며 계속 도전하고자 한다. 그동안 액자와 포크아트 등 소품 위주의 작품들을 해왔는데 이제는 큰 작품도 만들고 그림도 적극적으로 그리고 싶다. 그래서 작가로서 작품 전시회도 하고 싶다. 요즘은 남북통일을 위해서 기도하고 있는데, 통일이 되면 북한에 가서 공방을 내고 싶다고 한다. 그림을 가르쳐주었던 스승도 그가 이렇게 늦은 나이까지 오래도록 공방을 하리라고는 상상도 하지 못했다며 이 자체가 기적이라고 했다.

정순엽 씨는 나이 드는 것이 좋다. 그래서 젊은 나이로 돌아가고 싶지 않다. 60세부터는 더욱 자유로워지는 것 같아서 좋다. 그동안 살아오면서 사람의 중요성을 많이 느꼈다. 수많은 어려움을 겪으면서 이 모두가 겪어야만 하는 일들인가보다 하며 열심히 일에만 매달렸다. 인간관계에서 어떤 오해나 어려움이 닥쳐도 해야 할 일들을 묵묵히 열심히 하다 보면 오해도 풀리고 좋은 사람들도 만나게 되었다. 그는 이렇게 계속 도전해야 할 일들을 하나씩 해나가려 한다며, 자기 안에 그렇게 많은 열정이 있는지 스스로도 몰랐다고 말한다. 그래서 새로운 일들을 생각하면 흥분되고 설렌다고 한다.

넷째 죽음을 준비했다.

죽음은 전혀 두렵지 않다. 지금 열심히 최선을 다해 살면 조금 빨리 가고 늦게 가는 차이일 뿐, 죽음이 어느 때 찾아와도 아쉽지 않을 것이라고 그는 말한다. 신실한 기독교인이기 때문에 죽으면 천국에 가는 것이라고 굳게 믿고 있다. 매일 기도와 성경 말씀을 읽으며 묵상하는 것을 게을리하지 않고 있다. 죽음을 성찰함에 있어 종교가 얼마나 큰 평안함을 주는지 그를 통해 알 수 있다. 종교는 대부분 죽음 이후의 세계를 말하고 있기 때문이다. 최선을 다해서 살기 때문에 후회도 없다고, 살아있다는 것 자체가 대가를 치르고 있는 것이라고 말한다. 그리고 삶은 살아볼 만한 가치가 있는 것이라고 생각한다. 유언장은 따로 북아트로 만들어놓았다. 자녀들의 사진과 가족사진도 붙여 놓았다. "신앙생활 잘하라"는 당부의 말도 써 놓았다. 그리고 살아있는 동안 두 딸과 사위, 손녀들에게 지금처럼 아낌없이 사랑을 주다가 가고 싶다고 한다. 살면서 사랑의 중요성을 누구보다도 잘 알고 있기 때문이다. 가족에 대한 사랑 없이는 이 모든 어려움을 이겨낼 수 없었을 것이다. 그리고 고난 속에서도 예수님의 사랑이 자신을 이끌었다고 그는 말한다.

환란은 인내하게 만들고, 인내는 연단을, 연단은 사람을 온전하게 한다고 성경은 말한다. 탄소 원자들이 3천 도가 넘는 뜨거운 열과 강력한 압력을 만나면 결정체가 이루어진다. 그 결정체가 바로 다이아몬드 원석이다. 그 다이아몬드 원석은 깎이고 다듬어져야 반짝반짝 빛나는 보석이 된다. 환란은 사람을 보석처럼 만들어준다. 어려움을 이겨내고 견디며 인내한 사람들은 보석처럼 빛나는 사람이 된다. 정순엽 씨는 바로 보석처럼 환하게 빛나는 사람이다. 고난의 세월을 통하여 원석이 깎이고 다듬어지듯 자신이 겪어온 인내와 열정의 삶을 통하여 빛나는 성품과 아름다운 사람이 된 것이다.

그동안 정순엽 씨의 삶을 일상의 모습으로 그리고 여러 차례 인터뷰를 위해 방문하며 지켜보았다. 아름답게 자신의 삶을 가꾸며 사는 모습을 곁에서 지켜보는 나도 덩달아 행복해지는 것을 느꼈다. 아름답게 사는 사람은 화선지에 물감이 번지듯 주위에 선한 영향력을 퍼뜨린다. 빵가게 옆을 지나면 맛있는 빵 냄새가 나고 꽃집 앞을 지나가면 꽃향기가 나듯이 정순엽 씨에게서는 사랑의 향기가 난다. 따뜻한 사람의 냄새가 난다.

삶을 살아가면서 고통, 환란, 어려움은 다가오기 마련이지만 그 고난에 어떻게 반응하는가는 우리의 몫이다. 정순엽 씨는 삶을 진정으로 잘 사는 웰빙의 삶을 넘어 편안하고 아름다운 죽음을 맞이하는 웰다잉의 삶을 실천하는 사람임을 알 수 있었다.

사람은 살아온 모습대로 죽어간다. 잘 살아온 사람이 잘 죽을 수 있기 때문이다.

4
독거노인 구○○ 할머니의 삶

무엇이 웰다잉에 부합하는 삶인가?

　　그동안 임상에서의 간호 경험과 지역 사회에서 만났던 많은 사람들 중에서 중환자실에 입원하여 힘든 시간 속에서도 끝까지 자신의 삶의 끈을 놓지 않으셨던 많은 분들이 생각나지만, 보건소 독거노인 방문간호를 통해 만나 뵈었던 할머니 한 분이 뚜렷하게 기억이 난다. 이 분의 삶을 사례로 조명해 보고 싶다는 생각을 보건소 방문보건 담당 선생님들에게 타진했더니 그분들 역시 같은 생각으로 주저 없이 동의했다. 올해 89세 되신 구○○ 할머니는 보건소 방문간호 대상자 중에서 가장 오래된 분일 듯싶다. 방문할 때마다 힘든 몸을 이끌고 기꺼이 맞아주시고, 자신보다는 항상 다른 사람을 위해 무언가를 하려고 하고, 주변을 염려하고 감사하는 삶을 살아오신 "의지의 한국인(보건소 선생님들이 별칭으로 부르는 표현)"이다. 무엇보다 이분을 웰다잉의 적합한 사례로 꼽는 이유는 본인도 방문간호를 받아야 할 만큼 도움이 절실한 사람임에도 항상 다른 사람을 위해 봉사할 일이 없을까 끊임없이 움직이고, 매번 자신을 돌봐주는 데 대한 고마움을 전하고 감사하는 삶을 살아오셨다는 평을 듣고 있기 때문이다. 심지어 지병인 폐암으로 병원에 입원해 있는 지금도 남들을 위해 더 많이 봉사하다 죽지 못해서 안타깝다는 이야기를 하곤 한다.

이 사례 대상자는 2003년도 지역 사회 독거노인을 대상으로 한 질적 연구 수행 때에도 인터뷰를 하였고, 2005년도 대학생들의 보건소 실습 방문대상자였으며, 월1회 이상 동아리 학생들의 주기적인 방문 봉사 대상이기도 했다. 이런 까닭에 구○○ 할머니를 사례 대상자로 결정하고 그의 웰다잉적 삶의 발자취와 생활 속 작은 봉사와 노력들을 기술하기로 하였다. 사례로 선정된 다음에는 그동안 방문하여 인터뷰한 내용들을 가지고 긍정적인 예로 삼겠다고 설명한 뒤 집필 동의를 받았다. 할머니는 그동안 그런대로 노력하며 살았고 잘 살다가 잘 죽고 싶었다며, 지금까지 그랬듯이 보건소 방문간호 선생님들 보살핌을 받다가 가길 원했는데 이렇게 아파 병원에 있는 것이 안타깝다고 말씀하였다. 한 번도 "이렇게 죽는구나."라는 생각을 해보지 않았는데, 입원하고 하루하루 상태가 안 좋아지니 이제는 여러 가지로 힘에 부치는 걸 느낀다고도 하였다.

구○○ 할머니의 웰다잉에 대한 인식은 의료인들이 바라보는 그것과는 달랐다. 준비나 수용에서 의료인들이 생각하는 것보다 더 담대하게 죽음을 받아들이고 있었다. 다른 사람을 위해 내가 뭔가 베풀고 간다면 암에 걸려도 그것이 무슨 대수냐는 것이다. 나의 병을 치료하는 것도 맞지만 내가 숨 쉬고 살아있는 동안 아프더라도 남을 위해 작은 일이라도 하는 것이 좋은 죽음이라고 인식하고 있었다. 죽음을 심리적으로 받아들이거나 죽음을 준비하거나 하는 죽음에 대한 준비는 따로 하고 있지 않다. 몸이 아픈 것은 보건소 방문건강관리 선생님이 살펴주는 것으로 충분하다고 여기고 지병인 폐암을 치료하거나 증상을 적극적으로 조절하는 등의 노력을 기울이지 않았으며, 가족을 포함한 사회 구성원들에 의존해 도움을 받으려는 노력도 하지 않았다.

좋은 죽음을 맞이하는 것을 저해하는 요인으로 '경제적 어려움', '죽음에 대한 공포', '외로움' 등의 문제들을 들 수 있다. 즉, 좋은 죽음을 맞이하기 위해선 무엇보다 경제적으로 여유가 있어야 하고, 죽음에 대한 공포에서 벗어나야 하며, 외로움과 같은 개인적인 문제들을 긍정적으로 극복해야 한다. 하지만 할머니는 경제적으로 열악한 상황임에도 자신보다 어려운 사람들을 끊임없이 도와주며 봉사하는 삶을 살았다. 폐암 진단을 받고도 폐를 제외한 나머지 장기를 더 아픈 사람들을 위해 기증하겠다는 의사를 밝히고 있으며, 질병과 고통 속에서도 자신에게 다가오는 죽음을 수용하면서 평소 자신을 찾아주는 사람들에게 늘 감사하는 마음을 가지고 있다. 특히 가난 때문에 헤어져 살다가 지금은 연락조차 하지 않는 자식들을 원망하지 않고, 언제라도 자신을 찾아오면 모두 이해하고 용서할 수 있다고 말한다. 그래서 자식들에게 서운해 하기보다 지금 자신을 돌봐주는 방문간호 선생님과 복지관 선생님, 옆집 할머니들을 자기 가족으로 여기며 현재 상황에 만족하고 있다. 이런 사정으로 미루어 볼 때 그분의 삶이 웰다잉에 부합하는 사례에 가깝다고 파악되어 구○○ 할머니의 삶을 구체적으로 살펴보고 기술하려 한다.

구○○ 할머니의
가족 관계와 삶의 철학

구○○(89) 할머니는 서울시 마포구 공덕동 재래시장에서 상추, 깻잎, 고추 등을 팔아 생계를 이어 왔다. 집 앞의 작은 텃밭에서 채소를 키우며 남편과 두 자녀(딸과 아들)가 함께 생활하였다. 할머니는 젊어서부터 남을 위해 필요한 사람이 되어야 한다는 생각을 가지고 어려운 사람을 앞장서 도우며 살아왔으며, 누구를 원망하거나 서운해하지 않고 자신이 할 도리를 다하고 열심히 살면 된다는 생각을 간직해 왔다. 할머니의 인생 철학은 "열심히 최선을 다해서 살고 남에게 보탬이 되자."였다. 하지만 이런 목표와 달리 가족들은 열심히 살고자 하는 할머니의 앞길에 짐이 되는 존재였다. 남편은 뚜렷한 직업 없이 경제적으로 무능력했을뿐더러 술을 마시고 주정을 하는 일이 다반사였다. 술을 마신 날엔 집안 가재도구를 마구 집어 던졌고 심지어 할머니에게 돈을 내놓으라고 억박지르거나 자녀들에게 폭언을 하며 동네가 떠나가도록 소리를 질러 이웃들의 눈살을 찌푸리게 했다. 이웃 사람들도 이렇게 사는 구 할머니를 늘 측은하게 여겼다. 심지어 남편은 집을 나가면 몇 개월씩 들어오지 않는 때가 많았고, 오랜만에 돌아와도 폭언과 폭력을 일삼았다. 구 할머니는 그런 남편이 차라리 집에 없는 편이 낫다고 생각했다. 이렇게 남편은 가족의 생활에 아무런 도움도 주지 못하는 존재였다.

어려서부터 어렵게 살아온 탓에 딸과 아들을 남들처럼 잘 먹이지도 입히지도 못했고 학비를 마련하는 일조차 힘들었다. 밥만 겨우 먹고 살 정도의 살림이었기에 딸과 아들도 가난에 넌덜머리를 냈다.

그래서인지 할머니는 집에서 가족들과 함께하기보다 밖에서 일을 찾아 나서곤 했다. 구청 공공근로에 나가기 시작한 뒤로 출근하다시피 구청을 드나들며 무슨 일이든지 하려고 했다.

공공근로로 얼마 안 되는 돈을 받아도 생활에 많이 도움이 되었고 가족들 밥이라도 먹일 수 있다고 생각했다. 구청 안팎으로 공공근로와 봉사활동을 하며 만난 사람들에게서 듣는 말들이 힘이 되었고, 자신이 누구를 위해서 무엇인가를 할 수 있는 사람이라는 생각에서 삶의 의미를 찾기도 했다.

두 자녀 중 맏이인 딸은 고등학교 졸업과 동시에 영등포 쪽에 있는 공장에 들어가 숙식을 하며 생활했고 집에는 명절 때에만 왕래하였다. 딸은 아버지에게 당하고만 사는 엄마가 너무 답답하다면서 자신은 그렇게 살고 싶지 않다 말하곤 했다. 부모의 다툼을 너무 많이 지켜본 터라 집이라면 정이 떨어진다고도 했다. 이렇게 딸은 서서히 집에 발길을 끊게 되었다.

둘째인 아들은 어머니에게 비교적 살가운 편이었지만 소심하고 밖에서 자신의 의사를 맘대로 표현하지 못하는 성격이었다. 고등학교를 졸업하고 마땅한 기술을 배우지 못하고 지방의 공사현장을 찾아다니며 막노동을 했다. 공사현장이 있는 지방으로 옮겨 다니다 보니 집에 자주

올 수 있는 형편이 못 되었다. 게다가 아버지의 폭언과 부모의 다툼을 보는 게 싫어서 집에 잘 오지 않게 되니 연락도 뜸해지고 점점 소원해졌다.

가족으로 남편과 두 자녀 외에 여동생이 있었지만 대전에 내려오던 해에 암으로 사망했다. 유일한 혈육으로 믿고 의지하던 동생의 죽음으로 할머니는 삶의 큰 지지대가 무너져버린 느낌이었다고 한다.

생활고에 시달리며 사는 게 힘들다고 생각하던 1994년에 지인의 도움으로 대전의 한 포도밭 농장으로 내려와 일하게 되었다. 자녀들에게는 대전으로 내려온다는 사실조차 알리지 못했다. 연락도 되지 않았을 뿐더러 어디에 살고 있는지도 알지 못했기 때문이다. 대전에 내려온 뒤에도 형편은 나아지지 않았다. 하루하루 살아갈 걱정에 무슨 일이든 해야 했지만, 남들처럼 건강도 좋지 않아서 할 수 있는 일이 많지 않았다. 지인이 소개해 준 포도밭에서 허드렛일을 하고 일당을 받아 생활했다. 문득문득 자녀들이 생각났고 언제쯤 만날 수 있을까 하는 아쉬움을 달래야 했다. 몸이 아파서 일을 나가지 못하는 날도 많아 늘 쪼들리는 살림을 살았다. 이듬해에는 기초생활수급자로 인정되어 구청과 보건소의 생활지원서비스와 방문간호를 받게 되었다. 질병으로 힘들고 가족의 보살핌도 받지 못하는 상황이었다. 그런 가운데도 할머니는 그 누구도 원망하지 않았고 자신의 집을 방문해 주는 주민센터와 보건소 선생님들을 가족처럼 여기며 살았다.

구○○ 할머니의
질병 극복 과정

구 할머니는 젊어서부터 혈압과 당뇨가 있었다. 부모님의 영향을 받은 것 같다고 한다. 가족력으로 부모 모두 고혈압이 있었으며 아버지 쪽에 폐암 이력도 있었다. 여동생도 암으로 사망했다. 41세 때부터 고혈압 진단을 받고 약을 먹기 시작했다. 남편 때문에 스트레스가 심했고 두 차례 혈압으로 쓰러져 병원에 입원한 일도 있었다. 한때 혈압이 높지 않은 것 같아 복용해 오던 혈압 약을 끊어 보기도 했지만, 관절이 안 좋아 병원에 들렀을 때 혈압이 매우 높게 나와 다시 약을 먹게 되었다.

혈압약과 당뇨약을 달고 살다시피 했다. 평소에 두통이 심하고 아프다가도 자신을 찾아주는 보건소와 복지관 선생님을 보면 빨리 나아야겠다는 생각으로 다시 혈압약을 꾸준히 복용했다.

어느 날 잇몸에서 피가 나고 치아가 아파서 치과에 갔을 때엔 혈관 건강이 좋지 않아 전신 염증에 건강상태도 나빠지고 있다는 말을 들었다. 몸이 아프니 구강 관리를 제대로 할 수 없고 전신의 건강상태도 조금씩 나빠지게 된 것이었다.

서울에 살 때는 공공근로 봉사도 빠지지 않았고, 소소한 주민봉사에도 어김없이 참석하며 기쁜 마음으로 봉사활동을 했다. 봉사를 갔다 오는 날엔 몸은 지쳐도 마음만은 가벼웠다. 봉사하면서 만난 분들 중 혈압이나 당뇨 조절이 안 돼 고생하는 사람들을 보면 봉사를 권할 만큼 질병이 봉사활동을 하는 데에 전혀 방해가 되지 않는다고 여겼다. 그러면서 혈압 조절을 잘 하는 방법을 다른 사람들에게 알려주기도 했다. 가끔씩 두통과 어깨 결림을 느낄 때엔 가까운 동네 의원에 가서 진료를 받고 약도 타다 먹었다. 한때는 왜 이런 문제가 찾아오는 것인지, 욕심 없이 살아왔는데 왜 이런 병들이 자신에게만 오는 것인지 원망도 했다. 하지만 내가 아픈 중에도 남을 돕고 봉사하는 것이 더 훌륭한 일이라 여기며 이런 삶에서 기쁨을 찾으려 했다.

구 할머니는 구청의 공공근로나 봉사를 할 때 집이나 집 근처 텃밭에만 있을 때보다 오히려 몸이 덜 아프고 괜찮은 것 같다고 했다. 집에 돌아와 밤이 되면 이곳저곳이 쑤시고 몸이 천근만근이었지만 마음만은 뿌듯하고 보람이 있었다. 자신이 혈압이나 당뇨가 있다는 것을 알고 있었기에 음식 먹는 것도 더 신경 쓰고 움직일 수 있는 한 몸을 많이 움직이려 했다. 몸을 아끼고 가만히만 있으면 죽을 때 후회스러울 것 같아 거동할 수 있는 한은 몸을 움직이겠다고 마음을 먹었다. 그래도 주변에선 연세도 있으니 이제 그만 쉬시라고 권했다.

혈압이나 당뇨가 제대로 조절되지 않은 상태에서 할머니는 10년 전 폐암 진단까지 받았다. 보건소 방문간호 서비스를 통해 고혈압 약을 복용하고 당뇨도 그런대로 잘 조절되었지만 기침과 객담이 많고 숨쉬기가 점점 힘들어졌다.

할머니는 자신은 병을 달고 살아왔지만, 오래 살다 보면 안 아픈 사람은 없다며 긍정적으로 생각한다. 몸을 오래 썼으니 여기저기 고장이 나는 건 당연하고, 아픈 몸도 내 몸이니 잘 받아들이고 사는 날까지는 살아야 한다는 것이다. 그러면서 가족이 있어도 보지 못하고 사는 자신

같은 사람에겐 아픈 것이 그리 힘든 일도 아니라고 말한다. 정말 힘든 건 있던 가족과 헤어져 죽을 때 마지막 인사 한마디도 못 하고 떠나는 일이라는 것이다.

　나이를 먹으면 누구나 몸이 아프지만 혼자 사는 사람들에겐 그것이 더욱 힘들게 느껴진다고 할머니는 말한다. 그래서 자기 몸을 스스로 어떻게 할 수 없을 때가 가장 슬프단다. 그래도 아직은 다른 사람들과 이야기라도 나눌 수 있으니 몸이 아플 때의 상심을 조금이나마 덜어낼 수 있다고 한다.

구○○ 할머니의 어떤 점이
웰다잉에 부합하는 삶일까?

1) 봉사하는 삶

　구○○ 할머니는 서울 마포에 살 때 구청 자원봉사에 적극적으로 참여하여 구청장한테 마포천사라는 별명을 들었고 나중에는 구청장 표창까지 받았다. 당장 먹을 쌀이 떨어졌을 때에도 부녀회에서 가져다 준 쌀을 한 종지만 남겨두고 모두 독거노인들에게 나누어주었다. 없는 살림에 가지고 있던 전기장판을 어려운 이에게 갖다 주기도 했다. 자신보다 어려워 보이는 사람이 눈에 보이면 내일 당장 먹을 것을 걱정하지 않고 퍼 주었다. 남의 일 같지 않아 무엇이라도 퍼주지 않고는 견딜 수가 없었다. 공공근로도 해 보았고 풀 뽑기, 안내하기, 배식 등 봉사활동이라면 가리지 않고 참여했다. 정신지체인들 집에 가서 밥을 해 주고 운동을 시키는 일도 했다. 젊어서부터 다른 사람들을 돕고 봉사해온 것이 습관이 되었다. 구청에서 봉사활동을 해도 경제적 도움은 얼마 되지 않는다. 하지만 애초에 돈을 벌 목적으로 봉사한 것이 아니기에 점심을 먹게 해주는 것만으로도 고맙게 여겼다. 구청에서도 꾸준히 봉사를 와 주는 할머니를 구의 자랑이라며 고마워했다. 이것이 사람 사는 세상이고, 진정한 봉사는 다른 사람이 알지 못하게 하는 거라고 할머니는 말한다.

할머니는 나이가 들고 병이 생겨 타인의 도움을 받아야 움직일 수 있게 되더라도 봉사는 끝까지 하고 싶다고 한다. 구청에서 그동안 충분히 봉사를 했으니 이제 나오지 않으셔도 된다고 한 말이 자신이 더는 도움이 안 된다는 말처럼 들려 서운하기도 했다. 그래서 구청에서 극구 말리는데도 몸이 허락할 때까지 자원봉사를 계속했다. 봉사는 자신이 당연히 해야 하는 일이라 여겼기 때문이다.

한동네에 사는 이웃 할머니들은 구○○ 할머니를 한 식구나 다름없이 여긴다. 전을 하나 부쳐도 꼭 나누어 먹고 이웃집에서 얻은 감자나 고추 몇 개라도 어려운 주변 사람들과 나누려 애썼기 때문이다. 동네에 비가 많이 와 집들이 물에 잠겼을 때도 그릇을 들고 가 함께 물을 퍼내고 물에 잠긴 가재도구들을 정리하고 씻어내는 등 자기 일처럼 끝까지 도와주었다. 그렇기에 모두 할머니를 좋아하고 고마워하게 되었다.

할머니는 이것을 봉사나 희생이라고 부르지 않는다. 내가 힘이 있고 몸을 움직일 수 있는 한 나보다 어려운 사람을 돕는 것은 당연하다고 생각한다. 내가 어렵게 살았기에 누구보다도 그 심정을 잘 안다. 누가 조금만 도와줘도 살아갈 힘이 생긴다는 걸 스스로 체득한 것이다. 세상에 와서 사회에 조금이라도 보탬이 되는 사람이 될 수 있다는 게 얼마나 기쁜 일인지 할머니는 잘 알고 있다.

구 할머니는 누가 알아주지 않아도 내 마음이 기쁘면 그것으로 충분하다고 말한다. 즉, 내 마음이 좋으라고 하는 일이라는 것이다. 다른 사람들이 처한 상황이 자신의 일 같아 그냥 있을 수 없다며, 반대로 자신에게 그런 일이 생기면 주변에서 똑같이 도와주지 않느냐며 대수롭지 않게 여긴다.

폐암 증세가 악화되자 보건소 방문간호를 왔던 선생님이 이제는 집에서 안정을 취해야 한다고 말했지만, 옆집 할머니의 폐지 리어카를 함께 끌어 줘야 한다며 혈압을 재자마자 밖으로 나가려 했던 구 할머니다. 이렇듯 할머니는 자신과 같은 처지의 사람들에게 조금이라도 도움이 되고 싶어 한다.

2) 남기고자 하는 삶

구○○ 할머니는 나누는 삶이 부모님으로부터 영향을 받았다고 말한다. 할머니는 부모님으로부터 든든한 아들 같다는 얘기를 많이 들었다. 그리고 남을 먼저 생각하고 조금은 손해 보는 삶을 살아야 한다는 걸 부모님에게서 보고 배우며 자랐다. 하지만 몸이 아프고 마음대로 되지 않는 일도 많아 생각만으로 실천할 수 없는 일이 많아졌다. 할머니는 사는 동안 다른 사람들에게 도움을 주고, 죽을 때에도 남들에게 민폐는 끼치지 말아야 한다고 말한다.

좋은 죽음이란 건강하게, 오래 활기 있게 살며, 다른 사람에게 피해를 주지 않고, 더 어려운 사람을 돕는 삶을 사는 것이다. 하지만 가진 것이 많지 않고 생활이 어려우면 자신보다 힘든 이를 위해 봉사하기란 쉽지 않다. 그럼에도 세상엔 구○○ 할머니처럼 남의 어려움에 공감하고 조그마한 도움이라도 주려 애쓰는 이들도 많다.

구 할머니는 폐암을 선고받았음에도 죽으면 폐를 제외한 장기를 모두 기증하겠다는 뜻을 보건소 방문건강관리 선생님에게 밝혔다. 할머니가 이런 생각을 갖게 된 계기가 있었다. 여동생이 갑자기 만성신부전증을 앓고 병이 심해져 몇 년간 혈액투석을 받다가 결국 신장이식을 받게 되었다. 동생의 안타까운 투병을 곁에서 지켜보았던 할머니는 누군가 절실히 필요할 때 자신의 장기를 꼭 기증해야겠다는 생각을 하게 되었다. 그래서 주민센터 담당 선생님에게 자신이 죽으면 폐를 제외한 나머지 장기를 기증해 달라며 장기기증 서류를 부탁했다. 주민센터 담당 선생님은 보건소 방문관리 담당 선생님과 상의한 뒤에 결정하겠다며 할머니의 고마운 마음을 먼저 받아주었다. 그리고 "할머니는 살면서 몸을 너무 많이 써서 누군가에게 기증할 수 있는 부분이 많지 않다"고 알려주었다. 할머니는 "내가 폐만 안 좋지 심장, 콩팥, 간, 눈은 어지간해. 필요한 사람이 있을 거야. 그러니 기증하려고 하는 거야."라며 자신의 결심을 굽히지 않았다. 보건소 선생님이 할머니에게 장기기증은 기증하려고 하는 사람이 지닌 장기의 건강을 확인한 뒤에 기증 여부를 결정하게 된다고 설명하고, 먼저 할머니 건강을 먼저 챙기고 회복할 생각을 하라고 말씀드렸다. 그럼에도 할머니는 생활지도사 선생에게 자기 뜻을 꼭 들어달라고 신신당부했다.

웰다잉을 실천한 분들의 삶을 이야기할 때 훌륭한 본보기로 거론되는 분들이 많이 있다. 사후에 장기를 기증하여 타인의 생명을 구하겠다는 열망을 보이는 구○○ 할머니의 사례와 함께 떠오르는 인물이 있다. 생전에 자신의 장례를 직접 설계하고 1995년에 세상을 떠난 한국 최초의 안과의사 공○○ 박사다. 공 박사는 세상을 떠나기 6년 전부터 미리 유언장을 준비하고 자서전을 썼다. "내가 죽거든 장기는 모두 기증하고 장례식도 치르지 마라. 죽어서 한 평 의 땅을 차지하느니 그 자리에 콩을 심는 것이 낫다."는 내용이었다. 고인의 뜻에 따라 그의 시신은 연세대학교 세브란스병원 해부학 교실에 기증되었다.

공 박사는 의사로서의 소명의식 때문에 장기기증의 실천이 어느 정도는 당연시 될 수도 있는 사람이다. 이에 비해 구 할머니는 병에 걸리고 기초생활수급자로 생활이 힘든 형편에도 스스로 장기기증을 결심하였으니 결코 쉽지 않은 일을 한 것이다. 평소에 장기기증 의사가 있더라도 이를 적극적으로 실천하는 건 매우 어려운데, 할머니의 처지에서 장기기증 의사와 의지를 갖는 건 결코 쉬운 일이 아니다.

폐암 증상이 악화되어 병원에 입원했을 때도 할머니는 그 병원 원장에게 장기가 필요한 사람들한테 나눠주라는 뜻을 전달했다며, 장기가 필요한 사람이 있으면 다 주고 가고 싶다는 뜻을 거듭 전했다. 이렇듯 폐암으로 입원까지 한 상황에서도 자신의 나머지 장기를 필요한 사람들에게 나누어주겠다는 마음을 가진다는 건 분명 남다른 행동이라 할 수 있다. 자신의 삶이 다하는 순간 다른 누군가를 먼저 염려해줄 수 있는 사람이 얼마나 될까? 누군가 생을 마감한 뒤 남아 있는 사람들에게 얼마나 도움이 되는 삶을 살았고 어떤 가치를 남겼는지 생각할 때 구○○ 할머니는 분명 좋은 죽음, 의미 있는 죽음을 맞이한 것으로 평가받게 될 것이다.

3) 질병과 죽음의 두려움도 수용하는 삶

구○○ 할머니는 보건소의 방문 건강 관리 선생님에게 스스로 움직일 수 있는 한 집에 머물고 싶다고 입버릇처럼 말한다. 건강이 악화되어 삶을 마무리해야 할 때가 오더라도 보건소 방문관리 선생님 앞에서 죽고 싶지 병원에서 외롭고 쓸쓸한 마지막을 맞이하고 싶지는 않다는 것이다. 자신이 원하는 마지막은 집에서 키우던 고양이와 함께 평소처럼 살다 죽음을 맞는 것이라고도 한다.

폐암 진단 뒤 거동이 힘들 때 방문간호사나 동아리 학생들의 방문을 받으면 이불을 세탁해서 가져와 달라고 부탁했다. 그동안 생활지도사에게 몇 차례 도움을 받았는데 계속 부탁하기가 미안하다는 것이었다. 건강이 악화되어 일상적인 일도 다른 이들의 도움을 빌어야 하는 것에 미안한 마음이 커진 것이다. 밥도 누군가 먹여줘야 하는 때가 오면 어쩌나 걱정을 하면서도, 그 정도가 되면 삶을 마무리해야 될 때가 된 거라 이야기한다. 그러면서 혼자 생활할 수 없을 때가 오더라도 사는 날까지 주변의 도움 속에서 하루하루를 고맙게 사는 게 최선이라고 생각한다.

살면서 우리는 출생과 결혼을 준비하듯 죽음 또한 자연스러운 삶의 과정 중 하나로 인식해야 한다. 그래서 죽음에 대해 두려움을 가질 것이 아니라 여유롭고 행복하게 죽음을 맞이할 수 있도록 해야 한다. 또한 삶의 마지막에서 고통스러운 죽음을 맞지 않기 위해 죽음을 준비해야 한다. 웰다잉은 자신의 삶부터 죽음까지 계획을 세우는 것이며, 노후 준비 과정에서 한 발 더 나아가 죽음까지 준비하는 것이다. 웰다잉 교육을 통해 웰리빙Well Living하고, 웰빙Well Being하며 나아가 웰다잉Well Dying에 이르게 될 수 있다고 생각한다. 다시 말해 인생의 아름다운 마무리를 위해 행복하고 인간다운 삶을 사는 것이야말로 궁극적인 웰다잉이라고 생각한다.

할머니는 보건소 선생님이나 생활지도사가 다녀간 날에는 심적으로 안심이 되다가도 방문이 없는 날은 문득 이렇게 아무도 모르게 죽는 건 아닌지 걱정하곤 했다. 하지만 이젠 누구라도 태어나서 죽을 날이 오면 가야 한다는 사실을 받아들이기로 했다. 죽음의 두려움도 삶의 일부분으로 수용하기로 한 것이다.

할머니는 지속적으로 방문건강관리 서비스를 받아왔지만, 악화되는 폐암 치료가 어려워 기초수급대상자가 많이 입원하는 ○○병원에 입원하게 됐다. 병원에 입원해 살아있을 날이 많지 않다고 여기자 경제적 어려움으로 헤어져 살다가 연락마저 끊긴 자식들 생각을 많이 하게 되었다. 오랜 시간 소식도 모르고 지내왔지만 이제 얼마 살지 못할 거라는 생각에 지금은 환갑이 넘었을 자식에 대한 그리움과 안타까움이 회한으로 다가온 것이다.

죽음의 질이 가장 높다는 영국에선 좋은 죽음을 네 가지로 정의한다. '익숙한 환경에서', '가족, 친구와 함께', '존엄과 존경을 유지한 채', '고통 없이 죽어가는 것'이 바로 좋은 죽음이다. 최근 임종체험 등 다양한 죽음 준비 프로그램이 시행되면서 우리 사회에도 '좋은 죽음'에 대해 고민할 기회가 많아졌다.

아무도 죽음을 겪어보지는 못했기에 준비 없이 죽음의 문턱에 이른다면 모두가 우왕좌왕할 수밖에 없을 것이다. 하지만 사전에 다양한 체험과 고민을 통해 죽음의 공포를 줄이고 마지막 순간을 준비한다면, 죽음을 삶의 끝이 아닌 삶의 완성이나 마무리로 받아들일 수 있을 것이며, 질병도 죽음을 함께 맞이할 동반자로 받아들이게 될 것이다.

4) 스스로 정리하는 가족의 의미

구○○ 할머니는 자녀는 있으나 30년 가까이 연락이 끊긴 상태다. 연락조차 되지 않는 자녀들에 대한 서운함이나 원망은 없다. 자녀들 모두 나름대로의 사정이 있을 거라고 생각한다. 지금 함께하는 사람들을 가족이라 여기며 그것으로 감사하고 만족한다. 젊은 시절부터 가족들과 살 수 없었던 할머니의 입장에서 보면 혈연의 가족보다는 주변에서 도와주는 분들이 가족이자 삶의 지지자인 것이다. 그래서 할머니는 자신이 누구보다도 가족이 많다고 생각한다. 지금 나를 찾아와 주고, 들여봐 주고, 먹을 것을 갖다 주고, 함께 하는 사람들이 바로 가족이라고 말한다.

물론 아플 때 가족이 곁에 있어 주면 좋겠지만, 그렇지 못하더라도 내 팔자이니 뭐라 할 수 없는 일이라고 생각한다. 지병인 폐암으로 전과 다르게 나빠지는 건강상태를 느끼고 죽음에 대한 두려움도 있지만, 이 또한 내 팔자이고 갈 때가 되면 가야 한다고 생각한다. 온가족이 다복하게 모여 살다가 가족들의 보살핌 속에서 편안한 죽음을 맞이하는 것이 좋은 죽음임엔 틀림이 없다. 하지만 젊은 시절부터 가족들과 함께 하지 못한 할머니의 입장에선 혈연의 가족보다는 주변 분들이 의지하는 가족이자 삶의 지지자가 되어왔을 것이다.

살아갈 시간이 많지 않다는 것을 느끼며, 그동안 모아 둔 조금의 돈으로 연락조차 없는 자식들 옷 한 벌씩 해주고 떠나고 싶다고 할머니는 말한다. 그래서 그동안 소식도 왕래도 없었지만, 부모니까 이해하고 용서한다고 말하고 싶다고 한다.

병원에 입원한 뒤 다른 환자들에게 찾아오는 가족들의 모습이 많이 부러웠고, 마지막까지 함께 하는 사람이 곧 가족이라는 생각을 갖게 되었다. 학생들이 찾아왔을 때는 손주들이 와 준 것처럼 기쁘고 정말 고마웠다고도 한다.

할머니는 지금보다 상태가 안 좋아져서 사람들을 알아볼 수 없을 정도가 되면 그동안 자신을 찾아주고 돌봐준 사람들에게 고마운 감사의 마음을 전하지 못하고 가게 될까봐 걱정이다. 그래서 요즘은 자신을 찾아오는 사람들에게 미리 고마웠다고 인사를 한다. 그래도 자신은 복이 많은 사람이고, 젊어서부터 조그마한 봉사라도 하고 살았기에 이런 도움도 받게 된 거라고 생각한다. 살면서 좋은 일 하고 다른 사람에게 피해를 안 주고 살면 좋은 일도 생기게 된다고 믿는다. 할머니는 사필귀정을 믿는다. 주변의 사람들이 찾아와서 돌봐 주고 보살펴 주는 마음에 고마움을 느끼면서도 할머니의 마음속에는 언제나 가족에 대한 그리움이 가득했을 것이다. 그래서 더욱 가족들이 찾아와 주길 바라고 있지 않았을까 하는 생각이 든다.

구○○ 할머니의 사례로 보는
웰다잉의 의미

구○○ 할머니를 통해 우리는 '웰다잉의 삶이란 어떤 삶일까?'라는 질문에 조금이나마 대답해 볼 수 있다. 여기 사례로 든 구○○ 할머니의 굴곡진 삶을 통해 정리해 본 웰다잉의 요소는 다음과 같다.

첫째, 삶에서 철학이 있고 삶에의 의지가 강해야 한다. 할머니는 열심히 최선을 다해 살았고 남에게 보탬이 되는 삶을 살려는 소신을 유지해 왔다. 살면서 어떻게 사는 것이 보람 있는 삶인지에 대해 명확한 소신이 있었기에, 자신이 할 수 있는 일과 할 수 없는 일을 알고 해야 한다고 생각하는 일에 매진할 수 있었다. 가진 것도 없었고 능력도 없었지만, 구 할머니는 다른 사람에게 조금이라도 도움이 될 수 있는 봉사의 삶을 살려고 노력했다. 그리고 몸을 움직일 수 있는 날까지 그런 의지를 가지고 살아왔다. 때문에 자신이 받은 적은 지원금을 차곡차곡 모아 자신보다 어려운 사람을 도와주었고, 질병 때문에 더 많은 도움을 주지 못하는 것을 늘 안타까워 했다. 이야말로 마지막까지 어떻게 자신답게 살 것인가 고민하는 삶일 것이다.

삶을 잘 마무리하는 것은 지내온 삶 못지않게 중요하며, 삶의 마지막에 후회나 고통 없이 평온하게 죽음을 맞는다면 좋은 죽음이라 말할 수 있을 것이다.

거의 반평생을 가족과 떨어져 혼자 살아왔고, 고혈압과 당뇨에 폐암까지 병마에 시달려온 상황에 삶의 종말기에 평온한 죽음을 맞이하기란 쉽지 않은 일이다. 하지만 구 할머니가 아직까지도 삶에 대한 강한 의지를 보여주는 모습은 현재의 삶에서 우리가 무엇을 중요하게 생각해야 하는지를 알려준다. 특히 폐암으로 병원에 입원하게 되었음에도 할머니는 주변 사람들을 먼저 걱정하고, 자신은 불필요한 연명치료를 받지 않고 신체적, 정신적 고통에서 벗어나 편안한 죽음을 맞을 수 있었으면 좋겠다는 의지를 피력하고 있다. 또한 생의 마지막을 무의미한 치료로 고통스럽게 보내지 않기 위해, 언젠간 죽음을 맞게 될 모든 사람들에게 그렇게 권하고 싶다고 말한다.

생의 마지막 순간을 요양원이나 병원에서 맞을지 아니면 가족과 함께할지 결정하는 건 중요하고 의미 있는 일이라 생각한다. 우리는 나이를 먹으면서 잘 살다가, 잘 늙고, 잘 죽을 수 있도록 준비해야 한다. 그것을 준비하는 과정에서 얻는 생각과 정보들은 지금의 내 삶을 편안하고 행복하게 만들어 줄 것이다. 잘 살고 잘 늙어가기 위해선 질병에 되도록 노출되지 않는 건강한 생활을 유지하도록 노력하고, 주변 사람들을 돕고 함께 잘 지내려 노력하며, 어려운 환경에서도 긍정적으로 자기 삶을 가꾸어 나가려 하는 것이 중요하다. 웰다잉은 내가 스스로 거동하지 못하게 되었을 때 어떻게 할 것이고, 더 이상 생명을 유지할 수 없게 되었을 때 어떻게 삶을 잘 마무리할 것이며, 이런 상황에서 어떤 결정을 내릴 것인가를 미리 생각하고 준비하는 것이다. 이런 것을 미리 생각하다 보면 누구나 자기 삶을 되돌아보고 인생의 의미를 찾게 된다.

또한 지금까지 살아온 삶에 대한 감사함, 후회, 화해, 관용 등으로 자기 삶을 관조하게 되면서 '웰리빙' 즉 타인과 함께 하는 건강한 삶을 이끌어낼 수 있다.

둘째, 구○○ 할머니는 건강이 좋지 않았음에도 지속적으로 건강관리를 해왔다. 고혈압과 당뇨로 고생하고 말년에 폐암도 걸렸지만, 지속적으로 보건소의 방문 건강관리 서비스를 받으며 꾸준히 약을 복용하고 식사에도 신경을 썼다. 자신의 질병에 관심이 많은 만큼 진료나 약물, 식이, 섭생 등에 관해서도 지식이 많았다. 몸의 상태가 안 좋아지면 병원에 입원해야 한다는 걸 잘 알고 있지만, 조금이라도 움직일 수 있으면 집에서 건강하게 살다가 가야겠다는 마음이 강했다. 오랜 질병의 시기를 겪은 만큼 전문가 수준에 가까울 정도로 치료는 물론 관리 방법도 잘 알고 있었다.

종말기 환자들을 돌보며 생명을 최대한 연장하는 것이 의료인의 사명인 것은 분명하다. 하지만 환자가 원하지 않는 치료로 고통받지 않고, 마지막까지 인간의 존엄함을 손상하지 않고 평온하게 삶을 마무리할 수 있도록 돕는 것 또한 의료인의 사명으로 본다. 병원이나 지역 사회의 많은 환자들에게서 존엄함을 잃은 안타까운 죽음을 보곤 한다. 질병으로 삶의 마지막을 보내는 환자들의 안타까운 모습은 우리가 과연 어떤 가치관과 철학을 가지고 살아야 할지, 죽음을 통해 어떻게 품위 있는 삶을 완성해야 할지, 소소한 일상에서 어떻게 인간다운 존엄을 지켜야 할지, 생의 마지막에 무엇을 가장 소중하게 생각해야 할지에 대해 많은 생각을 한다.

잘 산다는 것은 본질적으로 잘 사는 법을 배우는 것이다. 죽음이 무언지 안다고 할 때에도 우리는 경험이 아닌 말과 상상을 통해서 그것을 안다고 생각할 뿐이다. 죽음이라는 단어를 통해 우리는 두려움과 영원한 안식이라는 두 가지 감정을 동시에 경험한다. 때문에 질병이 있는 상태로 종말을 맞이하더라도 새로운 마음으로 죽음에 이른다면 우리는 더 이상 죽음을 두려움으로만 인식하지 않을 수 있다.

죽음에 대해 갖는 두려움 중 가장 큰 것은 더 이상 곁에 있던 사람과 함께하지 못하고 혼자서 외톨이가 되는 것이다. 구○○ 할머니는 함께 살 수 없는 가족에 대한 그리움을 종종 표현하곤 했다. 마지막 순간에 지켜봐 줄 가족이 없다면 우리는 과연 두려움 없는 죽음을 맞을 수 있을까? 삶의 마지막 순간 어떻게 '좋은 죽음'을 맞을 수 있을까를 생각할 수 있는 시간은 '바로 지금'일 것이다.

셋째, 구○○ 할머니는 가족의 의미를 스스로 정의하고 수용적인 삶을 살았다. 자녀가 있음에도 연락이 끊기고 기초생활수급자로서 지원금을 받으며 살지만 항상 방문해주는 보건소 선생님들, 복지관, 주민센터 선생님들을 가족으로 생각한다.

노인 1인 가구 증가로 가족의 도움 없이 죽음을 맞이해야 하는 사람들이 많아지고 있다. 우리는 고독사를 예방하고 그동안의 삶을 기록하거나 유언장을 미리 준비하는 등 자신이 머문 자리를 아름답게 정리할 수 있어야 한다. 웰다잉이 단순히 '잘 죽는 것'이 아니라 자기 성찰을 통해 후회 없는 삶을 준비하고 주변과 아름답게 작별하는 것이라면, 먼저 죽음의 두려움에서 벗어나 마음의 평온을 얻는 것을 웰다잉의 출발점으로 삼아야 한다.

가족이 있는 경우라면 자신의 죽음을 스스로 준비한 박○○ 시인을 웰다잉의 사례로 꼽을 수 있겠다. 2011년 별세한 박 시인은 2년간의 투병기간 동안 배우자, 자녀, 형제, 친구들과 함께 따뜻한 마지막을 보내려 노력했다. 마지막엔 가족과 친구 등 자신들이 꼭 만나야 할 사람의 리스트를 만들어 일일이 찾아다니며 감사의 인사를 전하기도 했다. 슬픔과 오열로 마지막 길을 보내는 대신 장례식장엔 고인의 뜻에 따라 음악이 흘렀고 시 낭송회가 열렸다. 다른 사람이 보기엔 이상한 장례식으로 여겨졌을지 모르지만, 고인의 생전 활동 모습을 담은 영상물을 제작해 보여주고, 가족들은 고인에게 "살아생전 열심히 살아왔으니 천국에서도 평안하기를 바란다"는 뜻을 전하며 죽음에 대한 인식을 바꾸려 했다. 이처럼 가까운 친지들이 고인의 살아온 삶을 인정하고 그 의미를 되새기며 그의 삶을 소중히 여기는 것이야말로 진정한 웰다잉이 아닐까 생각해 본다.

그러나 독거노인들의 경우엔 이런 사례가 머나먼 남의 얘기일 뿐이다. 영국 이코노미스트의 '국가별 죽음의 질에 대한 조사'에 따르면 우리나라는 조사 대상인 40개 나라 중 최하위권인 32위를 차지했다. 그만큼 우리나라는 '좋은 죽음'을 맞이할 수 있는 인식과 사회적 지원 시스템이 잘 갖춰져 있지 않다. 따라서 국가가 복지 정책을 통해 독거노인의 문제에 더욱 관심을 기울이고 지원해 주어야 한다. 특히 가족들과 연락이 닿지 않는 독거노인의 경우엔 두려움 없이 죽음을 맞이할 수 있도록 사회적 인식과 제도를 마련해야 한다. '인간은 누구나 죽는다'는 진리 앞에서 인생의 아름다운 마무리를 준비하려면, 죽음을 앞둔 독거 노인들이 존엄하게 삶을 마무리할 수 있는 사회적 시스템과 분위기를 마련하는 일은 대단히 중요하다.

넷째, 구○○ 할머니는 죽음의 두려움을 자기 삶의 일부분으로 수용하고 있다. 지병인 폐암으로 병원에 입원한 뒤 건강이 계속 나빠지는 걸 느끼고, 죽음이 멀지 않았다는 두려움도 있지만, 할머니는 이를 받아들이는 자세를 취하고 있다. 그래서 할머니는 오래 살았으니 갈 때가 되면 가는 것이 당연하다고 늘 이야기한다.

고령화 사회에서 맞는 죽음은 어때야 할까? 보건복지부에서는 2025년이 되면 치매 환자가 100만 명을 넘어설 것으로 본다. 하지만 죽음을 앞두고 자신의 삶을 마무리하는 방법은 제대로 교육되지 않고 있으며 병원과 의사에게 일임되곤 한다.

자신의 질병을 더는 치료할 수 없게 되었을 때 어떻게 삶을 마무리해야 할까? 많은 의료장치를 몸에 부착하고 마지막까지 연명치료에 매달리며 생명을 연장해야 할까? 아니면 무의미한 연명치료를 거부하고 마지막까지 인간다운 존엄함을 잃지 않으며 가족과 함께 평온한 생을 마감해야 할까? 그에 앞서 우리는 우리 삶의 질에 대해, 인생의 종말기에 이르러 후회 없는 삶을 살아왔다고 말할 수 있는지 근본적인 질문을 던져 보아야 한다. 그러고 나서 마지막까지 인간다움을 잃지 않는 존엄한 삶과 죽음을 위해 무엇을 준비해야 할지 실질적인 고민이 필요하다.

빈번하게 죽음을 접해야 하는 중환자실의 의료 현장에서 직접 경험한 존엄을 보장받지 못하는 안타까운 죽음들은 구○○ 할머니를 떠올리게 한다. 평소 자신의 죽음에 대해 한 번도 진지하게 생각해 보지 않다가 어느 날 갑자기 죽음과 마주한다면 당황해서, 두려워서, 어떻게 해야 할지 몰라서, 삶의 마지막을 병원에 일임하게 된다. 그러나 생명을 일 분이라도 연장하는 것을 사명으로 여기는 의료 현장에선 의료장치들을 몸에 부착하고 약물에 의존해 통증과 싸우다가 가족과 제대로 된 작별인사도 못한 채 세상을 떠나는 일이 다반사일 수밖에 없다. 이런 상황에서 평온한 죽음을 맞이하려면 말 그대로 죽음을 자연스러운 것으로 받아들이며 평온하게 숨을 거두는 것, 무의미한 연명치료를 받지 않는 것, 끝까지 인간의 존엄함을 잃지 않는 것, 마지막 삶의 순간을 다른 사람에게 맡기지 않고 스스로 결정하는 것이 필요하다.

죽음이 일상처럼 되어버린 중환자실에서 근무하며 안타까운 죽음을 무수히 지켜본 탓에 자연히 환자들이 마지막 순간을 맞이하는 모습에 늘 관심을 가져 왔다. 중환자실에서 임종을 맞은 환자들에 대한 안타까운 기억 속에서, 가족이 없는 환자분들은 죽음 앞에서 어떤 심정이었을까 생각하곤 했다.

좋은 죽음이란 죽음을 자연스러운 현상으로 받아들이고 평온하게 숨을 거두는 것이라고 생각한다. 삶을 어떻게 마무리하는 것이 바람직한지에 대한 생각은 사람마다 다를 수 있다. 그러나 우리가 누구나 언젠가 어떤 형태로든 죽음을 받아들여야 한다는 사실은 다르지 않다. 웰다잉의 궁극 목표는 결국 현재의 삶을 의미 있게 잘 사는 것이며, 그것은 곧 죽음 앞에서 후회 없는 삶, 현재에 행복한 삶이 아닐까 생각한다.

5
파킨슨 치매 할머니의 행복한 임종

삶의 추억을 함께하는 임종

나는 약 5년간 공동생활가정(요양원)을 운영하면서 다양한 치매환자와 노인성 만성질환자, 그리고 그들의 가족을 만났고 그들의 임종을 함께했다. 내가 운영했던 요양원은 9명의 어르신이 함께 생활하는 곳으로, 이제 더 이상의 응급치료를 원하지 않고 임종을 이곳에서 맞이하기 위해 입소하는 어르신들이 많았다.

요양원 운영 초반에 임종환자를 한 명씩 보게 되면서 나에게는 큰 고민이 생겼다. 우리 요양원은 3인실 3개와 1인실 1개로 구성되어 있었다. 문제는 3인실에서 임종환자가 발생하였을 때 함께 남은 환자들의 정서 상태였다. 어제까지, 아니 오늘 아침까지 함께하던 환자가 임종을 맞는다는 것, 그것을 지켜본다는 것은 남겨진 이들에게는 슬픔이자 두려움이었다. 또 이상하게도 임종을 맞은 환자와 같은 방에서 있던 분들이 얼마 지나지 않아 임종을 맞게 되는 경우가 많았다.

이에 나는 요양원에서 임종 징후를 보이는 환자들을 위해 특별 1인실을 만들게 되었고 이곳을 임종방으로 사용했다. 임종방은 3인실에서 임종징후를 보이는 환자들 본인이나 가족들이 더 이상 병원 치료를 원하지 않아 요양원에서 임종을 맞고자 할 때를 위해 마련한 장소였다. 여기에는 환자 침대와 보호자들을 위한 침구 그리고 편안하게 마실 수 있는 차, 음악 등을 준비해 두었고, 면회시간도 제한하지 않아 언제든 임종을 맞는 환자와 가족이 그들만의 시간을 갖도록 하였다.

5년 동안 임종방에서 임종을 함께한 환자는 약 열다섯 분 정도이다. 내가 지켜본 환자분들의 임종 과정이나 가족들과의 관계는 모두 화목하지만은 않았다. 재산 문제로 임종방에서 가족들 간의 다툼이 있기도 했고 아무도 찾아오지 않는 고독한 임종방도 있었다. 이에 반해 가족들과 화목한 시간을 보내며 임종을 맞이하는 환자들도 있었다.

그때의 기억을 떠올리며 가장 기억에 남는 어느 파킨슨 치매 할머니의 임종에 대해 기록해 보고자 한다. 할머니는 요양원에 다섯 번째로 입소하신 분이었다. 왜소한 체구에 허리가 굽은 상태로 막내아들의 손을 꼭 잡고 방문하셨다. 사실 할머니의 방문은 처음이 아니었다.

요양원 입소

처음 요양원 입소를 위한 전화 상담은 딸과 함께 진행하였다. 딸의 상담 내용의 첫 질문은 요양원 입소 비용이 아닌 "몇 분이 입소해 계신가요?", "면회를 자주 갈 수 있나요?", "의료진이 있나요?" 등이었다. 보통 보호자들의 첫 상담 질문은 입소 비용 또는 환자

등급, 정부 지원금 등이다. 대학병원 간호사 경력을 가지고 있고, 치매 노인과 관련된 연구를 하고 간호학 박사 공부를 하고 있던 나는 전화를 걸어온 딸에게 간호사가 근무하고 있고, 면회는 언제든지 가능하며 공동생활 가정의 최대 수용 인원은 9명이라는 것을 설명해 드렸다.

이후 딸은 요양원을 방문하여 할머니가 생활할 수 있는 공간을 꼼꼼히 살펴보았고 막내 아들이 방문한 뒤에 딸이 할머니와 함께 요양시설을 둘러보았다. 그리고 할머니에게 시설을 상세하게 설명하며 할머니의 의사를 물었다.

그로부터 일주일 뒤 할머니는 요양원의 입소를 결정하고 들어오시게 되었다. 입소하는 날 막내아들과 함께 오신 할머니는 앞으로 사용하게 될 방을 배정받으셨고, 막내아들은 집에서 챙겨온 물건들을 하나씩 꺼내기 시작했다.

막내아들이 가장 먼저 부탁한 것은 딸, 아들, 손자, 손녀, 할머니가 함께 찍은 액자를 침대 옆에 걸어 달라는 것이었다. 거기엔 할머니와 손을 꼭 잡고 찍은, 먼저 세상을 떠나신 할아버지의 사진도 있었다. 나는 막내아들의 부탁으로 가족사진을 할머니가 가장 잘 보실 수 있는 곳에 걸어 드렸다. 입소 후 할머니는 요양원의 하루하루를 생각보다 잘 적응하셨고, 요양원에서 진행하는 프로그램에도 잘 참여하셨다. 막내아들은 할머니가 입소한 이후 하루도 빠짐없이 직장을 마친 뒤 요양원을 방문하여 파킨슨병으로 천천히 굳어가는 할머니의 온몸을 마사지해 주고, 그날그날 일어났던 일들에 대해 대화를 나누었다.

할머니의 나머지 자녀들은 멀리 지방에 있거나 미국에 사는 분도 있었다. 그래도 명절이나 할머니 생신, 어버이날 등에는 빠지지 않고 찾아왔다. 할머니는 요양원에 계셨지만 외로워 보이지 않았다. 요양원에서의 시간이 지날수록 할머니의 다리는 점차 굳어가기 시작했다. 근육의 경직은 다리에서 몸, 몸에서 팔, 팔에서 손으로 점차 진행되었다. 입소하고 약 2년 반 정도가 지나면서는 연하곤란으로 인해 식사하는 것이 점차 힘들어지게 되었다. 가족들의 사랑과 관심에도 불구하고 할머니의 몸은 점점 야위어 갔고 쇠약해져 갔다.

요양원 연계병원의 주치의는 더 이상 구강으로 음식물을 섭취할 수 없을 것이라는 진단을 내렸고, 비위관영양을 통해 영양공급을 해줄 것을 가족들에게 권유하였다. 나 또한 야위어 가는 할머니를 보며 비위관영양을 통해서라도 영양을 공급하기 바랐다.

하지만 가족들의 결정은 달랐다. 비위관영양을 실시하지 않고, 할머니가 드실 수 있도록 맑은 미음으로 구강섭취를 하기 원했다. 젊었을 때부터 할머니는 먹는 것에서 큰 기쁨을 느끼셨다고 했다. 가족들은 할머니가 구강으로 음식물을 섭취하지 못하는 것은 삶의 의미를 잃어버리는 것과도 같다고 생각했을 것이다. 결국 비위관영양을 하지 않기로 했다. 구강섭취 하는 동안 사레 걸리는 횟수가 늘어나게 되었다. 한번은 이런 일도 있었다. 할머니의 딸이 추석에 미국에서 할머니를 만나러 요양원에 왔는데, 할머니의 야윈 모습이 너무나 가슴이 아파 할머니가 평소에 가장 좋아하셨던 백설기 떡을 드렸다. 따끈한 백설기 떡을 보고 할머니는 크게 한입 베어 입속에 넣으셨고, 연하곤란이 있었던 할머니의 기도에 백설기 떡이 걸리고 말았다. 할머니의 얼굴은 창백해졌고, 딸은 급하게 나에게 달려왔다. 나는 즉시 할머니의 명치끝을 주먹으로 압박하여 백설기 떡을 뱉어내도록 했고, 다행히도 할머니는 기도에 걸렸던 떡을 무사히 토해낼 수 있었다. 딸은 많은 눈물을 흘리며 죄송하다는 말만 반복했다. "이전의 엄마라고 생각했어요. 너무 드시고 싶어 하셨고, 제가 너무 드리고 싶었어요."라고 말하는 따님을 보면서 나도 울컥한 마음이 들었다.

이후 할머니의 상태는 점차 악화되었다. 객담과 고열이 자주 발생하였고, 야위어가는 몸으로 거동이 불가능해지면서 뼈가 돌출된 부위에 욕창이 생기기 시작했다. 그와 함께 기억력도 점차 저하되어 치매 증상도 심해졌다.

임종과 장례식

할머니에게 임종 징후가 보이기 시작하면서 임종방으로 이동해 드렸다. 여느 때와 다르지 않게 막내아들은 일을 마치고 할머니 방에 들러 하루의 일과에 대해 이야기했고, 몇 시간씩 할머니 곁을 지켜드렸다. 그러면서 미국에 있는 누나, 지방에 사는 큰형 그리고 손자, 손녀들과 영상통화를 연결하며 끊임없이 가족들의 소식을 전했다. 할머니는 항상 이 시간을 기다리는 듯 낮에는 수면을 취하고, 막내아들이 오면 눈을 떠 맞이하셨다.

임종방으로 이동하고 약 5일째 되던 날 막내아들이 일을 마치고 요양원에 들어오는 표정이 어두웠다. 이유를 묻자 다음 주에 약 일주일 동안 해외출장을 가게 되었다고 하였다. 그 말을 듣고 내 마음도 무거

워졌다. 할머니의 상태가 하루하루 달라지는 것을 보면서 나 또한 막내아들의 출장기간 동안 할머니가 임종을 맞게 될까 두려웠다. 그렇게 막내아들은 출장을 가게 되었고, 나도 하루하루를 보내며 할머니의 상태가 호전되길, 아니 유지되기를 바랐다. 하지만 할머니의 상태는 하루가 다르게 악화되었고, 막내아들이 출장을 가고 3일째 되던 날부터는 점차 호흡이 가빠지기 시작했다. 나는 얼마 남지 않은 할머니의 상태를 큰아들에게 알려야 했고, 큰아들은 미국에 있는 여동생에게 연락을 했다. 막내아들에게는 일단 소식을 전하지 않았다. 이틀 후 임종방에는 큰아들, 딸, 손자, 손녀가 할머니에게 마지막 인사를 드리려 모였다. 침상의 머리를 45도 정도 올리고 앉은 상태에서 할머니는 가느다랗게 눈을 뜨고, 말씀은 하지 못했지만 한 명 한 명 가족들을 바라보았다. 가족들은 이렇게 한참 시간을 보낸 뒤에 밤 10시쯤에 집으로 돌아갔다. 간호사로 병원에서 근무하면서 나는 소위 '촉'이라는 느낌을 가지게 되었다. 할머니는 오늘을 넘기지 못하실 것 같았고, 막내 아들의 얼굴이 아른거렸다. "내일이면 올 텐데. 하루만 참으셨으면 좋겠는데…" 하는 생각을 몇 번이고 되뇌었다. 할머니의 임종이 가까워지면서 나도 요양원에서 밤을 보냈다. 약 3년을 함께한 할머니의 임종을 지켜드리고 싶었다. 그렇게 잠이 들려는 찰나, 새벽 2시 반쯤 요양원 현관에서 땅동 하는 벨소리가 들렸다. 할머니의 막내아들이었다.

할머니 걱정으로 하루 일찍 귀국하였고, 인천공항에서 바로 요양원으로 달려온 것이었다. 임종방에 눈을 감고 계셨던 할머니는 막내아들을 보고 편안한 미소를 지었다. 그리고 아주 천천히 또박또박 "고-맙-

다!"라는 한마디를 내뱉으셨다. 파킨슨병으로 할머니는 꽤 오래전부터 말로 의사표현을 하지 못하셨다. 그런 할머니가 정말 온 힘을 다해서 내뱉은 말이었다. 그리고 마침내 할머니는 눈을 감으셨다. 아직도 나는 할머니의 임종을 잊을 수 없다. 할머니의 목소리, 편안했던 미소를… 막내아들을 기다리셨을 할머니의 마음도…

할머니의 장례식을 마치고 막내아들이 감사의 인사를 위해 요양원을 방문했다. 그리고 할머니 방 침대에 앉아서 잠시 시간을 보내도 되겠냐고 했다. 그렇게 한참을 할머니가 쓰시던 침대를 어루만지고 기도했다. 방을 정리하고 나오는 막내아들에게 "어머니를 위해 그렇게 매일매일 기도하셨는데, 많이 힘드시지요?" 하고 말을 건넸다. 그러자 막내아들은 눈물을 흘리면서 말했다. "제가 매일매일 기도했습니다. 먼저 가신 아버님께 어머니 편안하게 모셔가 달라고, 그런데 정말 어머니가 편하게 가신 것 같아서 다행입니다." 막내아들과 함께 우리 요양원 선생님들은 한동안 눈물을 감추지 못했다.

잘 죽는다는 것은?

할머니의 입소부터 가족들과 함께한 임종 과정을 지켜보면서 웰다잉이란 무엇인가를 거듭 생각하게 되었다. 좋은 죽음이란 무엇일까? 이제 우리나라는 고령사회로 접어들었으며, 평균수명은 점점 늘고 있다. 이제 자발적인 죽음이나 사고사가 아니고는 누구나 오랫동안 자신의 생명을 유지할 수 있게 되었다. 또한 핵가족화와 여성의 사회활동 증가로 인해 노인 부양에 대한 인식은 약화되었고, 이에 따라 집에서 노인을 부양하기 보다 요양병원, 요양시설 등 사회시설에서 노인들의 돌봄을 담당하며, 노인들은 그곳에서 죽음을 맞이하고 있다.

　나 또한 노후를 생각하고 임종 장소를 생각할 때 집이 아닌 요양시설을 떠올리게 된다. 노인들을 대상으로 "당신이 임종을 맞이하고 싶은 장소는 어디입니까?"라고 물으면 대부분의 노인들은 평생 살아온 집이라고 답한다. 하지만 내가 나이가 들었을 때엔 지금보다 더 핵가족화가 되어있을 것이며, 집에서 노인을 부양하지 않을 것으로 보인다. 그렇다면 요양시설에서 좋은 죽음을 맞이한다는 것은 무엇일까에 대해 생각해 볼 수밖에 없다.

　'좋은 죽음'이란 나 자신 그리고 그 가족이 얼마나 죽음에 대해 잘 받아들일 준비가 되어있는가에 달려있으며, '잘 죽는다는 것'은 나 그리고 가족들과의 관계에서 내가 얼마나 잘 살았는지를 말한다. 최근엔 노인을 돌보는 문제가 가족을 넘어 사회가 고민해야 할 문제가 되었지만, 그래도 좋은 죽음을 위해서는 가족의 역할이 매우 중요하다. 좋은 죽음의 영향요인을 조사한 연구들은 좋은 죽음에 영향을 주는 요소로 나이, 가족 관계, 임종 시 함께 있어 줄 자식 등을 꼽고 있으며, 가족이나 친구 등 중요한 이들과의 갈등관계 해소도 중요한 요소로 지목하고 있다. 이 모두는 임종 순간에 이루어야 할 것이라기보다 좋은 죽음을 위해 꾸준히 준비해 나가야 할 것들이다.

　최근 노인을 집에서 돌보기 위해 커뮤니티 케어 등 많은 개념들이 적용되고 있다. 노인이 사는 장소, 평생을 살아왔던 곳, 추억이 담긴 곳 모두 중요하지만, 그 추억을 함께한 가족이 좋은 죽음을 위해 더욱 중요하다고 생각한다. 비록 평생을 살아온 집에서 임종을 맞이하지는 않았지만 가족들의 사랑과 꾸준한 관심 속에서 편안한 임종을 맞이한, 파킨슨 치매가 있던 최00할머니를 다시 한 번 떠올려 본다. 할머니의 편안한 임종은 남겨진 가족들에게도 더욱 의미있는 일이었을 것이다. 좋은 죽음이란 남겨진 나의 가족이나 가까운 지인들에게도 편안함을 남겨줄 수 있는 죽음이라고 생각한다. 좋은 죽음, 그것은 나와 남은 이들에게 추억을 남기고 죽음을 맞이하기까지 함께하는 것이 아닐까?

6
자서전을 통해 본 철학자 정종 교수의 삶

웰다잉의 조건

과연 웰다잉을 정의하는 것이 가능한 일인지 자문해 본다. 웰다잉에 대해 여러 차례 강의를 했고 책도 출간한 입장에서 기본적인 정의도 내리지 못한다면 부끄러운 일인지 모르겠다. 다만 웰다잉이 무엇인지에 대한 대답은 "어떻게 살아야 할 것인가?"라는 삶에 있어서의 근본적인 질문을 포함하고 있기에 쉽게 대답하기 어려울 것이라는 구실을 달아본다. 그럼에도 출생은 누구나 자기 뜻대로 하지 못하는 반면, 죽음은 적어도 일정 부분 스스로 선택할 수 있다는 점에서 웰다잉의 여부는 개인의 선택과 책임이 크다는 사실을 짐작할 수 있다.

대학에서 죽음에 대해 수년간 연구한 결과를 종합하여 웰다잉에 대한 정의를 내려 보려 한다.

웰다잉을 위해서는 먼저 '죽음은 무엇이고 죽음을 어떻게 받아들일 것인가?'라는 질문에 진지하게 대답할 준비가 되어있어야 한다. 죽음의 의미에 대해 생각한다는 것은 '삶을 어떻게 살 것인가'에 대한 깊은 성찰을 전제하기 때문이다.

다음으로 인간으로서의 존엄성을 잃지 않은 채 아름다운 마무리를 하는 것이 웰다잉이라고 할 수 있다. 자신은 물론 남아 있는 사람들에게 좋은 모습을 보이지 못하고 오히려 상처와 부담을 준 채 죽는 것을 아름다운 마무리라고 할 수는 없기 때문이다.

마지막으로 죽음의 방식을 스스로 선택하고 결정하는 것이 웰다잉이라 할 수 있다. 죽음의 시간이 다가올 때 이를 어떻게 받아들이고 마음의 정리를 할 것인지, 완전한 죽음에 이르기 전 의식불명 상태에 빠졌을 때 어떤 의료적인 조치를 선택할 것인지 미리 대답해야 하고 가능하다면 기록으로 남길 수 있어야 한다. 가장 좋은 것은 임종 전까지도 스스로 신체와 정신을 통제할 수 있는 것이지만 그렇지 못할 경우를 대비할 필요도 있기 때문이다.

이처럼 일반적 의미에서 웰다잉에 대한 정의를 시도했지만 개인마다 삶과 가치관이 다르고 한 사람의 삶에 대한 평가도 동일할 수 없기 때문에 완전한 기준을 세우는 일은 쉽지 않다. 다만 앞으로 제시할 웰다잉 사례에서는 한 인물이 살아온 삶의 모습을 제시하고 그 삶이 본받을 만한 것이었는지, 세상 사람들이 보기에 아름다운 것이었는지, 보통의 사람들과 비교하여 어떤 차이가 있었는지를 이야기할 것이다. 물론 그분의 삶이 정말 웰다잉의 모범으로 삼기에 부족함이 없는지 판단하는 것은 여러분의 몫이 될 것이다.

그의 삶 102년

철학자 온버림 정종鄭璡 박사는 일제 강점기인 1915년에 태어나 2016년에 생을 마감했다. 정종 박사는 우리나라 1세대 철학자로 42년간 대학교수로 일했고 우리 나이로 102세까지 살았으니, 학자로서의 삶뿐만 아니라 장수했다는 의미에서도 주목받을만한 인생임은 틀림없어 보인다. 개인적으로는 22세에 이르러 아버지와 사별하고 57세 무렵 한쪽 눈을 실명하였으며 그 다음 해에 배우자를 잃고 1남 6녀를 키웠으니 사연 없는 무난한 삶을 살았다고 말하기는 어려울 것이다.

웰다잉과 관련한 정종 교수의 삶의 여정에 대해서는 이제부터 상세하게 다루겠지만 그의 일생을 몇 단어로 요약하자면, '철학'과 '독서', '등산' 세 가지이다. 철학은 그의 전공이었고 교수로서의 평생의 과제이기도 했지만, 그의 삶과 직업, 인생의 가치와도 분리될 수 없었다. 독서는 책을 구하기 어렵던 초등학교 때부터 시작되어 중고등학교와 대학 시절, 양쪽 눈을 거의 실명한 노년에 이르기까지 이독(귀를 통한 독서)을 통해 계속되었다. 등산은 평생 동안 계속하였고 100세가 넘도록 장수할 수 있었던 원동력이었다.

누가 되었든 한 사람이 100여 년의 세월을 살았을 때 그가 겪은 삶의 우여곡절, 수많은 인간관계, 일과 가치관, 성취와 좌절 등을 쉽게, 그리고 가볍게 말하기는 어려울 것이다. 정종 박사의 경우도 아버지로서, 직업인으로서 그리고 생활인으로서의 평범한 삶을 살았다고 할 수 있다. 하지만 한편으로는 해방 전후 우리나라 역사의 격동기를 겪고 1세대 철학자로서 학문적 업적을 쌓으며 100세에 이르기까지 학자로서, 지식인으로서의 신념을 꺾지 않고 남들과는 조금 다른 삶을 살아온 것도 사실이다. 우리는 이 글을 통해 그의 삶 102년을 상세히 들여다보고 삶의 어떤 부분이 웰다잉을 이루는 근간이 되었고 다른 어떤 부분이 아쉬움으로 남는지 살펴볼 것이다. 말하자면 개인의 삶을 일방적으로 미화하거나 왜곡하지 않고, 주관적 시각으로 평가하는 대신 있는 그대로 드러낼 것이며, 그 평가는 온전히 이 글을 읽는 사람들의 몫으로 남겨 놓으려 한다.

한 사람의 일생을 왜곡 없이 상세히 들여다보기 위해서는 일기, 자서전, 관련 자료 등의 기록물 그리고 그 사람과 주변 지인들의 진술이 필요하다. 정종 교수의 경우는 학자로서 평생을 살았기 때문에 관련 기록과 진술이 비교적 풍부하다. 그의 기록에는 20여 권의 저서와 특히 4권의 자서전이 있다. 자서전으로『내가 사랑한 삶 84』(3권)와『자기의 세계를 산다』(2권)가 있다. 자서전에는 그의 출생부터 75세에 교수로 퇴임하고 84세까지 살아온 삶의 이력이 상세히 기록되어 있다. 뿐만 아니라 학문적 성장 과정, 자연인으로서의 성취와 좌절, 동료나 선배 학자들과의 교류, 지인들과 교환한 서간 등이 총망라되어 있어 이 글의 목표인 '한 인간의 삶을 통해 본 웰다잉 사례'를 기술하는 데 큰 도움을 얻을 수 있었다. 개인적으로는 정종 교수가 집안의 어른이기 때문에 선생이 일상의 만남 중 들려준 이야기들이 있었고 그의 친인척, 지인들로부터는 그의 삶과 관련된 여러 진술을 통해 비교적 상세한 구술 기록을 축적할 수 있었다.

이 글의 목적은 한 개인의 삶을 있는 그대로 들여다보고 기록하는 자서전의 작성이 아니다. '웰다잉 사례 연구'라는 큰 틀에서 한 개인이 살아온 삶의 궤적을 살피고 그의 삶의 자세와 가치관, 실제 나타난 행동, 자신과 주변사람들에 대한 태도와 행적, 사회적 관계 등에서 무엇이 웰다잉을 위한 자세이자 행동이었고 무엇이 웰다잉에 부합하지 못하는지 찾아내어 제시하는 데 있다.

정종 박사의 삶에서 웰다잉에 이르기 위한 모범적인 삶과 행동, 자세에 속하는 것은 추상적이지만 일평생 학자로서의 삶을 충실하게 산 것이다. 한 사람이 자신의 신념을 버리지 않고 평생 한 가지 일을 지속한다는 것은 그것이 직업이든 가치관이든 쉽지 않은 일이기 때문이다. 다음으로는 100세에 이르기까지 모든 생활을 남에게 의존하지 않고 스스로 하며 일평생 건강을 유지한 것이다. 초고령화 사회에서 장수 자체만으로 축복받을 수는 없는 일이다. 정종 박사는 장수를 하면서도 평생 등산과 운동으로 체력을 유지하였기 때문에 적어도 '건강 유지' 측면에서는 웰다잉의 좋은 사례가 될 것이다. 마지막으로 학자로서 후학을 양성하고 가족을 비롯한 자손들에게 어른으로서 모범이 되었다는 점도 본받을 만한 삶의 조건이 될 것이다. 특히 죽음에 이르기까지 자신의 주변을 정리하고 장례비용까지 준비했으며 사후에 대부분의 재산을 사회에 기부할 것을 유언했다는 사실도 웰다잉을 위한 모범적인 삶으로 평가할 수 있을 것이다.

물론 정종 교수도 인간으로서 개인적인 약점이 있고 본의 아니게 마지막 순간에 연명치료를 받게 된 일도 있었다. 그의 삶의 행적 중 웰다잉을 위한 자세와 행동에 속하지 않는 부분도 분명히 지적할 것이다. 다만 그러한 측면은 글을 마무리하면서 다루기로 하겠다. 우선은 그의 일생을 살피며 웰다잉의 사례가 될 만한 삶의 모습과 자세를 상세하게 찾아내어 소개하는 것이 중요한 과제가 될 것이다.

정종 박사의
삶과 웰다잉

정종 박사는 1915년 일제 강점기의 전라남도 영광에서 태어났다. 부모는 교회 집사였고 상인이었다. 영광은 백제 불교의 도래지이자 원불교의 창시자가 태어난 땅이다. 동시에 서양 선교사들이 100년 전에 들어와 기독교 사상이 비교적 일찍 퍼진 땅이기도 했다. 우리나라에 들어온 서양 선교사들은 대체로 전도와 교육에 중점을 두고 활동을 했다. 그런 이유에서 정종 박사의 부모도 일찍 기독교를 받아들이고 개화하여 교육의 중요성을 강조하고 실천하였다. 일화를 하나 들자면 그의 아버지는 보통학교 학생이었던 소년을 한밤중에 깨워 '갑신정변'에 대해 이야기를 꺼내며 김옥균, 박영효, 홍영식, 서재필 등의 이름을 알려주었고 이들의 거사가 성공했으면 조선이 일본의 속국이 되지 않았을 것이라고 말했다고 한다. 당시는 실패한 혁명인 갑신정변에 대해 말하는 것이 금기였다. 이렇게 아버지는 그의 어린 시절부터 교육을 통한 개화와 사회개혁의 필요성에 대해 말하려 했다.

정종 박사는 자서전에서 어린 시절의 몇몇 일화들을 다루면서 태어남과 삶의 의미를 철학자의 시각으로 정리하고 있다.

"태어나고 싶어서 태어난 사람이 있으면 거수해 보라!"고 했더니 웃기만 하고 손을 드는 이가 없었다. 선택의 권리가 누구에게나 꼭 한 번 있다면 시간과 공간 문제로 기다리거나 서둘거나 하느라고 또 한바탕 생존경쟁 아닌 출산경쟁이 피비린내 나는 아수라장을 연출하게 될 모양이나 그저 가정에 불과해 천만다행이다.

우리의 태어남은 '싶건, 싶지 않건', 우리의 의사와는 전연 무관계하게, 그저 '우연하고도 자연스럽게' 태어났을 뿐이다. 자아발견이나 자각의 시기가 오기까지 그러한 '유의미와 무의미'를 완전히 떠난 탈의식의 세계가 지배한다. 그러나 청년기에 다다르면 '유의미와 무의미'의 세계가 비로소 분열을 일으키게 된다. 의식의 세계에서 (유)의식의 세계로 넘어가야 하고, 여기서 양단간 결정을 내리도록 강요된다.

〔…〕 한데, 내가 살아본 나의 인생의 진실과 충실을 통하여 나름대로 터득한 결론은 이렇다. 인간은 살아서 무엇을 한다거나 또는 무엇을 위해 산다거나 하는 따위가 아니라 실인즉 그 반대라는 것이다. 살기 위해 무엇인가를 하는 일 곧 '삶을 위한 무엇'이라는 것이다. 삶 그 자체는 어느 경우에게 무엇이라고 하는 것의 수단이 될 수가 없다는 것이다. 삶은 그 자체가 절대목적이다. 산다는 것 그 자체가 중요하다. 살아서 무엇을 해야만 중요한 건 결코 아니다. 흔히 하는 말이 "그 따위로 살려면 차라리 죽어라!"는 충고는 결코 성립할 수 없다. 물론 여기에 전제가 되어야 할 기본적인 조건은 첫째로 누구에게나 가능한 도덕적인 삶이라야 한다. 다시 말

해서 사람 노릇을 하고 또한 인간으로서 개인으로서 그가 속한 공동체에 한 사람의 몫을 다 한다는 뜻에서의 사람 구실이 요청되는 요건이다. 최소한의 책무도 거기에 속한다. 한 마디로 사람다운 사람으로서의 삶이라야 한다는 것이다.

『내가 사랑한 나의 삶 84』, 동남풍, 1999, 9-10쪽

정종 박사가 말하는 태어남과 삶의 의미를 정리하면 다음과 같다.

첫째, 출생은 자신의 의지와 무관하게 이루어진 것이다. 자신의 삶의 의미에 대해 자각하는 것은 청년기에 이르러서이다.

둘째, 삶은 수단이 아니며 그 자체로서 목적이다.

셋째, 다만 사람은 도덕적인 삶을 살아야 하고 자신이 속한 공동체에서 자기 몫을 다해야 한다.

정종 박사는 부모의 교육적 열의에 힘입어 1924년 9월에 문을 연 영광 유치원에 입학하여 첫 졸업생이 된다. 그는 1840년에 유치원을 처음으로 만든 프뢰벨의 "나에게 다섯 살 된 어린이를 맡기라. 하면 나는 그의 일생을 지배하리라!"는 말을 인용하면서 유아 교육이 한 사람의 성장과정에 큰 영향을 끼친다는 사실을 강조하고 있다. 그는 영광공립보통학교에 입학하여 소년기를 보낸다. 그 시절 가장 인상 깊었던 사건은 10살 때인 1925년에 '하와이 교포 모국방문 친선 야구단'이 영광을 찾은 일이었다. 야구단은 표면적으로는 스포츠 행사를 위해 고국에 온 것이었지만 성금을 모아 독립운동자금을 조달하려는 목적을 숨기고 있었다. 이를 알아챈 부녀자들이 금비녀와 금가락지까지 기부한 일을 보고

소년은 가슴 뭉클한 감동을 받는다.

소년은 보통학교를 마치고 고향을 떠나 경성으로 가서 배재고보에 입학한다. 사실 소년의 아버지는 아들이 교회에 출석하며 기독교적인 사회봉사를 하는 삶을 살기를 바랐다. 하지만 처음으로 집을 떠난 아들은 온갖 서양 문물이 넘쳐나던 1930년대의 경성에서 자유를 만끽했다. 할리우드 키드가 되어 극장에 출입했고 자유로운 독서에 빠질 수 있었다. 당시의 독서 목록을 보면 장 자크 루소의『참회록』,『에밀』,『신 엘로이즈』부터 일본 학자의『생존경쟁의 철학』,『종교와 그 진리』등이 있었다. 루소의 책을 통해서는 문학적 감수성은 물론 미래의 교육자로서의 교육철학의 기반을 다진 것으로 보인다. 철학과 종교 관련 저술을 통해서는 부모의 뜻과는 달리 철학의 길로 들어서 종교를 학문으로 연구하게 되었다는 것을 알 수 있다. 그가 훗날 철학 교수가 되었다는 사실을 떠나서 독서는 그의 삶 전체를 지배하였고 정서적인 안정과 평온하고 감수성이 풍부한 삶을 만들어나가는 데 큰 역할을 했음을 알 수 있다.

이 배재고보 학생은 스스로 병이라고 말한 "독서라는 중병"을 앓다가 당시 경성의 3대 전문학교 중 하나인 중앙불교전문학교에 입학한다. 가정과 배재고보에서 기독교적인 교육훈련 과정을 거쳤다면 이제는 불교와 한민족의 전통사상에 발을 들여놓는 계기가 만들어진 것이다. 특히 불교사상과의 만남은 서양철학에 대한 연구와 결합하여 공자학이라는 제3의 사상이자 평생의 연구 과제를 얻은 출발이 되었다. 중앙불교전문학교는 연희전문, 보성전문과 함께 출발하였다가 혜화전문에서 다시 지금의 동국대학교로 이어진다. 전문학교에 진학한 선생은 평생의

스승인 예동 김두헌, 백성욱 박사와 만난다. 특히 백성욱 박사는 1925
년에 독일에서 철학박사를 받고 동국대 총장과 내무부 장관을 지냈으
며 승려로 출가하기도 한 우리 근대사의 중요한 인물이었다. 학업을 하
면서, 특히 철학이라는 학문에서 스승과 제자의 관계는 매우 중요한데,
백성욱 박사는 선생에게 스승으로서는 물론이고 불교사상의 입문지도
자로서 또한 훗날 동료 교수로서 엄청난 영향을 끼친다. 정종 박사는
전문학교에서의 공부가 흥미와 개성에도 잘 들어맞았기 때문에 학업에
매진하게 된다. 스스로 말했듯이 고보 시절에는 학업 대신 독서에 몰두
한 것이 열등생의 길을 걷게 했다면, 철학 전공자로서의 책읽기는 그야
말로 바람직한 삶의 방향이 아닐 수 없었다. 여기서 우리는 사람의 행
복이란 자신이 원하는 것을 하고 또한 그것을 인정해주는 사람을 만나
생활이 곧 직업이 되는 것이라고 말할 수도 있겠다. 정종 박사의 경우
가 그랬다. 그는 철학을 계속 공부하여 모교의 교수가 되겠다는 포부를
부모에게 장문의 편지를 써서 밝히고 스승인 백성욱 박사와 깊은 유대
관계 속에서 책읽기와 글쓰기에 매진한다. 선생은 당시 인생의 전환기
에서 철학이라는 미지의 길을 걸을 결심을 했을 때 돌아가신 아버지를
생각하며 자신의 심정을 글로 밝힌다.

이 불초 자식에게 '철학으로의 머나먼 길'을 열어만 주시고 홀
어머니에게 온통 떠넘기신 채 홀홀히 떠나 버리신 44세의 아버지
가 나를 슬프게 하고 또 처음이자 마지막으로 눈물의 바다 속을 헤
엄치게 한 비극의 체험이 나로 하여금 붓을 들게 했다. 슬픔을 아

물게 하고 괴로움을 잊어버리기 위하여 첫 붓을 들 수밖에 없었다. "그저 신문에라도 글을 써서 한 번 발표해 볼거나"라는 식의 인위적인 어떤 작심으로써가 아니라 슬픔과 비극과의 자기 싸움으로부터 내가 살아남기 위해서, 아니 쓰거나 그리거나 때려 부수거나 하지 않고서는 정말 못 견디겠다는 다급한 심정 곧 실존적 상황 극복을 위해 쓰기 시작했다는 게 진정한 동기가 될 것이다. 이처럼 눈물로 시작해서 차차 형이상학적 자기 극복과 초월로 승화되어가는 과정의 생생한 기록인 〈하나에의 동경〉(1937년 2월 3일, 조선일보)이 발표되었다.

『내가 사랑한 나의 삶 84』, 동남풍, 1999, 75-76쪽

정종 박사의 성장과정을 정리한다면 독서와 부모의 교육에 대한 열의, 평생 스승과의 만남으로 요약할 수 있다. 한 사람이 성장하는 데 가장 중요한 것은 교육과 타인과의 유대관계일 것이다. 그런 의미에서 그는 일제 강점기라는 암울하고 교육의 기회마저 거의 없었던 시기에 두 가지를 모두 얻었으니 행운을 지니고 태어났다고 볼 수 있겠다. 물론 아버지의 이른 죽음이 그에게는 큰 슬픔이었겠지만 그 죽음이 그가 성인으로, 고뇌의 철학을 통한 철학자로 성장하는 데 큰 계기가 된 것만큼은 틀림없어 보인다.

학문적 성취와 건강

전문학교 졸업 후 떠난 일본 유학은 철학자의 길을

걷게 된 구체적인 학문적 디딤돌이 되었다. 그는 동·서학 철학의 융합을 건학정신으로 내세워 1887년에 세워진 동경의 도요대학 철학부에 입학한다. 그리고 유학생활을 고향 친구이자 배재고보와 전문학교 동문인 숭산 박길진과 함께 한다. 박길진은 원불교를 창시한 박중빈의 아들로 훗날 원광대학교 총장이 된다. 이후 평생의 친구이자 학우인 박길진 총장의 도움으로 동국대학교를 퇴임하고도 원광대학교에서 10년을 정교수로 일한다. 그는 유학생활 중 철학 공부 말고도 문학에 심취하여 청년 시절을 보낸다. 일본에는 해방 전에도 웬만한 세계문학과 서양철학서가 번역되어 있었으니 우리로서는 놀랍기만 하다. 그가 독파한 문학전집은 헤르만 헤세의 작품이었다. 그는 철학자로서는 드물게 세계문학에 대한 깊은 지식을 쌓았고 우리나라의 근현대 문학까지 섭렵했으니 문학적 감수성과 철학의 엄격한 논리를 동시에 자기 안에서 결합시킨 것이다. 당시 읽은 철학서로는 하이데거의 『존재와 시간』, 라이프니츠의 『모나도로지』를 비롯하여 헤겔, 칸트 같은 독일 관념론 철학이었다. 1930년 후반에 일본에 이런 서양철학서가 들어온 것도 놀랍지만 우리나라 1세대 철학자들은 그런 사상들을 어떻게 수용해 자기 것으로 만들었는지 궁금하기만 하다. 선생은 훗날 불교사상과 문학, 서양철학을 거쳐 공자학을 평생의 연구 과제로 삼았으니 이와 같은 정신적 여정이 어떻게 이루어진 것인지 좀 더 상세히 살펴보는 것도 좋을 것이다. 1945년 8월 15일, 선생의 말처럼 "'영원'이란 없는 법임을 역사가 가르치기 위해 해방은 꿈을 깨뜨리고 현실로 왔다."

선생은 해방 뒤 잠시 고향에 머물다가 은사인 김두헌 선생의 추천으로 1948년 광주의과대학(전남대학교 의대의 전신) 예과 교수로 부임한다. 첫 교수 생활은 한국전쟁의 발발로 '이념 전쟁'의 한가운데서 '고뇌하는 인간'으로서 겪은 실존적 상황의 연속이자 이해하기 어려운 부조리한 상황과의 만남이었다. 1950년대 초는 해방의 기쁨도 얼마 지나지 않아 전쟁을 겪고 모든 사람들에게 큰 상흔이 남아있는 시기였다. 이런 혼란스러운 시기에도 대학이 세워졌고 사람들의 학업에 대한 열망도 커져갔다. 이런 가운데 1952년에 전남대학교가 발족되었고 철학과도 출범하였다. 선생에게 주어진 과제는 철학과의 틀의 짜고 교과과정을 만들고 이른바 '현대철학의 과제'를 정립하는 것이었다. 전남대학교 철학과가 기틀을 잡아가던 무렵 선생은 스승인 백성욱 박사에게서 동국대 철학과로 오라는 친서를 받는다. 은사의 부탁을 거절하기 어려웠지만 그렇다고 아직 졸업생도 배출하지 못한 전남대학교를 무책임하게 떠나기도 어려웠다. 선생은 궁여지책으로 호남선을 타고 두 학교를 모두 출강하는 방법을 선택한다. 선생이 동국대 교수로 옴으로써 아버지에게 철학의 길을 가겠다는 선택을 허락받으면서 모교의 교수가 되겠다고 약속한 것을 지킨 셈이 되었다. 선생은 동국대학교 철학과에 와서 연구실과 강의실을 오가며 오직 연구와 교육에만 힘쓰겠다는 결심을 했다. 그런 이유로 평생 보직을 맡지 않았고 교육부에서 일하라는 제안도 거절하였다. 대학의 보직도 교육과 학교 발전을 위해서는 필요한 일이지만 연구와 교육이라는 두 가지 목표가 너무나 강했고 그 가운데서 행복을 찾았으므로 다른 일은 맡을 수 없었던 것이다. 선생이 동국대 철학과에 재직하면서 생각했던 학문적 목표는 "공자의 시각에서 현대를 조명, 비판하는 것"이었다. 선생은 한쪽 눈을 실명하는 큰 어려움 속에서 박사학위 논문이기도 한 『공자 사상의 인간학적 연구』(1975)를 출간한다. 퇴임 무렵에는 '한국공자학회'를 탄생시켜 평생의 연구에 마침표이자 새로운 출발점을 마련한다.

웰다잉을 이야기하는 글에서 한 철학자의 학문적 삶의 성취과정을 들여다보게 되었다. 한 사람이 태어나 성장과정에서 미래를 꿈꾸고 그것을 성취하기 위해 일관된 노력을 하여 상당한 성과를 얻었다면 그것도 웰다잉을 이루는 것과 깊은 관련이 있다고 생각하기 때문이다.

목표의식과
신념

한 사람이, 그것도 1915년에 태어난 남성이 102세까지 살았다는 사실은 흔한 일은 아닐 것이다. 정종 박사는 98세까지는 전국을 대중교통으로 혼자 다닐 정도로 건강했다. 원광대학교 철학과에서 75세로 두 번째 정년을 하고 나서는 서울의 자택과 고향인 영광의 작업실을 오가며 일과 사색을 하며 보냈다. 오늘날 대학의 현실을 고려할 때 바람직한 일이었는지는 모르겠지만, 80세까지는 대학원의 강사로 강의를 하였고 90세가 넘어서도 책읽기와 쓰기를 병행하였다. 물론 60이 넘어서는 극도로 악화된 시력 때문에 타인의 도움을 받아 책을 읽고 구술하여 책을 쓸 수 있었다. 고향의 작업실에서 혼자 있을 때엔 간단한 식사를 준비하고 세탁을 하며 집을 청소하는 일은 모두 스스로 하였다. 이 모든 것이 가능했던 비결은 보약, 즉 그가 말하는 "등산탕"을 먹었기 때문이다. 어린 시절부터 청년기, 장년기, 노년기까지 꾸준히 이어온 등산은 그의 건강을 뒷받침해 주었고 학문은 물론 일상생활의 건강도 유지할 수 있게 해주었다. 60세 이후로는 혈압이 높아 평생 약을 먹어야 했지만, 그것이 건강 유지에 걸림돌이 되지는 않았다.

선생이 산이 주는 매력을 알게 된 것은 보통학교 시절로 거슬러 올라간다. 그는 고향의 관람산과 물무산을 혼자 혹은 친구들과 함께 올랐다. 모악산의 연실봉(517m)은 중학교 시절 선생이 오른 가장 높은 산이었다. 선생은 어린 시절 등산의 기억을 이렇게 기록하고 있다. "난생 처음 오른 높은 봉우리의 하늘 밑은 나에게 산의 아름다움과 경이를 가르쳐주었다 (…) 먼 훗날 그렇게도 사랑하게 된 무등산을 처음 보고 환희를 느낀 기억이 지금도 새롭다. 나와 무등산과의 인연을 비롯해서 산과 산에서 10여년의 세월과 청춘을 함께 묻은 인연들이, 나면서부터 약속되었는지도 모른다." 훗날 무등산과의 인연, 즉 본격적인 산행은 전남대 재직 때 시작되었다. 강의실 창문을 열면 1,187m의 무등산 3봉이 눈에 들어왔고 "저 꼭대기에 철학과 삶과 인간이 있음을 깨달았다." 선생은 우리나라 근대 알피니즘의 선구자이기도 했다. 자유 등반회를 조직하여 매주 무등산에 올랐고 1958년에는 한라산에 올랐으며, 대학신문에 첫 산악 에세이 「산과 등산과 인생과」를 기고하고 1977년에는 산악 에세이집 『산, 그대 나의 고향』을 출간하였으니 말이다. 동국대학교로 직장을 옮긴 뒤에는 무등산 대신 수락산과 북한산이 주 등산의 무대가 되었다. 선생은 이미 1958년에 '수락산우회'를 조직했고 『산』이라는 등산 잡지를 발행했으니 우리나라 아마추어 산악동호회의 역사이기도 했다. 산악회에는 당시 국문과 학생이었던 소설가 조정래 선생을 비롯하여 많은 명사들이 참여했다.

등산은 선생이 한쪽 눈의 시력을 거의 잃는 어려움을 겪고 나서도 계속되었다. 1986년에 원광대학교를 떠나 1991년 담양의 성암수련원으로 와서도 인근의 병풍산과 삼인산을 등산하였다. 말하자면 등산은 선생의 평생의 과업이자 열망, 작게는 건강의 비결이기도 했다. 선생은 '산'의 의미에 대해 다음과 같이 기록하고 있다.

산을 오르는 일이거나 산을 쓰는 일이거나 그것들의 나의 단조로운 인생 역정에 있어서 어떤 관점에서는 본질적인 의미마저 지니는 것이라고 생각되기도 한다. 인간이란 본시 '인간적'이 되는 일, 또는 인간 이외의 어떠한 것도 아닌 인간 그것이 되는 일이며 또 그것만이 중요하고 그리고 삶이라는 것도 인간 그것으로서 사는 일, 곧 진실하게 그리고 올바르게 사는 일 그 자체이며 또 그것만이 중요하다는 것을 알고 있는 나에겐 이를테면 기술자가 된다거나 철학자가 된다거나 하는 따위는 모두 인생을 '진실하고 올바르게' 사는 데 있어서의 한 길에 불과할지언정 어떠한 경우에도 목적 자체가 될 수는 없는 것이라고 믿어졌기 때문이다.

그러기에 철학하는 일과 산을 오르는 일은 나에게 있어서 '진실하게 그리고 올바르게 사는 일'을 통하여 하나일 수 있었고 그래서 두 가지 것의 결혼도 가능했고 또 생애를 두고 틈이 생기는 일도 없었던 것이 아니겠는가 라는 생각이 들기도 한다. 나는 산을 오르면서 인생을 배우고 또 진정으로 살고 있다고 하는 느낌을 더욱 깊이 했을 뿐 아니라 철학 하는 일의 실천적 도량이라는 생각을 가져보기도 했다. 산이 나에게 없었더라면 나의 인간과 삶은 두말할 것도 없고 철학마저도 나에게 있어서 바람직한 것이 되지는 못했으리니 그것은 결국 햄릿의 것이 아닌 이른바 호레이쇼의 철학이 되는 것이 고작이었을 것이 뻔하다.

『정종 산악 에세이, 산, 그대 나의 고향』, 세종출판공사, 1977, 3-4쪽

선생의 글에서도 읽을 수 있듯이 등산은 관념적 철학을 실천적인 것으로 만들어 주었고 정신과 육체의 건강에도 큰 도움을 주었음을 알 수 있다. 많은 사람들은 아무리 평생 등산을 했다지만 한 사람이 100세 가까이 건강을 유지하고 혼자 생활하며 자유롭게 다닐 수 있는 것에는 특별한 비결이 있으리라 생각할 것이다. 결론부터 말하자면 정종 박사의 건강 비결에 아주 특별한 것은 없었다. 중요한 것은 규칙적인 생활을 하고 책을 읽고 써야한다는 뚜렷한 목표의식이 있었다는 것이다. 일정한 시간에 일어나 평생 아침 요가를 혼자 하고 사람을 만나는 일도 게을리하지 않았다. 항상 많은 사람과 대화하고 많은 것을 보고 느끼는 가운데 즐거움을 찾고 정신을 긴장시켰다. 보약은 평생 가까이하지 않았다. 대신 군것질거리부터 한식, 양식 가리지 않고 적당한 양의 식사를 규칙적으로 했다. 담배는 평생 하지 않았으며 술은 맥주, 막걸리 종류를 가볍게 대화를 나누며 하는 정도였다. 선생은 90세가 되어 농담 삼아 엔진과 타이어는 아직도 건재한데 아쉬운 것이 헤드라이트라고 했

다. 90세가 넘어서도 유치원 원가부터 모든 지인들의 이름, 책의 등장인물들 하나하나까지 모두 기억했으니 기억력도 훌륭했다. 그럼에도 70세에 이르러서는 자신이 죽은 뒤의 일을 대부분 문서로 정리하고 후손들에게도 만날 때마다 그 일에 대해 상세하게 설명했다. 선생은 철학자 칸트 이상으로 규칙적인 생활과 등산, 걷기로 거의 평생 온전한 몸과 정신을 유지했다고 볼 수 있다.

삶의 고비

정종 박사가 인생에서 부딪친 첫 고비가 22세 때 겪은 아버지의 죽음이었다면 두 번째 시련은 54세인 1969년 크리스마스에 찾아왔다. 초겨울 도봉산 산행을 하던 중 눈길에 미끄러질 뻔하다가 간신히 균형을 잡았는데 그때부터 눈앞에 수많은 반점이 먼지처럼 떠 있는 현상이 일어났다. '내시현상'이라는 안과 증세였는데 곧 수술에 들어갔다. 병원에서 원래 있던 백내장에 대한 조치를 하지 않고 수술을 하는 잘못을 하여 좌안이 실명되는 사고가 일어났다. 의료사고로 고발할 수도 있었지만 선생은 '진인사대천명'의 심정으로 문제 삼지 않고 오른쪽 눈마저도 같은 의사에게 맡겼다. 오른쪽 눈은 '망막박리'가 일어나 1, 2차 수술을 받게 되었다. 선생은 한쪽 눈으로 책을 읽고 강의를 하며 수술 일정을 견뎌냈지만 결과는 실명을 간신히 면하는 정도로 끝났다. 앞을 볼 수 없다는 것은 누구에게나 절망스러운 일이다. 선생의 경우 책을 읽고 쓰는 일을 평생의 업으로 삼고 있었는데 이제 그 일을 하지 못한다는 것은 살아있으나 죽은 것이나 다름없었다. 사람은 자신의 의지나 노력으로도 할 수 없는 일이 있을 때 그것을 받아들이고 주어진 현실에서 자신이 할 수 있는 최선이 무엇인지 생각해 보아야 한다. 선생이 그랬다. 과거와 같이 읽고 쓸 수 없는 현실을 받아들이고 자신의 능력 범위 내에서 일을 하거나 타인의 도움을 받고자 했다. 책을 읽는 일은 돋보기 두 개를 붙여서 느리게 읽는 방법을 택했고 좀 더 길고 분량이 많은 글은 조교의 도움을 받아 귀로 읽었다. 쓰는 일도 마찬가지 방법으로 계속해 나갔다. 결과적으로 한쪽 눈만 간신히 보이는 정도로 시력이 약화된 뒤에도 10권 이상의 책을 내고 강의를 계속했으니 보통 사람 이상의 일을 했다고 보아야 할 것이다. 이때 선생의 눈과 손이 되어준 사람이 제자의 인연으로 만난 이선희 선생이었다. 이선희 선생은 선생의 딸들과 집에서 함께 생활하면서 조교 역할을 하였고 훗날 박사학위를 받고 원광대학교 교수로 재직하다가 요절한다. 선생의 '독서병'과 관련된 에피소드를 말하자면 평소 읽고 싶었던 글들을 스크랩해 두었다가 사람을 만나면 낭독을 청했다. 분량이 상당히 되는 책은 가톨릭 점자 도서관에 요청하여 성우들이 녹음한 카세트테이프로 들었다. 선생은 눈만 좋으면 더 많은 일을 했을 것이라고 늘 아쉬워했지만 눈이 성한 보통 사람들보다 이미 더 많은 일을 하고 있었다. 교수들 중에는 50세만 넘어도 눈의 피로나 기억력을 탓하며 논문 쓰기를 멀리하는 사람들이 많은 것을 보면 선생의 학자로서의 자세에 대해서는 많은 것을 느끼게 한다.

1971년 5월 13일, 선생이 실패한 눈 수술로 고통을 겪고 있을 때 더 큰 시련이 닥쳤다. 아침에 배웅을 해주었던 배우자가 퇴근하여 돌아와

보니 그야말로 비명횡사하여 싸늘한 주검이 되어있었다. 57세에 상처
喪妻한 것도 큰 아픔이었지만 1남 6녀 혹은 1남 4녀(결혼한 두 자녀를 제외
할 경우)를 어머니 없이 어떻게 기르고 출가를 시킬지 눈앞이 막막했다.
선생의 조강지처인 김순오 여사는 배화여고를 나왔고 장인인 그의 아
버지는 연희전문 1회 졸업생으로 나주의 명문가 출신이었다. 두 사람은
고보 시절 각기 기차로 고향에 가는 길에 알게 되었고 만남이 이어져
곧 결혼하였다. 부인은 건강이 좋지 않아 선생의 유학시절 홀로 광주의
제중병원에서 요양을 하기도 했지만 곧 회복하여 1남 6녀의 어머니로
집안을 훌륭하게 이끌었다. 선생은 눈을 거의 실명하고 아내마저 잃은
당시의 심경을 이렇게 옮기고 있다.

> 우리는 어쩌다가 고뇌의 시대에 태어난 죗값으로 '더불어 고뇌
> 함'이야 말로 차선의 길이 된다고 했지만 그렇다고 고뇌만이 능사
> 가 되는 건 아닐 것이다. 결단이 따라야 하기 때문이다. 이로써 보
> 건대 삶을 산다는 것은 후회 없는 인생을 산다는 이야기와 통하거
> 니와 그러자면 '결단 없는 고뇌'(이를 우유부단이라고 함)도 '고뇌 없
> 는 결단'(이를 경거망동이라고 함)도 저질러서는 안 된다는 말이 된다
> (전자는 '공허'요 후자는 '맹목'이므로 결과는 후회뿐이다). 온갖 후회는
> 이 두 가지 행동 형태에서 나오기 때문이다. 따라서 '결단 있는 고
> 뇌'나 '고뇌가 수반되는 결단'이야 말로 후회 없는 삶이요, 이 삶이
> 야말로 정복淨福과 '삶의 기쁨'이 약속되는 확충상이 될 것이다.
>
> 『내가 사랑한 나의 삶 84』, 동남풍, 1999, 95쪽

말하자면 선생은 학자로서 눈을 거의 잃는 시련도, 1남 6녀의 아버지로서 배우자를 잃는 사별의 아픔도 모두 이겨내고 삶을 '살아냈던' 것이다. 80세가 넘어서도 논문을 쓰고 학회에서 발표를 하였고, 남은 1남 4녀를 모두 훌륭하게 출가시켰으니 말이다. 그렇다고 어찌 시련이나 아픔이 없었겠는가!

가족과 사회관계

이 글을 읽는 사람들은 정종 선생이 학자로서의 삶을 살고 사회활동과 등산이라는 취미 이상의 삶을 살아가느라 가족들에게 소홀했다고 생각하기 쉬울 것이다. 일부 사실이기도 했다. 선생의 딸들은 다정한 아버지보다는 학교 선생님 같은 모습과 태도에 섭섭함을 느꼈을 수도 있다. 하지만 선생은 1남 6녀 모두 대학을 졸업하고 결혼하기까지 정신적으로, 경제적으로 부족함이 없이 지원했다. 당시 교수 월급이 어느 정도였는지는 모르겠지만 자식들이 아르바이트 한번 하지 않고 대학 졸업과 결혼까지 할 수 있었으니 분명 아버지로서의 역할을 다한 것이라 볼 수 있다. 특히 아내를 잃고 남은 자녀 1남 4녀를 출가시켰으니 이는 쉬운 일이 아니었다. 선생은 학교나 많은 지인들과의 관계 때문에 집에서도 개인적인 시간을 내기 어려웠을 것이다. 그럼에도 13명의 손자, 손녀들이 초등학교에 입학하면 일일이 도장을 만들어주었고 세계문학전집을 선물하며 자신이 살아온 삶에 대해 들려주곤 했으니 냉정한 아버지였다는 평가는 타당하지 않다.

지인관계는 학문적 스승과 제자, 동료들, 고향 친구, 문화예술인 등을 들 수 있다. 한번 은사 관계로 맺어진 스승에 대해서는 평생 예를 갖추어 부모님처럼 모셨다. 제자들은 50세 이후 눈이 되어준 조교와 철학과의 제자들이 있었는데 이들이 각 대학의 총장과 교수로 자리 잡을 때까지 지원을 아끼지 않았다. 친구들, 학문적 동지, 문화예술인과 같은 지인들의 경우는 학문적 교감을 나누고 술을 나누며 등산을 함께 했다는 점에서 일과 생활이 구분되지 않을 만큼 가까운 관계를 맺어 평생을 지속했다. 선생이 일본 유학을 다녀와서 고향의 유치원 원감으로 잠시 있었을 때 맺어진 원생들이나 제자뻘 선생들과도 평생 교류가 있었는데 선생의 구순 잔치 때 할머니가 된 제자들이 와서 노래를 부른 일도 있었다.

사실 선생은 일곱 명의 자녀들을 돌보고 일제 강점기를 살았기 때문에 이때부터 근검절약이 몸에 배어 있었다. 그런 이유에서 선생은 자식들과 손자 손녀들, 주변 사람들에게 용돈을 넉넉하게 준다든지 맛있는 것을 사준다든지 돈을 많이 쓰는 일은 거의 없었다. 적은 세뱃돈을 간신히 받은 손자들이 불평을 하는 경우도 있었다. 하지만 일곱 자녀를 기르고 많은 지인들과 사회생활을 하다 보면 교수 월급으로도 용돈 쓰기가 넉넉하지 않았다는 것을 짐작할 수 있다. 선생에게는 원칙이 있었다. 스승과 시간강의를 하는 제자들, 집을 찾아온 사람들에게는 절대 식사비용을 지불하지 못하게 했다. 그 외 형편이 좋은 지인들이 식사비용을 지불하는 것은 마다하지 않았다.

웰다잉에 절대적인 조건이 있는 것은 아니다. 다만 주변에 좋은 친구들이 많고 그들과 교감을 나누고 인생에서 기쁘거나 슬픈 순간을 함께 할 수 있다면 많은 위안과 즐거움을 얻을 수 있을 것이다. 그런 점에서 선생은 행복한 삶을 살았고 많은 사람들의 기억에 남아 있다고 말할 수 있겠다.

투병생활과
남긴 것

정종 선생은 평생 건강하게 살았다. 특별한 음식을 선호하지도, 보약을 먹지도 않았다. 평생 철학이라는 한 길을 걸으면서 가졌던 신념과 일생을 계속해온 등산이 비결이라면 비결이었다. 60세가 넘어서도 독립적인 생활을 했으며 경제적, 정신적으로나 생활에 있어서도 자식들에게 의지하지 않았다. 특히 고향에서 혼자 생활을 할 때 식사는 물론 세탁 등 일상의 모든 생활을 90세가 넘어서까지 직접 해결했다. 시력은 좋지 않았지만 두 다리는 튼튼하여 전국을 대중교통으로 혼자 다닐 수 있었다. 흔히 말하는 모든 사람들의 꿈인 '구구팔팔이삼사'(99세까지 건강하게 살다가 이삼일 앓다 삶을 다한다는 뜻)를 몸소 실천하는 듯 보였다. 하지만 이런 모든 일이 사람의 뜻대로만 이루어지지는 않는 법이다.

선생은 98세 여름에 혼자 고향의 집에서 지내다 뜨거운 한낮에 외출을 했고 길거리에서 쓰러졌다. 98세의 고혈압이 있는 노인이 뜨거운 한낮의 태양과 열기를 견디기는 어려웠을 것이다. 선생은 병원에 이송되어 중환자실에 1주일가량 머물렀다. 선생은 놀라운 의지로 다시 일어났지만 말을 거의 하지 못하게 되었고 뇌의 상당 부분에 손상을 입어 기억력이 20% 이하로 남게 되었다. 다행인 점은 식사를 충분히 할 수 있었고 두 다리는 여전히 튼튼하다는 것이었다. 20% 정도 남아 있는 기억으로도 무언가 보고 말하려 했으니 의지만큼은 죽는 순간까지 완전히 놓지 않았다고 보아야 할 것이다. 딸들과 며느리가 선생이 젊어서부터 좋아했던 '메기의 추억'을 불러주면 다른 말은 못 해도 노래를 따라 불렀으니 놀라운 일이었다. 선생은 이런 상태로 2년을 버텼으나 100세가 넘어서는 건강을 많이 잃고 결국 요양소에서 생의 마지막 순간을 보내게 되었다. 요양소에서의 생활은 대개의 노인들이 그러하듯이 보는 사람들의 마음을 좋지 않게 했다. 건강을 점점 잃으면서 휠체어를 타게되고 나중에는 침대에 완전히 누워있게 되었다. 그렇게 102세를 맞고 생의 마지막 순간에는 코에 튜브를 넣어 영양공급을 받아야 하는 상황에까지 이르렀다. 98세까지 모든 생활을 스스로 하고 삶의 모든 부분을 기억했던 선생을 알고 있는 사람들에게 그와 같은 요양소에서의 삶은 비참해 보일 정도였다. 사람의 목숨은 인간 스스로의 노력으로 안 되는 부분이 틀림없이 있다.

선생은 그렇게 생의 마지막 시기를 보내고 영면했다. 선생의 장례식은 고인의 뜻에 따라 치러졌다. 장례가 끝나고 일정한 시간이 지난 후에 자신의 죽음을 가족 이외의 사람들에게 알리라고 했다. 장례비용은 통장에 남겨둔 2천만 원으로 사용하라고 했다. 가족들 간에는 우리나라 1세대 철학자의 죽음을 언론에 알리고 문상을 받아야 한다는 의견도 오갔지만 결국 선생의 뜻에 따라 조용히 가족장을 치렀다. 선생은 70세가 넘어서부터 자신의 재산을 어떻게 처분할 것인지 기록으로 남겨

두었다. 재산이라면 기업가의 경우처럼 큰 돈은 아니었지만, 서울에 10억이 조금 넘는 아파트가 있었다. 아파트를 처분한 돈의 절반은 60세가 넘어 만난 두 번째 배우자에게 주고 나머지는 사회에 기부하라고 했다. 자식들에게 돌아갈 몫은 없었다. 사람에 따라서는 매정한 아버지라고 할 수도 있을 것이다. 하지만 선생은 1남 6녀의 모두를 대학에 보냈고 그중 세 자녀는 미국과 독일에 유학까지 보냈으며 결혼까지 시키고 장남에게는 집까지 사주었으니 부모의 도리는 충분히 했다고 볼 수 있을 것이다. 특히 재산 중 사회에 기부하라고 공증하여 유언으로 남긴 돈은 '공자학회'로 기부되었다. 공자학회는 선생이 만들어 회장까지 했고 평생을 공을 들인 곳이었다. 보통 우리나라의 학회는 회원들의 회비로 유지되고 간혹 천만 원 정도를 기부하는 사람이 있기도 하지만 수억 원을 내놓는 경우는 흔하지 않다. 공자학회는 선생의 뜻에 따라 '온버림 정종 선생 학술상'을 제정하여 학회 학술지에 기고된 우수 논문을 쓴 학자에게 상금을 해마다 수여하고 있다.

웰다잉과
웰다잉이 아닌 것

102세까지 산 선생의 삶을 두고 웰다잉에 충실한 인생이었는지 타인이 평가하기는 쉽지 않다. 평생을 철학자로서의 학문적 신념을 가지고 살았고, '인생을 어떻게 살 것인가?'에 대한 대답을 찾기 위해 살았던 한 인간의 삶을 피상적인 지식만 가지고 다른 사람이 평가한다는 것은 올바르지 않기 때문이다. 다른 한편으로는 사람들의 삶의 모습과 가치관이 저마다 다른 만큼 웰다잉의 기준과 그에 따른 평가도 다를 것이기 때문이다. 그럼에도 정종 선생의 삶에서 무엇이 웰다잉이고 무엇이 그렇지 않은지 피상적인 판단이라도 내려 보려고 한다. 우선 웰다잉에 충실한 삶의 부분을 찾아내면 다음과 같다.

첫째, 한 사람이 태어나 인생의 의미에 대한 물음을 가지고 그것을 알기 위해 끝없이 성찰하고 학문적 이해를 추구하면서 평생 학자로서, 철학자로서 신념을 가지고 그것을 죽을 때까지 가지고 갔다.

둘째, 1남 6녀의 아버지로서, 13명의 손자 손녀의 할아버지로서 성실하고 정직한 삶의 모범을 보이며 정신적으로 경제적으로 보살폈다.

셋째, 스승, 제자, 친구, 친인척 등 모든 사람들과 원만한 인간관계를 유지하며 그 관계를 평생 지속했다.

넷째, 90세가 넘도록 독립적인 생활을 하며 자손들에게 경제적으로 정신적으로 의지하지 않았다.

다섯째, 재산을 자식들에게 남기지 않았고 자신이 평생 애정을 가지고 마음을 썼던 학술단체에 기부했다.

선생의 삶에서 웰다잉에 충실하지 못한 부분이 있었다면 다음 몇 가지를 말할 수 있을 것이다. 다만 이 부분은 사람이 살면서 불가항력적인 부분이거나 사람에 따라서는 다르게 이해할 수 있는 부분도 있을 것이다.

첫째, 102세의 삶에서 98세까지는 정신적, 육체적 건강을 유지하였으나 이후 의식이 완전하지 않은 상태로 삶의 마지막 순간 수개월을 연명치료를 받을 수밖에 없었다. 이 부분은 사람이 자기 뜻대로 할 수 없는 영역이기도 하며, 따라서 선생이 강한 정신력으로 평생을 보냈다는 사실을 아는 많은 사람들을 안타까워하도록 만들었다.

둘째, 선생은 자신의 삶이나 세상을 이해하는 방식에서 자신만의 기준이 있었다. 자신의 힘이 남아있는 한 모든 생활을 스스로 할 수 있어야 한다고 생각했다. 그런 이유에서 90세가 넘어서도 자녀들의 도움을 받지 않고 사는 삶의 방식을 택하여 자녀들의 마음을 안타깝게 하였다.

셋째, 일제 강점기와 한국전쟁 시기를 거치며 살아서인지 근검절약 정신이 강했고 추억이 담긴 물건에 대한 애착이 강했다. 그래서 70년 전에 읽던 책이며 사용했던 물건을 하나도 버리지 못했다. 자신의 그런 애착을 알고 있었고 그런 습성을 버리고자 했기 때문에 호도 '온버림'으로 지었지만 실천은 하지 못했다. 다만 재산에 대한 집착은 없어서 대부분의 재산을 사회에 기부하였다.

넷째, 학자로서, 등산가로서, 사회활동가로서 분주한 삶을 살다 보니 가족과 많은 시간을 보내며 어머니를 잃은 자녀들에게 충분한 위안이 되어 주지 못했을 수 있다. 다만 많은 활동을 하면서도 시간을 내어 외국은 물론 전국에 흩어져 사는 자녀들을 찾아다녔고 손자 손녀에게까지 편지를 보내며 교감을 나눈 부분은 자신의 위치에선 최선의 노력이었던 것으로 보인다.

제3부

웰다잉 사례 연구 2

존엄한 죽음

1
KBS 스페셜 '교회오빠' 사례를 통해 본 웰다잉

암에서 앎으로

2017년 'KBS 다큐스페셜'이라는 방송에서는 '앎'이라는 제목으로 암환자들이 죽음을 준비하는 과정을 2부작으로 방영하였다. 그중에서도 2부에서 방영된 '교회오빠'라는 제목의 방송은 많은 이들에게 삶에 대해 다시 생각할 계기를 마련해주었다. 아래의 내용은 방송에 방영된 내용과 방송 이후 이 씨가 교회에서 간증한 내용을 토대로 작성하였다.

KBS 다큐스페셜 '앎'은 암으로 투병하고 있는 환우들의 모습을 관찰자의 시선으로 바라보고 인터뷰를 진행하며 약 5개월간 촬영한 영상으로, 삶의 소중함과 의미에 대해 일깨워준 프로그램이었다. 이 방송의 주인공인 남편 이 씨는 휴대폰 연구원, 아내는 중학교 교사였고, 6만여 명의 회원이 있는 '아름다운 동행'이라는 인터넷 암 환우 커뮤니티의 회원이었다. 그곳에서는 암으로 투병하는 사람들이 삶의 이야기를 나누며 지지그룹을 형성해 나가고 있었다.

두 사람은 고등학교 때 과외선생님과 학생으로 인연을 시작했다. 성인이 된 후 부모님의 소개로 이 씨를 다시 만나게 되면서 연애가 시작되었고 결혼까지 이르렀다. 결혼 후 3년 만에 딸을 낳게 되었다. 딸을 분만하고 한 달도 되지 않아 행복감에 도취되어 있을 즈음 이 씨가 복통을 호소하여 시행한 대장내시경 검사에서 대장암 진단을 받게 되었다. 대장암은 이미 방광에 침윤되어 있었고 복막에도 전이가 되어 대장암 4기라는 판정을 받았다.

한 가정의 가장으로서, 딸아이의 아빠로서 책임을 다하겠다며 행복해하던 순간들을 제대로 만끽하지도 못한 채 수술과 항암치료를 이어갔다. 몸과 마음까지 힘든 치료 과정에서 힘들어하는 모습을 가족에게 보이고 싶지 않아 꿋꿋하게 이겨나가고 있을 즈음, 사랑하는 아들이 암 4기 진단을 받아 몸과 마음이 무너진 이 씨의 어머니가 자살을 선택했다. "내가 아들에게 해줄 수 있는 것이 하나도 없네. 미안해."라는 마지막 말을 남기고 가셨다. 암 진단을 받고 한 번도 울지 않았던 이 씨도 어머니가 돌아가시자 마음이 무너져 내렸다. 한때는 신을 원망하기도 했지만, 이내 신앙의 힘으로 고난을 극복해 나갔다.

수술과 여덟 번의 항암치료가 끝나고 이 씨의 치료가 종료되어 '이제 끝났구나.' 하는 안도의 숨을 내쉬던 즈음부터 아내는 원인 모를 통증에 시달리게 되었다. 아내의 검사 결과 혈액암의 일종인 림프종 4기 진단을 받았다. 암이 골수까지 전이가 되었다는 판정이었다. 아내는 이 씨가 암을 진단받았을 때 자신이 느꼈던 감정을 똑같이 느꼈을 것을 생각하니 마음이 무너져 내릴 듯 아팠다고 한다.

이 씨의 항암치료가 종료된 지 5일 만에 곧바로 아내의 항암치료가 시작되었고 잠시도 쉴 수 없는 숨 막히는 고통이 시작되었다. 이렇게 아내가 항암치료를 받고 있을 때, 이번에는 이 씨가 수술 14개월 만에 암이 재발했다는 소식을 들었다. 복수가 차 있었고 복막뿐만 아니라 대망, 간, 비장, 횡격막까지 전이가 되어 있었다. 이 씨는 공격적인 복막전이암 수술을 받았고 다시 열두 번의 항암치료를 끝냈다.

질병을 통해
돌아보는 삶

모든 인생이 각본 없는 드라마라고 하지만 이들의 인생은 더욱 극적인 드라마였다. 할 수 있는 모든 수술과 항암치료를 통해 최선의 노력을 하고 있는 부부를 정신적으로 지탱하게 해준 것은 신앙이었다. 그리고 늘 가슴에 품고 사는 '감사'의 마음이 이들이 암과 싸우는 과정에 평안한 마음을 유지할 수 있도록 해준 원동력이었다. "암이 이렇게 깊어질 때까지 왜 몰랐을까?" 하고 원망하고 좌절하는 것보다, 말기 전에 치료할 수 있는 것에 감사했다. 치료를 받고있는 오늘이 건강해질 수 있는 기회이고, 놓치면 안 되는 마지막 기회를 하늘이 허락해준 것이라고 여겼다.

이들이 몸의 치료만큼 중요하게 생각했던 것은 마음의 다스림이었다. 그동안 마음속에 자리 잡았던 좋지 않은 감정들을 어떻게 하면 해소해 나갈 수 있을지 생각했다. 마음속에 있는 나쁜 감정들을 외면하고 살아왔던 시간들, 증오나 악한 감정이 마음속에서 활개를 치도록 내버

려두었던 것들에 대해 반성하며 새로운 삶을 살아가려 노력했다. 오늘 하루가 자신들에게 주어진 마지막 날이라 생각하며, 남은 삶을 누군가를 증오하거나 미워하며 보내지 않으려 했다. 쓰나미 같은 절망의 순간들이 해일처럼 반복적으로 밀려오고 밀려갔지만 질병이 주는 두려움에 휩싸여 절망하지 않고 절대자를 신뢰하며 평안과 위로를 공급받으려 했다.

이들은 차분히 죽음을 준비하면서 오히려 남은 인생을 더 잘 살 수 있을 것 같다는 생각을 했다. 암이 앗아간 것도 많지만, 암을 진단받고 삶에 대한 진정한 의미를 찾아가고 있었기에 암으로 진단받은 것이 축복은 아닐지언정 암이란 것 자체를 통해서 우리가 누릴 수 있는 유익은 있다는 것이 이 씨의 말이다. 즉, 암을 진단받은 것이 인생에 관한 새로운 '앎'을 가져왔다는 것이다.

그래도 힘이 들 때엔 누군가를 원망하지 않기 위해 스스로 인생의 손익계산서를 작성해 보기도 했다고 한다. 지금까지 누려왔던 행복과 지금 당하고 있는 현실을 냉철하게 비교해 보면서 그래도 살아왔던 날에 대한 감사함을 잊지 않는 것이 중요하다고 했다.

촬영 중 딸아이의 돌잔치가 있었다. 다른 이들에게는 당연히 누려야 할 기쁨이었지만, 이 부부에게는 간절한 기다림 끝에 이루어낸 뜻깊은 시간이었다. 치료를 거듭하며 '돌잔치 때 부모로서 건강한 모습으로 있어 주기'를 투병 후 첫 목표로 삼고 살아왔기 때문에 돌잔치를 할 수 있는 것 자체가 커다란 감격이었다.

"왜 하루라도 더 살아야 하나?"는 누군가의 질문에, "그동안 살아왔던 서툴고 부족한 삶에서 하루라는 시간을 통해 조금이라도 더 온전해질 수 있는 기회를 갖고 싶어서."라고 대답했다.

사회적 파급력

처음 KBS 측으로부터 촬영 제의가 들어왔을 때 이 씨는 많이 망설였다고 한다. '기독교인으로서의 삶이 저토록 불행하다면 종교를 갖지 않는 게 차라리 낫다'라고 생각하는 사람이 있을 수도 있고, 그의 삶이 대중에게 공개되어 세상 사람들의 동정거리가 되지 않을까 많이 부담되었기 때문이다.

방송이 나간 뒤 방송사에서는 곧바로 재방송을 계획했고, 해당 영상은 인터넷과 유튜브 등을 통해서 전국으로 퍼져나갔다. 유튜브 영상은 수십만 명이 시청했고, 여러 강연장이나 집회 등에서도 상영이 되었다. 국내뿐 아니라 국외의 한인사회 및 교포사회에도 해당 영상이 소개되었다.

이 부부의 모습이 방영된 뒤, 두 사람이 씩씩하고 밝게 암을 이겨내는 모습을 통해서 암이나 다른 질병으로 힘들게 살고 있는 사람들이 마음의 위로와 힘을 얻었다는 반응이 쏟아져 나왔다. 암 진단을 받았다는 사실만으로도 우울하게 보내고 있었는데 힘을 얻었다는 반응, 질병은 없었지만 인생에 대해 불평불만이 많았던 사람들이 아무것도 일어나지 않는 오늘 하루에 감사한다는 반응이 있었다. "부부가 함께 행복하게 지내고 싶다.", "긍정적으로 살아야겠다.", "주어진 현실에 감사하게 된다." "함께 응원하겠다.", "하루하루 숨 쉴 수 있는 것만으로도 감사한 삶이다." 등의 댓글과 응원이 줄을 이었다.

　암을 긍정적으로 받아들이고 아름답게 삶을 마무리하는 모습이 많은 사람들의 심금을 울렸고 삶에 대해 다시 통찰하는 계기가 되었던 것이다.

불확실성 이론을 통해 보는
질병과 삶의 의미

　　　　　　우리나라에서도 암의 발생률과 암으로 인한 사망률이 점점 높아지고 있다. 고령화 사회가 지속되고 암뿐만 아니라 여러 만성 질환들이 늘어나면서 질병 없이 건강하게 살다가 죽음을 맞이하기가 점점 힘들어지는 세상에 살고 있다. 그렇기에 '건강'에 대한 개념도 질병이 없는 상태가 아니라, 질병을 가지고 있지만 그 안에서 최대한의 기능을 유지하면서 살아가는 것으로 인식이 변화하고 있다.

　특히 암 진단을 받고 살아가는 사람들은 암의 치료과정에서 신체적, 심리적 고통을 경험하게 되고, 이후에도 기능의 변화나 사람들의 태도 변화에 적응해야 하는 등의 여러 문제와 부딪히게 된다. 나아가 이러한 변화로 인해 암 환우들은 예후에 대한 불확실한 감정, 걱정, 불안 등을 겪게 된다.

　메를 미셸Merle H. Mishel은 암환자들은 치료 과정 중에 불확실성을 경험하게 되며, 암 환자의 질병에 대한 불확실성의 인지는 부정적인 정서를 초래하여 질병에 대해 효과적인 대처와 적응을 방해함으로써 질병 회복에 중요한 영향을 미친다고 하였다. 미셸은 그의 'Uncertainty in

Illness Theory'에서 불확실성은 질병의 치료과정 및 경과와 관련된 상황적 자극에 대해 정확하게 알지 못하거나 모호하게 받아들이는 것으로, 사건의 의미를 결정할 수 있는 능력이 없는 상태 또는 사건에 대해 명확한 가치를 정할 수 없을 때 생기며, 결과를 정확하게 예측할 수 없는 것이라고도 하였다. 이런 불확실성은 추론이나 착각의 평가과정을 거쳐 위험 또는 기회로 평가된다. 질병에 대한 불확실성이 '위험'으로 평가되는 것이 아니라, '기회'로 평가될 수도 있다는 것이다.

미셸에 따르면 암은 진단 자체는 확실하나 치료의 효과가 명확하지 않고 그 예후를 예측하기가 어렵기 때문에 암환자들은 불확실성을 높게 지각한다고 하였다. 이러한 불확실성의 인지는 암환자로 하여금 부정적인 정서를 경험하게 하고 효과적인 대응방법을 방해하여 암환자들의 고통을 더욱 가중시키는 요인이 될 수 있다. 암환자들은 불확실성이 높을수록 불안 정도도 높은 것으로 나타났다. 암환자에게 증상과 치료 결과, 병의 호전과 악화 등은 불확실성으로 특징지을 수 있다. 불확실성이 있으면 앞으로 일어날 일들에 대한 정확한 개념을 얻을 수 없고 사건을 적절하게 구조화하고 범주화할 수 있는 인지 구조의 형성이 늦어진다. 더욱이 상황을 적절히 인지하는 개인의 능력이 제한받게 되어 상황을 위협으로 인지하며, 결론적으로 질병에 적응하지 못할 수 있다.

그러나 불확실성은 기회로 볼 수도 있다. 암을 진단받은 사람이 암의 진단 자체와 치료의 과정을 삶의 전환으로 인식하여 새로운 관점으로 인생을 살아가게 되는 경우도 많다. 자식에게만 몰두하던 어머니가 유방암 진단을 받고 치료 과정 뒤에 자신을 위한 삶을 살아가는 경우도 있고, 서로 바빠서 서먹했던 부부가 암 진단을 통해 관계가 끈끈해지는 사례도 있다.

따라서 질병으로 인한 불확실성을 막연히 좋지 않은 것만으로 생각해서는 안 된다. 이 씨의 경우도 암 진단과 투병과정을 통해서 삶을 다른 시각으로 보게 되었고, 새로운 시각으로 삶을 마무리하려 하고 있기 때문이다.

암 환자의 불확실성 관리는 말기 환자뿐 아니라 여러 다른 질환을 가지고 있는 사람에게도 필요하다. 암의 병기와 상관없이 암을 진단받았던 사람은 누구나 죽음까지 생각해 본 경험이 있고, 재발 가능성에 대해서도 생각하기 때문이다. 더욱이 지금은 건강하지만 혹여 질병에 걸리지 않을까 불안해하는 사람들을 위해서라도 웰다잉을 위한 준비의 일환으로 불확실성이 관리되어야 한다. 불확실성 관리를 통해 질병으로의 이환을 '위험'으로 인식하는 것이 아니라 '기회'로 인식하여 새로운 삶으로의 전환이 이루어질 수 있도록 해야 한다.

웰다잉에 대하여

웰다잉이란 무엇일까? "남은 인생에 대해서 죽을 준비를 하면서 살면 더 잘 살 수 있을 것 같은 생각을 하였다"는 이 씨의 말이 웰다잉을 대변해 준다고 본다. 그는 "육신의 아픔이 있었기 때문에 오히려 더 깨어있을 수가 있었다."고 말한다. 이런 인식은 "암에 걸린 사람들도 웰다잉을 할 수 있을까?"라는 질문에 대한 답이 될 수 있을 것이다. 오히려 질병으로 인해 남은 인생에 대해 반문하며 살게 되어 더욱 값진 삶을 살다가 생을 마감할 수도 있는 것이다.

본 사례의 제목을 "'암'에서 '앎'으로"라고 이름붙인 것도 그 때문이다. 미래에는 우리나라 국민 세 명 중 한 명은 암에 걸린다고 한다. 누구라도 암에 걸릴 수 있고, 이미 암환자가 많은 이 세상에서 암으로 진단받았다는 사실 자체가 인생에 대해 새로운 접근을 할 수 있는 '앎'을 선물해줄 수도 있다고 본다.

이 씨의 말처럼 암 자체가 축복은 아닐 수 있지만, 암을 통해서 누릴 수 있는 유익은 반드시 있고, 암환자들은 그것을 누릴 자격이 있다.

이 글을 준비하는 중에 이 씨의 소천 소식을 뉴스로 접하게 되었다. 그의 첫 번째 목표였던 '딸아이가 돌잔치 때 건강한 모습으로 있어주기'는 이루었지만, '딸아이 유치원 입학할 때 더 건강한 모습으로 손잡아주기'라는 두 번째 목표를 이루었을까 하는 생각에 목이 멘다. 모든 상황을 감사함으로 바라보았던 이 씨! 삶의 마지막 순간에도 가장 아름다웠으리라 생각된다.

2
이국의 천사들을 통해 본 웰빙과 웰다잉 사례

사회적 삶과 행복한 죽음

우리는 모두 행복한 삶을 살다가 아름답게 삶을 마무리하기 바란다. 그래서 최근 우리 사회가 가장 관심을 갖는 화두 중 하나가 '웰빙well-being'과 '웰다잉well-dying'이다. 간단히 말하면 웰빙은 '행복한 삶을 가꾸어 가는 것'이고 웰다잉은 '그러한 행복한 삶을 아름답게 마무리하는 것'이다. 웰빙을 위해선 우선 자신을 돌아보고 지금껏 도와준 사람들에게 감사하며 반대로 섭섭함이 있는 사람들은 용서해 나가는 길이 있고, 또 자신이 가진 것들을 상황에 맞춰 타인과 나누는 길이 있다. 사람마다 세세한 방법들은 다를 수 있지만 이것이 웰다잉의 근간이 아닐까 생각한다.

우리 사회는 일제강점기를 거쳐 6·25 전쟁으로 모든 것을 잃고 질병, 고아, 빈곤의 고통을 받았다. 이때 우리와 아무런 관계가 없는데도 타국의 많은 사람들이 우리를 돕기 위해 이 땅으로 건너왔다. 우리나라는 1960년대를 거치며 급격한 산업화의 과정을 거쳐 지금까지 많은 발전을 이루어 왔다. 그런 와중에 경쟁이 심화되었고, 심화된 경쟁은 사회를 자기중심적인 사회로 만들었다. 이렇게 자신만을 생각하는 이기적인 삶을 사는 것이 웰다잉에 필요한 요소는 아닐 것이다. 또한 자신에게는 관대하고 남에게는 엄격한 삶, 거짓을 말하는 삶도 웰빙이나 웰다잉과는 거리가 멀 것이다. 반면, 아무 조건 없이 우리를 돕기 위해 먼 타국에 들어와 자기를 희생하는 삶을 살아온 '천사'들의 사례들을 살펴본다면 웰빙과 웰다잉, 즉 행복한 삶을 가꾸고 그 행복을 아름답게 마무리하는 삶을 살기 위해 무엇인지 필요한지 살펴볼 수 있을 것이다. 이 장에서는 대가 없는 사회적 나눔의 실천이 개인의 행복하고 아름다운 삶과 어떤 연관성을 가지는지를 자신의 연고와 아무런 상관도 없는 머나먼 타국에 와서 대가 없는 봉사의 삶을 산 이방인들의 사례에 비춰 살펴볼 것이다.

국적을 넘어 전해진
사랑과 나눔

최근 공익광고에서 작은 가방이 등장해 아름다운 나눔의 내용을 전했다. 이 가방의 주인공은 마리안느 스퇴거Marianne Stoeger와 마가렛 피사렉Margareth Pissarek이다. 두 사람은 소록도에서 한센인들을 간호하고 돌보는 데 자신의 삶을 바친 분들이다.

눈썹이 빠지고 피부와 근육이 문드러지는 증상을 보이고 손가락, 발가락이 떨어지는 증세가 나타나는 한센병은 주로 어린 나이에 발병하는데, 과거에는 병이 발견되면 부모로부터 사랑을 받지 못하고 생이별을 하여 소록도로 보내졌다. 두 사람이 한국에 온 것은 꽃 같은 나이인 20대였다. 마리안느는 1962년 한국에 와서 43년 동안, 마가렛은 1959년 처음 입국한 뒤 1966년부터 2005년까지 39년 동안, 소록도에서 피고름 냄새 속에서 장갑도 없이 맨손으로 상처를 직접 만지며 한센병 환자들을 간호했다. 한센인들에게는 삶의 희망이 없기 때문에 희망을 심어야 했고, 그들도 믿음과 사랑 안에서 삶을 살 수 있어야 한다며 정성껏 간호를 했다. 매일 새벽 5시면 병원에 도착해서 환자들의 영양을 위해 따뜻한 우유를 만들어 환자들에게 먹이고 사랑을 담아 아픈 사람을 치료했다. 한센인들을 집으로 초청한다는 건 생각조차 힘든 시절에 그들을 집으로 초대하여 식사를 함께하며 가족처럼 대했으며, 한센인들끼리 결혼해 아이를 낳아 강제 퇴원될 때에는 재정적인 지원까지 아끼지 않았다. 이를 위해서 이들은 항상 검소한 삶을 살았다.

간혹 고국인 오스트리아를 방문할 때에는 소록도의 후원을 위해 모금활동을 벌였다. 오스트리아 가톨릭 부인회의 후원을 얻기 위해 쓴 편지에서는 "올해의 목표는 환자들에게 머물 집을 마련해 주고 치료제를 장기적으로 확보하고 생활비를 지원하는 것이다."라고 쓰고 있다. 이런 활동을 통해 아직 감염되지 않은 5세 이하의 아이들을 위한 시설을 만들었고, 공중목욕탕, 정신병동, 결핵병동 등도 세웠다. 그러다가 마리안느와 마가렛은 나이가 70을 넘기고 노년으로 움직임이 불편해지자 오히려 자신들이 소록도에 부담이 될 것을 걱정하여 2005년 11월 편지를 남기고 조용히 오스트리아로 돌아갔다. 이런 사연들이 우리나라를 떠나며 마지막으로 남긴 "사랑하는 친구, 은인들에게…"로 시작하는 편지에 잘 나타나 있다.

마가렛은 1959년 12월에 한국에 도착했고 마리안느는 1962년 2월에 와서 거의 반세기를 살았습니다. 고향을 떠나 이곳에서 생의 대부분을 간호로 일생을 바쳤습니다.

이제는 우리들이 천막을 접어야 할 때가 왔습니다. 지금 우리는 70이 넘은 나이입니다. (중략) 우리에게 언제까지 일할 수 있는 건강이 허락될지 몰라 이곳을 비워주고 다른 곳에 가서 사는 것은 저희들의 뜻이 아닙니다. 그래서 고향으로 떠나기로 결정합니다. 우리 나이가 은퇴할 나이를 넘어 10년이라는 세월이 흘렀습니다.

옛날 약과 치료기구들이 많이 필요할 때엔 고향으로부터 도움을 받아 도와 드릴 수 있었습니다. 현재 소록도는 여러 면에서 발전하여 환자들이 많은 혜택을 받고 있기에 우리들은 아주 기쁘고 감사하는 마음이 큽니다. 한국에서 함께 일하는 외국 친구들에게 우리가 가끔 충고해 주는 말이 자주 있었는데, 제대로 일할 수 없고 자신들이 있는 곳에 부담을 줄 때엔 본국으로 돌아가는 것이 좋다는 것이었습니다. 이제는 우리가 그 말을 실천할 때라고 생각합니다.

이 편지를 보는 당신에게 큰 사랑과 신뢰를 받은 것에 하늘만큼 감사합니다.

부족한 외국인으로서 우리가 큰 사랑과 존경을 받은 것에 대해서 큰 감사를 드립니다. 이곳에서 함께 지내며 저희들의 부족함으로 인해 마음을 아프게 해드렸던 일들에 대해 이 편지를 빌어 미안함과 용서를 빕니다. 여러분에게 감사하는 마음은 너무나도 큽니다. 그 큰마음에 우리가 다 보답할 수 없기에 하느님께서 우리 대신 감사를 전해주실 겁니다.

항상 기도 안에서 만나길 빕니다.[1]

마리안느는 2003년 대장암 판정을 받고 2005년 오스트리아로 귀국했다. 대장암 수술을 3번이나 받은 뒤 현재는 건강을 회복하여 양로원을 방문하며 봉사를 계속하고 있다. 마가렛은 안타깝게도 치매를 앓게 되어 인스부르크에 있는 요양원에 머무르고 있지만, 다행히 소록도에서 사랑과 헌신으로 지낸 시간은 기억하고 있다. 마리안느는 마가렛을 자주 찾아가고 있다. 국립소록도병원 100주년이 된 지난 2016년, 마리안느만 다시 소록도를 잠시 방문할 수 있었고 현재 두 사람은 오스트리아에 거주하고 있다.

마리안느와 마가렛, 두 사람은 가족에게도 버림받은 한센병 환자들과 우리에게 푸른 눈을 가진 희망의 천사로 영원히 기억될 것이다.

오스트리아에서 건너온 두 수녀 외에도 열악한 환경 속에 있는 우리나라 한센인들을 돕기 위해 타국에서 자신을 희생한 많은 이들이 많다. 이들의 '사회적 삶'은 우리에게 아름다운 삶과 죽음의 의미를 되돌아보

---

1   (사)마리안느와 마가렛 홈페이지 http://www.lovemama.kr/sub/sub02_03.php?boardid=story&mode=view&idx=1&sk=&sw=&offset=&category=]

게 하기에 여기에 간략히 소개해 보려고 한다.

탈로네 리디아Tallone Lidia 수녀는 한센병으로 고통 받는 사람들을 위해 수도자로서 봉사해야겠다는 마음으로 이탈리아에서 우리나라로 왔다.[2] 우리에게는 강칼라 수녀님으로 잘 알려져 있다. 26세인 1968년 전라북도 고창의 호암마을에서 만난 한 한센인으로부터 자신의 성을 사용해 달라는 부탁을 받고 성을 '강'으로 정했고, 신부로 봉직하다 죽은 오빠의 세례명 '카를라'를 이름으로 지었다. 한센병에 걸려 타인들의 시선이나 감염에 대한 우려, 편견으로 고통받는 사람들을 위해 환자를 가족처럼 여기며 가족조차 감내하지 못할 정성스런 간호를 펼쳤다. 그럼에도 리디아 수녀는 "한센인들은 나를 절망의 순간에서 견디게 해 주었고 존재만으로도 희망이 되어 주었다"면서 50년 넘게 우리나라에서 자신의 모든 것을 바치고 지금까지도 사랑을 베풀고 있다.

엠마 프라이싱거Emma Freisinger 여사는 우리나라의 한센인들을 위해 봉사하며 헌신한 또 다른 인물이다.[3] 오스트리아에서 출생하여 간호사로 일하던 중 1961년 한센병으로 고통받는 사람들을 위해 헌신하겠다는 마음으로 우리나라에 건너왔다. 1963년부터 경상북도 칠곡으로 옮겨 한센인 진료를 시작하였으며, 이곳에 피부과 병원의 필요성을 느끼

---

2 KBS 다큐공감 2016.12.24. '사랑해요, 존경해요 강칼라수녀' 편

3 호암봉사상 홈페이지 http://hoamprize.samsungfoundation.org/kor/award/part_view.asp?idx=86

고 고국인 오스트리아 가톨릭부인회, 독일 등에서 지원을 받아 1966년 가톨릭피부과병원을 설립하고 수많은 환자를 치료했다. 또한 외래 및 이동진료를 실시하여 새로운 한센병 환자들이 조기에 치료될 수 있도록 노력했다. 한센인의 상처를 맨손으로 치료하고 환자들이 지은 밥으로 함께 식사를 하는 등 자신의 몸을 돌보지 않는 헌신적인 희생을 실천하였다. 나아가 한센병의 예방을 위해 노력하였고, 한센병에 관한 인식을 올바르게 고치고자 적극적인 홍보사업을 하였으며, 후원회를 결성하여 성형 및 정형수술, 재정지원, 의수족 지원 등의 활동을 벌여왔다. 우리나라에서 새로운 한센병 환자가 거의 사라진 뒤에는 해외 빈곤국에 남아있는 한센병 환자들을 찾아 돕고 있으며, 아직 우리나라에 남아있는 한센인의 마을을 방문하며 그들의 정착과 자립을 돕는 등 헌신적인 삶을 실천하고 있다.

알로이시오 슈월츠Aloysius Scwartz 신부는 6·25 전쟁 이후 부모와 떨어져 굶주리고 지친 아이들, 길을 잃고 의지할 곳 없는 아이들, 병든 아이들의 아버지가 되어 그리스도의 사랑을 실천하였다.[4] 신부는 1957년에 부산에 와서 활동을 시작하였다. 1961년에는 우리나라를 위한 구호활동 기금을 모으기 위해 워싱턴에 원조기관인 한국자선회를 설립하였으며, 모아진 기금을 통해 빈민구호사업, 의료사업 및 교육사업을 활발히 전개했다. 1964년 마리아수녀회를 설립하였고, 1969년에는 부산시

---

4   소 알로이시오 지음, 박우택 옮김, 『가장 가난한 아이들의 신부님』, 책으로여는세상, 2009.

노숙인들을 보살피는 마리아수녀회 구호소를, 1969년에는 소년의 집을 설립하였다. 1981년에는 마리아수녀회가 운영하는 은평의 마을을 시작하여 서울에 있는 성인 남자 노숙인들을 돌보기 위해 1981년 그리스도수도회를 설립했다. 우리나라뿐만 아니라 필리핀, 멕시코의 6개 도시에 의료시설과 정규교육기관을 갖춘 6개의 소년의 집과 소녀의 집을 설립하여 많은 불우 어린이와 청소년을 돌보았다. 신부는 다른 사람을 위해 아낌없이 베풀었지만 자신은 구두 한 켤레를 수십 년 동안 고쳐 신고 양복 한두 벌로 평생을 살 정도로 검소하게 생활했다. 1990년엔 교황청으로부터 고위성직자의 칭호인 몬시뇰 칭호를 받기도 했다. 그러나 루게릭병으로 1992년 필리핀에서 임종하였다.

신부의 이런 헌신적인 사랑이 이어져 그가 설립한 마리아수녀회는 우리나라, 필리핀, 멕시코, 과테말라, 브라질 등에서 의료시설, 무료 기숙시설, 교육시설을 운영하며 이만 명이 넘는 어린이들이 정규교육을 받고 청소년들은 직업교육을 받아 사회에 나갈 수 있도록 하고 있다. 또한 노숙인 돌봄 등을 확대하며 사랑과 나눔이 이 세상 곳곳에 퍼지도록 하고 있다.

하이디 브라우크만Heide G. Brauckmann 수녀는 우리나라에서 봉사하기 위해 독일에서 건너왔다.[5] 우리나라 이름은 백혜득 수녀이다. 겨우 22살이던 1966년에 타국으로 건너와 처음에는 청계천에서 2년여 동안

---

[5]   카톨릭신문 https://www.catholictimes.org/article/article_view.php?aid=184332

굶주리고 가난한 아이들을 위한 야학교사 생활을 했고, 삼척에서 가난하고 아픈 사람들을 집집마다 찾아다니며 돌보았다. 결핵환자들을 돌보던 중 본인이 결핵에 감염되기도 하였다. 이후 직접 의사가 되어 적극적으로 소외된 사람들을 보살펴야겠다는 생각으로 가톨릭대학 의과대학을 졸업하여 내과의사가 되었고, 원주가톨릭의원을 열어 무료진료를 하며 아픈 사람들을 돌보았다. 1983년에는 함께 봉사할 수녀들의 필요성을 느껴 프란치스꼬 전교봉사 수녀회를 창설하고 노인 요양복지시설을 설립, 운영하며 가난하고 고독한 노인들을 보살폈으며, 이를 위해 사회복지사가 되었다. 병원의 호스피스 병동에는 말기의 의지할 곳 없는 노인들이 대부분이었고 이들의 임종을 지키는 것도 수녀의 몫이었다. 잠비아에 에이즈 확산과 기아문제가 심각하다는 소식을 듣고 1996년 한국인 수녀 다섯 분과 함께 건너가 진료소를 열고 병원을 지어 아픈 사람들을 돌보았고, 고아원, 유치원, 노인 시설도 만들었다. 식량을 자급자족할 수 있도록 농업을 훈련하는 학교와 아픈 사람들을 돌볼 수 있는 간호학교를 운영하며 구호기금을 모으고 있다. 지금 브라우크만 수녀는 잠비아에 있다. 우리에게 쏟았던 사랑, 굶주린 사람들을 돌보는 사랑, 아픈 사람들을 돌보는 사랑을 그곳에서 나누고 있는 것이다.

디디에 세스테벤스Didier t'Serstevens 신부는 6·25 전쟁 뒤 가난한 우리나라 사람들을 위해 봉사하려고 벨기에에서 건너왔다.[6] 우리나라 이

---

6 카톨릭신문 https://www.catholictimes.org/article/article_view.php?aid=305337

름은 지정환 신부이다. 1959년 전라북도 부안성당에서 농민들을 위한 간척사업을 이끌었다. 1964년부터는 전라북도 임실에서 산양을 사육하고 치즈공장을 세워 임실을 우리나라 치즈의 본고장으로 만들었으며, 이후 치즈와 관련된 모든 것을 농민들에게 넘기고 잘사는 농촌을 위해 헌신했다. 1981년 다발성신경경화증이라는 병이 찾아와 3년간 자국으로 건너가 치료를 받았지만 우리나라로 다시 돌아와서 1984년 중증장애인을 위한 '무지개가족'이라는 공동체를 만들었다. 무지개가족은 "병원은 아니지만 치료와 함께 회복기를 보낼 수 있는 곳, 공동체이지만 영원히 의탁하거나 버려지는 곳이 아닌 새로운 삶을 위한 기회를 주는 곳, 영원히 벗어날 수 없을 것 같은 장애 속에 갇혀 지내는 장애인이나 장애인 가족들에게 희망이 되는 곳"으로 만들어가며 함께 생활했다. 평생 우리나라를 위해 봉사한 공로를 인정받아 2016년 대한민국 국적을 취득하기도 한 지정환 신부는 2019년 4월 13일 선종하여 한국 땅에 묻혔다.

희생과 봉사하는 삶이라는
웰다잉의 조건

지금까지 이국의 몇몇 분들이 우리들을 위해 베푼 헌신적인 삶과 사랑을 소개했다. 이 글에 소개하진 못했지만 우리나라에서 가난, 빈곤, 질병을 극복하고 교육사업을 펼치기 위해 헌신한 수많은 외국인들이 있다. 이 사례들은 웰빙과 웰다잉을 위해서 우리에게 필요한 요소가 무엇인지에 대해 이야기해준다. 그것은 바로 인간의 본질

중 하나인 사회적 삶이다. 앞에서 예시한 모든 이들은 모두 자신을 아 낌없이 바쳐 사랑과 나눔을 실천하는 삶을 살았다. 비록 그 과정이 힘 들고 험난하였다 하더라도 이들이 타인과 함께하는 삶을 통해 죽음을 극복하고 행복의 길을 걸어왔음을 우리는 쉽게 짐작할 수 있다.

웰다잉을 소망한다면 자신에게 주어진 능력 안에서, 기쁜 마음으로, 사회에 작은 공헌을 하는 것을 통해 이루어질 수 있지 않을까? 작은 것 에 감사하는 마음으로 개인들의 작은 힘을 모아 서로를 돕는 삶을 살아 간다면 그것이 큰 힘으로 모아져 우리가 사는 세상이 더 밝고 아름답고 행복해 질 것이다.

3
92세에 시를 쓰기 시작한 시바타 도요 씨의 사례

창작활동을 통해 돌아보는 삶과 죽음

최근 우리나라는 65세 이상 인구가 14%를 넘어서면서 고령사회로 진입하였다. 지난 2000년 고령화 사회로 들어선 지 17년 만의 일이며 우리나라의 고령화 속도는 세계적으로 가장 빠른 편이다. 인구 고령화의 원인은 낮은 출산율과 평균수명의 연장에 있다. 오래 살기를 바라는 것은 인간의 소망이지만 고령에 따라 발생하기 쉬운 질병, 빈곤, 고독 등의 문제들을 어떻게 대처할지가 건강하고 행복한 노년을 보내는 관건이 되기도 한다. 사회적 복지제도의 보완은 국가적으로 해야 할 일이지만, 동시에 노년에 대한 인식의 변화와 수용은 우리 모두가 고민해야 할 과제이다.

누구나 나이가 들고 노년을 맞이해야 한다. 그러므로 노년의 삶을 어떻게 살아야 할지를 고민하는 '웰에이징'에 대한 관심과 인간의 유한성을 인식하고 후회 없는 삶을 살고 아름답게 죽음을 맞이하기 위한

'웰다잉'의 중요성이 강조된다. 나이 든다는 것은 자연스러운 현상이며 노년은 젊음을 상실하는 게 아니라 그동안 살아오면서 경험한 모든 삶의 지혜를 발휘하며 가치를 재발견하고 성숙해지는 단계이다. 또한 인간은 그 나이에 맞는 역할과 일을 해낼 때 보람을 느끼고 행복을 느끼게 된다.

에릭 에릭슨Erik H. Erickson은 인간의 발달단계를 8단계로 나눴는데 그중에서 노년기는 마지막 여덟 번째 단계로, 자아완성과 통합을 이루는 시기라고 했다. 그는 이 단계를 질서와 의미에 대한 자아의 축적된 확신이며 자신의 유일한 생애를 필연적으로 대체될 수 없는 것으로 받아들이는 태도라고 말한다.[1] 즉 자신의 경험과 가치를 존중하고 자기 자신만의 삶이 지닌 존엄성을 지키는 것이다. 그러나 자아 통합의 결여나 상실은 죽음에 대한 두려움으로 이어지게 되고 절망으로 빠질 수도 있다. 그러므로 노년 세대에 불안을 초래하는 소외와 고독, 상실감 등을 해결할 수 있는 대안을 모색해야 한다. 그 연령에 맞는 사회적 역할을 고민하고 세대 간에 소통하며 살아갈 수 있는 방법을 지혜롭게 찾아가야 하는 것이다. 그러므로 어떻게 늙어가고 어떻게 죽을 것인가를 고민하며 살아야 한다. 단지 오래 사는 삶이 아니라 '인간다운 삶'을 통하여 자연스럽고 아름다운 마무리를 추구해야 하는 것이다.

일본에서 태어난 시바타 도요 할머니는 노인이 겪을 수 있는 외로움과 질병과 고난들을 겪으면서도 자신의 처지를 원망하거나 실망하

---

1   에릭H.에릭슨 지음, 송제훈 옮김, 『유년기와 사회』. 연암서가, 2014

지 않고 긍정적으로 노년의 삶을 살았다. 나이 들었다고 안주하거나 포기하지 않았다. 92세부터 시를 쓰기 시작하여 99세에 시집을 내고, 100세에 두 번째 시집을 출간했다. 새로운 일을 시도하고 도전하며 즐겁게 삶을 살았다. 시바타 도요 할머니의 삶은 고령사회를 어떻게 살아야 하는지 그 방법을 고민하는 우리들에게 좋은 사례가 될 것이다. 또한 그가 쓴 시들은 긍정적인 삶과 열정적으로 도전하는 삶의 태도를 발현한 것으로 웰다잉의 좋은 사례가 된다. 100세에도 죽음을 두려워하거나 회피하는 것이 아니라 죽음을 수용하는 긍정적인 죽음 인식을 가지고, 사소한 것에도 감사하며, 후회 없이 즐겁게 살았기 때문이다. 올바른 죽음 인식은 삶을 긍정적으로 살아가게 하며, 죽음을 맞이할 때 두려워하지 않고 긍정적으로 수용한다. 그가 쓴 시에는 그의 삶의 태도와 죽음 인식이 드러나 있다. 그러므로 시바타 도요의 삶과 시를 통해 행복한 삶 아름다운 마무리 웰다잉에 대하여 살펴보고자 한다.

시바타 도요 씨의 삶

시바타 도요 씨는 1911년 일본 도치기 시에서 쌀집을 하는 유복한 집 외동딸로 태어났다. 하지만 천성이 게으른 아버지 탓에 가세가 기울었고, 부지런한 어머니가 대신 가사를 돌보면서 여관 일을 돕거나 부업으로 바느질을 해 생활을 꾸려나갔다. 그러다 지인의 소개로 스무 살에 맞선을 보고 결혼을 했다. 남편은 생활비도 가져다주지 않았고 애정도 느껴지지 않아서 무서운 마음만 들었고, 결국 반년 지나 이혼을 했다. 다시 부모님과 10여 년간 함께 살며 어머니가 해

왔던 것처럼 여관 일을 돕거나 바느질로 생계를 꾸려가게 된다.

그러다 서른세 살에 음식점 주방장인 사람을 만나 결혼하게 된다. 어릴 때 일찍 부모님이 돌아가셔서 친척 집을 전전하며 살았던 남편은 부모님과 친척들도 잘 챙겨주며 가족을 소중히 여겼다. 그 후 1945년에 아들을 낳았다. 이때가 인생의 가장 행복했던 시절이었다. 아들과 남편은 성격이 비슷해서 종종 갈등을 겪기도 했다. 인생의 중반인 사오십 대 시절에는 수많은 고난이 끊이지 않았다. 포기하고 싶었던 순간도 많았지만 바느질을 해가며 정직하게 열심히 살았다. 남편은 아들을 주방장으로 만들고 싶어 했지만 아들은 문학에 흥미를 갖고 문예잡지 등에 투고해서 입선했다. 함께 문학을 하는 착한 며느리도 보게 되었고 남편과도 행복하게 살았으나 남편이 어느 날 갑자기 쓰러져 치매를 앓다가 일찍 세상을 떠났다. 그 후 시바타 도요 씨는 100세가 되도록 혼자 살았다.

72세가 넘어서 무용 선생님의 기모노를 25년 동안 바느질해 온 인연으로 무용을 시작했다. 70대라면 아직 젊다고 생각했기에 열심히 즐겁게 배웠다. 그러다 아흔이 넘자 허리가 아파서 무용을 할 수 없게 되어 낙담했고, 아들이 글쓰기를 권했다. 그렇게 시작한 글쓰기의 하나로 시를 쓰게 되었는데, 그 시가 산케이 신문의 '아침의 시'에 입선하였다. 자신이 쓴 시를 사람들이 신문에서 읽고 감동하자 삶에 생기가 살아났고, 스스로도 그 감동을 잊지 못해 계속 시를 쓰게 되었다. 밤에 침대에 누워있거나 TV를 보고 있다가도 시가 생각나면 연필로 메모를 해두었다가 매주 토요일에 아들이 오면 보여주고 낭독하면서 몇 번이고 고쳐 써서 완성했다. 그렇게 해서 첫 시집 『약해지지 마』를 내게 되었다. 이 시집을 백수 기념으로 만들었는데 150만부이상 팔리며 베스트셀러가 되었다. 2011년 일본에서 대지진으로 수많은 사람들이 고통을 당했는데, 재해를 당한 사람들을 위로하는 시도 있어서 고난을 겪은 일본 국민들에게 많은 위로와 용기를 주었다. 많은 사람들이 시를 읽고 감동을 받았고, 엽서와 편지를 보내 격려도 해주었다. 그 뒤 시집은 일본에서뿐만 아니라 네덜란드, 대만, 우리나라에서도 번역되어 출판되었다.[2]

시바타 도요 씨의 시는 표현이 간결하고 누구나 이해하기 쉽다. 그러면서도 뭉클한 감동을 준다. 백 년 인생의 희로애락이 녹아든 삶의 진솔한 경험에서 우러나온 글들이기 때문이다. 아흔이 넘어서 시를 쓰기 시작하면서 깨달은 것이 있다. 아무리 괴로운 일, 슬픈 일이 있어도 부모님과 남편, 아들, 며느리, 친척, 지인, 인연이 있는 많은 분들의 애정 덕분에 자신이 존재한다는 사실이다.

긍정적인 생각으로
외로움을 극복하는 삶

노인의 3대 어려움 중 하나로 고독을 꼽는다. 혼자 노년을 지낸 그는 외롭고 힘든 순간들이 많았다. 한 세기 100년을 살았다. 혼자 사는 집에는 일주일에 도우미가 여섯 번, 예순네 살인 외아들이 한 번씩 와 주는데, 솔직히 도우미나 아들이 돌아갈 때는 외롭고 슬퍼진

---

2 시바타 도요 지음, 채숙향 옮김, 『약해지지마』, 도서출판 지식여행, 2010.

다고 한다. 특히 아들이 돌아갈 시간이 다가오면 우울해지면서 말이 없어진다. 그때마다 이를 악물고 스스로를 다잡으며 자신을 설득한다.

"약해지지 마, 힘내, 힘내."

아흔이 넘은 노인이 혼자 살면서 겪는 외로움과 고독을 시로 쓰면서 스스로를 다독거려 힘을 내었던 것이다. 그러나 자신을 위로하며 힘을 내게 한 "약해지지 마"라는 시는 그의 첫 시집 제목이 되었고 수많은 사람들에게 용기를 주는 말이 되었다.

노인들은 주위에서 돌봐주고 친절을 베풀며 도와주는 사람들의 수고를 당연하게 생각하기 쉽지만 그는 주변 사람들이나 자기에게 주어진 모든 것들에게 고마워했다. 심지어 뺨을 어루만지는 바람에게도 고마워했고, 집에 찾아와 주는 사람들과 주변의 관심, 한 통의 전화에도 고마워했다. 그들이 살아갈 힘을 선물한다고 느꼈다.

노년에는 가족이나 자녀들을 많이 의지하게 되고 그들에게 헌신을 요구하게 된다. 가족들이 아무리 잘 돌봐주고 찾아와 준다고 해도 노년에 겪는 외로움과 질병 등 많은 어려운 부분들이 있다. 그럼에도 그는 스스로 긍정적인 생각을 찾아서 하며 사람들의 작은 돌봄이나 친절에도 고마워했다. 외로워지면 문틈으로 들어오는 햇살에 위로를 받으며 어머니의 따스함을 생각하고 어머니에게 말하듯 "어머니 힘낼게요."라며 일어선다고 '외로워지면'이라는 시에서 표현하고 있다. 사실 인간은 누구나 외롭다. 사람이라서 겪을 수밖에 없는 존재론적인 외로움이 있다. 그러나 100세를 바라보는 노인이 혼자서 겪는 외로움에 비하면 젊은 우리들이 어찌 외롭다 말할 수 있을까? 그럼에도 100세의 노인은 그 외로움을 시로 표현하며 스스로 일어선다. 긍정의 마음을 가지고 스스로 격려하고 용기를 준다.

뺨을 어루만지는 바람

친구에게 걸려온 안부전화

집까지 찾아와 주는 사람들

제각각 모두 나에게 살아갈 힘을 선물하네

– 시 '살아갈 힘' 중에서

아무리 괴롭고 슬픈 일이 생겨도

언제까지 끙끙 앓고만 있으면 안 돼

힘차게 수도꼭지를 비틀어

단숨에 눈물을 쏟아버려

자, 새 찻잔에 커피를 마시자

– 시 '나에게' 중에서

관계를
소중히 여기는 삶

그가 쓴 시를 보면 관계를 소중히 여기는 삶의 태도를 알 수 있다. 사람들이 자신에게 친절을 베푼 것들을 잊지 않고 기분 좋게 마음속에 기억해 둔다. 마치 저금하듯이 마음에 간직해 두었다가 혼자 있는 시간이 쓸쓸할 때 그걸 꺼내 보며 기운을 차린다고 한다.

좋은 사람들과 좋은 추억들을 간직하는 것은 마치 재산을 가진 것과도 같다. 인간은 타인과의 관계가 좋아야 행복을 느낀다고 한다. 가족, 형제, 친척, 친구 등 관계의 소중함을 일깨워주는 시이다. 사람들과 좋은 추억들은 연금보다 유익해서 노년이 되어 혼자 있을 때 외롭지 않을 수 있는 방법이라는 것을 '저금'이라는 시는 보여준다. 먼저 하늘로 떠난 부모님과 남편을 그리워하기도 하고 남겨진 추억들을 보듬어 보기도 한다.

> 난 말이지, 사람들이 친절을 베풀면
> 마음에 저금을 해둬
> 쓸쓸할 때면 그걸 꺼내 기운을 차리지
> ― 시 '저금' 중에서

새로운 것에
도전하며 사는 삶

말기 환자의 고통을 덜어주고 편안한 죽음을 도와주는 일본의 호스피스 전문의 오츠 슈이치가 쓴 『죽을 때 후회하는 스물다섯 가지』라는 책을 보면 많은 사람들이 임종을 앞두고 그동안 살아온 삶을 돌아보며 후회한다고 말한다. 친절을 많이 베풀었더라면, 고맙다고 말했더라면, 진짜 하고 싶은 일을 했더라면, 꿈을 꾸고 그 꿈을 이루려고 노력했더라면 등의 후회들이 이어진다.

시바타 도요는 삶에서 새로운 것을 도전하고 열정적으로 실천했다.

그래서 70세가 넘은 나이에 고전무용을 시작했고, 허리가 아파 무용을 못하게 되자 92세부터는 시를 쓰기 시작했다. 그러면서도 사람들에게 못한다고 주눅 들지 말라고 조언을 한다. 자신도 열심히 살았지만 아흔 여섯 해 동안 하지 못한 일과 후회되는 일이 많았다고 고백한다. 그러나 있는 힘껏 노력은 했다며 일의 결과보다 일하는 과정에서의 의지가 더 중요하다고 위로한다. 일의 결과도 중요하지만 노력하는 과정이 더 중요하므로 낙심하지 말고 다시 일어나서 시도하라고 격려한다. 후회를 남기며 살지 말라고 시를 통해 후배들에게 말한다.

> 못한다고 주눅 들지 마
> 자, 일어서서 다시 해 보는 거야
> 후회를 남기지 않기 위해
> – 시 '너에게' 중에서

> 꿈은 평등하게 꿀 수 있는 거야
> 나도 괴로운 일 많았지만 살아있어 좋았어
> 너도 약해지지 마
> – 시 '약해지지 마' 중에서

죽음을 인식하고
수용하는 삶

노년의 가장 일반적인 특성이며 인간의 피할 수

없는 운명이 죽음이다. 점점 나이가 들고 힘이 없어지는데 죽음에 대한 생각이 자연스럽게 스멀스멀 드는 것이다. 시바타 도요도 죽음의 생각이 들 때가 있다. 그러나 죽음을 두려워하거나 부인하는 것이 아니라 바로 직면하며 명랑하게 대꾸한다. "조금만 더 여기 있을게 아직 못 다한 일이 남아 있거든." 그러면 죽음은 곤란한 표정으로 후르르 돌아간다고 재미있게 표현한다. 죽음을 긍정하고 바르게 인식한 결과에서 나오는 말이다. 100세의 고령임에도 아직 할일이 있다며 시를 쓰고 매일 아침마다 자신에게 용기를 주며 일어난다. 그러나 자신도 죽고 싶다고 생각한 적이 몇 번이나 있다고 '비밀'이라는 제목의 시에서 고백한다.

누구나 한번쯤은 삶을 포기하고 싶은 순간들이 있다. 그러나 그 순간을 다시 삶으로 바꿀 수 있게 하는 것은 새로운 것에 소망을 갖는 마음이다. 그 순간을 잘 넘기면 다시 기회가 온다. 삶의 소망이 생긴다. 삶의 활력이 생긴다. 그도 혼자 살면서 아프고, 외롭고, 살아갈 희망도 목적도 없는 것 같은 순간이 있었다. 그러나 시를 짓기 시작하면서 많은 이들의 격려를 받게 되었고, 이제는 우는 소리를 하지 않는다고 은밀히 말한다. 오히려 98세의 노인이라도 사랑을 할 수 있는 것이라며 꿈이 있다고 밝고 자신 있게 말한다.

첫 번째 시집을 내고 1년 후 두 번째 시집을 『100세』라는 제목으로 내놓게 되었다.[3] 그는 삶에서 터질 듯한 감정들을 시로 옮겨서 인생의 마지막을 꽃피울 수 있어서 기쁘다고 한다. '100세'라는 시에서도 부모

---

3 시바타 도요 지음, 채숙향 옮김, 『100세, 살아가는 힘』, 도서출판 지식여행, 2011.

도 남편도 친구도 모두 세상을 떠났지만 다음 세상에서 만날 수 있을 거라는 희망의 죽음을 이야기한다. 그리고 죽으면 그들을 웃는 얼굴로 만나고 싶다고 한다. 죽음 이후의 삶까지도 행복하게 소망으로 받아들이는 모습을 볼 수 있다. 그래서 100세의 결승선을 가슴 활짝 펴고 지날 것이라는, 죽음을 받아들인 자의 초연함을 보여준다. 이렇듯 죽음을 인식하고 수용하면 두려움 없이 도전하며 당당하게 살게 된다.

부모도 남편도 친구도

모두 세상을 떠났지

하지만 다음 세상에서 만날 수 있을 거야

나 웃는 얼굴로 만나고 싶어

그리고 여러 가지 이야기를 해주고 싶어

100세의 결승선을 가슴 활짝 펴고 지날거야

– 시 '100세' 중에서

시바타 도요는 100세의 고령의 삶을 살면서 그 나이에 알맞게 할 수 있는 일들에 도전하며 살았다. 평생 해보지 않았던 시 짓는 일을 92세가 넘어서 시작하는 것은 모험이며 도전이었을 것이다. 그렇게 새로운 도전은 그의 삶을 더 행복하게 바꾸어 놓았다. 시를 쓰면서 자신의 장례식 비용으로 모아 두었던 돈으로 시집을 출판했고, 감동을 받은 많은 사람들로부터 편지를 받고 더욱 용기를 갖게 되었다. 쉬운 말로 따뜻한 삶이 녹아든 그의 짧은 시들은 2011년 일본에서 대지진을 당한 수많은 사람들을 위로해 주었다. '재해민 여러분에게'라는 시에서는 대지진으로 고통과 불안 속에 있는 사람들에게 이제 곧 100세가 되는 나는 도움 줄 길이 없어서 미안하다며, 내가 천국에 갈 날이 가까우니 천국에 가서 햇살과 산들바람이 되어 여러분을 응원하겠다고, 힘내라고 말한다. 죽음을 수용했을 뿐만 아니라 하늘나라에 대한 소망으로까지 나아가서 죽음 이후의 삶도 확신하는 모습을 보여준다. 이렇듯 죽음 이후에 대한 확신은 희망으로까지 나아가게 한다. 죽음을 수용하는 모습은 이처럼 중요하다. 진정으로 삶을 살아낸 사람은 죽음도 기꺼이 수용한다. 그리고 죽음도 아름답게, 성스럽게 맞이할 수 있다. 탄생이 신비롭고 거룩하듯이 삶을 그렇게 경건하게 살아왔기에 죽음도 신비롭고 아름답게 맞이할 수 있는 것이다.

시바타 도요는 인생에 아픔과 슬픔과 고통이 많았지만 살아있어서 좋았다고 말한다. 삶의 소중함을 강조한다. 그러니까 어떤 어려움 속에서도 포기하지 말라고 100세의 인생을 산 인생 선배는 후배인 우리들에게 힘주어 말한다.

"인생이란 언제라도 지금부터야. 누구에게나 아침은 반드시 찾아온다."

4
한국의 슈바이처 故 이태석 신부

꽃처럼 아름다운 삶과 죽음

아프리카 오지에서 자신의 모든 것을 희생한 한국의 슈바이처 고 이태석 신부의 삶에 대해서는『친구가 되어 주실래요?』라는 책을 먼저 접했고 〈울지마 톤즈〉라는 다큐멘터리 영화를 보고 더욱 큰 울림으로 그분의 삶을 다시 들여다 볼 수 있었다. 동아리 학생들이 매월 지역의 독거노인 봉사를 하면서 봉사 관련 영상을 시청하는 시간에 〈울지마 톤즈〉를 보게 되었다. 지난해에도 시청하면서 학생들과 함께 눈물샘을 터트렸던 영상이지만 보고 또 봐도 감동적인 삶이었다. 학생들과 '나눔'이라는 지역 사회의 가정간호연구회를 운영하면서 간호 관련 영상이나 봉사 관련 영상을 시청하는 경우가 많았는데, 그때마다 빠지지 않고 포함되는 것이 고 이태석 신부에 관한 영상이다. 수많은 의료인뿐만 아니라 일반인들에게도 진정한 나눔의 삶을 실천한, 귀감이 될 만한 분이 아닌가 생각한다.

처음 이 영상을 보고 내 머릿속에 떠오른 것은 "사람이 꽃보다 아름다워"라는 노래 가사였다. 한 사람의 삶이 저렇게 아름다워 보일 수도 있구나 하는 것을 깨닫게 되었다. 두 번째 시청할 때에도 감동은 오히려 배가되어 가슴에 말할 수 없는 감동으로 차오름을 느꼈다. 같이 시청한 학생들 사이에서도 여기저기 훌쩍거리는 소리가 들리며 신부의 헌신과 봉사, 희망과 사랑의 실천에 대해 깊은 공감을 나타냈다.

이태석 신부가 세상을 떠나간 후에도 그의 삶은 종교를 넘어 많은 사람들에게 깊은 감명을 주고 있다. 본인에게는 험난한 도전의 삶이었겠지만, 삶을 마무리하는 시점에서는 가장 아름다운 마침표를 찍은 삶이 아니었나 하는 생각이 든다.

의료인이나 신부로서가 아닌 한 인간으로서 도전하고 헌신하는 삶이 세상에 얼마나 큰 변화를 줄 수 있는지를 살펴보는 것은 의미 있는 일이라 생각된다. 이런 삶을 산 고 이태석 신부가 바로 웰다잉에 부합하는 삶이라고 생각하여 그의 행적을 다시 조명해 보려고 한다.

사례 대상자
고 이태석 신부의 삶

10남매 중 아홉째로 태어난 고 이태석 신부는 초등학교 2학년 때 아버지를 잃고 홀어머니 밑에서 어려운 어린 시절을 보냈다. 홀어머니가 삯바느질을 하여 생계를 유지하는 가운데서도 열심히 공부하였고, 특히 수학에 뛰어난 재능을 보였다. 음악에도 재능을 보여 어린 시절 성당에서 독학으로 풍금을 익혔고 직접 작사, 작곡을 할 정도였다고 한다. 특히 초등학교 시절 성당에서 성 다미안 드 베스테르 신부의 일대기를 그린 영화를 보고 마음에 큰 울림을 느껴 그와 같은 삶을 살겠다고 결심하였다. 이후 중학교 3학년 때 작사, 작곡한 성가 '묵상'을 통해 자신의 삶을 그려냈고, 이 곡은 1998년 수원가톨릭대학교 중창단이 부르기도 했다.

경남고등학교를 졸업한 뒤 1981년에 인제대학교 의과대학에 입학하여 1987년에 학사학위를 받았다. 군에 입대해서는 군의관으로 복무하면서 신부가 되겠다는 꿈을 가지게 되었다. 제대한 뒤, 1991년에는 이탈리아의 성 요한 보스코 신부가 설립한 대표적인 자선 수도회인 살레시오 입회했다.

어머니의 신앙심 또한 대단하여 아들 둘을 신부로, 딸 하나를 수녀로 키웠다. 이태석 신부는 어머니께 가장 죄스럽고 미안한 부분이 의대시절 장학금 한번 못 받은 것이라고 하였다. 이 한마디만으로도 일찍 홀로 되어 열 명의 자식을 거두어야 했던 어머니의 고단한 삶을 그려볼 수 있다.

이태석 신부는 먼저 수도자가 된 형의 영향을 받아 신학대학에 가고 싶어 했지만 의사가 되라는 간절한 어머니의 바람에 따라 일단 의대에 진학했고 군의관으로 의사생활도 했다. 하지만 대학시절 의료 봉사로 아프리카 수단을 방문하면서 비참한 그들의 현실에 충격을 받고 사제의 길로 들어섰다. 남들이 선망하는 의사 가운을 벗어던지고 신학대학에 입학한 뒤, 사제 서품을 받자마자 주변의 만류를 뿌리치고 열악하고 위험한 아프리카의 수단으로 향했다. 그리고 거기서 8년이라는 긴 시간을 톤즈 사람들을 위해 봉사하고 헌신하였다.

의사이자
신부로서의 삶

고 이태석 신부는 2001년에 사제서품을 받음과 동시에 아프리카 케냐로 건너갔다. 그리고 얼마 안 돼 20년 동안이나 계속된 내전으로 위험하고 황폐한 지역으로 알려진 수단(지금의 남수단 지역)으로 건너가 의료 활동을 시작했다. 안정된 직장과 편안한 삶을 버리고 먼 이국 땅 수단으로 떠나 그곳에서 고통받는 이웃들과 함께하며 자신의 모든 것을 쏟아부은 것이다. 지구 반대편 남부 수단의 척박한 땅에 도착해서 눈으로 목격한 광경은 식량도 부족하고 전기도 없는 데다 섭씨 55도의 살인적인 더위 속에서 물이 없어 흙탕물을 마시는 아이들의 모습이었다.

수단은 종족분쟁으로 인해 남과 북이 나뉘어 오랜 기간 내전을 겪고 있었으며, 연중 섭씨 50도에 육박하는 무더위와 함께 결핵, 말라리아, 장티푸스 같은 전염병이 창궐하는 나라였다. 특히 신부가 머문 톤즈 마을은 각종 질병에 노출된 환자와 총상 환자, 칼에 찔린 환자와 함께 천형이라 불리는 한센병(나병) 환자가 600명에 이르는 지역이었다. 이런 환자들을 하루에 200여 명씩 진료하는 것도 모자라 오지마을을 찾아다니며 이동식 진료까지 하였으니 그 생활이 얼마나 고단했을지 짐작이 된다.

신부는 톤즈에 병실 12개짜리 병원을 짓고 하루에 이삼백 명의 주민을 진료했다. 한센병을 비롯한 전염병으로 고통받는 주민들을 보살폈으며, 학교와 기숙사를 세워 가난한 어린이들이 자립하도록 도왔다. 음악으로 아이들 마음속에 남아 있는 전쟁의 상처를 치유하려 노력했다. 2008년 8월에는 사우스 캘리포니아 주성령 쇄신대회에 강사로 초청받아 한인들에게 사랑의 메시지를 전하기도 했다. 그의 아낌없는 희생정신은 가톨릭 신자들로 하여금 '미주 아프리카 희망후원회'를 결성하게 하였고 이를 통해 수단의 어린이들을 활발히 지원할 수 있었다. 이태석 신부는 가난과 질병이 만연한 땅에서 그들에게 희망을 줄 수 있는 것이 종교보다는 교육이라 판단했다. 그래서 손수 팔을 걷어붙여 포크레인으로 땅을 파며 주민과 함께 벽돌을 찍어 학교를 만들었고, 척박한 땅에 희망과 사랑과 꿈을 심어주려 노력했다.

하지만 그곳은 가난과 내전으로 인해 한 치의 희망도 발붙이기 힘든 곳이었다. 톤즈의 많은 사람들이 병마에 시달리며 하염없이 죽음을 기다리는 상황이었다. 그들에겐 사제보다 의사가 더 필요했고, 신부는 기꺼이 그들의 의사가 되어 주었다. 신부님을 만나면 아픈 몸이 나을 수 있고 살 수 있다는 소문이 퍼지면서 사람들은 며칠씩 걸어 병원에 찾아왔다.

하루 300명은 잠시의 휴식도, 식사도, 잠도 없이 진료해야 가능한 숫자다. 하지만 이태석 신부는 단 한 번도 그들을 그냥 돌려보내지 않았고 새벽에 찾아온 환자도 그의 방문을 두 번 이상 두드리는 일이 없었다. 그렇게 그는 아프리카 땅에서 기적과 같은 일들을 행하고 있었다.

발자취를
남기는 삶

고 이태석 신부는 아프리카 톤즈의 일상을 집필한 에세이집 『아프리카의 햇살은 아직도 슬프다』(2009)라는 책을 냈으며, 2006년 제7회 인제인성대상 특별상, 2007년 제23회 보령 의료봉사상, 2009년 제2회 한미 자랑스런 의사상, 2010년 제1회 KBS 감동대상을 받았다. 아프리카 수단의 톤즈로 파견을 자청하여 교육과 의료봉사에 헌신하면서 그는 "한국의 슈바이처"로 불렸다. 톤즈에 병원을 세워 주민들을 진료하고, 학교와 기숙사를 세워 가난한 어린이들이 자립하도록 도왔다. 음악으로 아이들 마음속에 남아 있는 전쟁의 상처를 치유하려는 노력도 기울였다.

2008년 11월 홀어머니를 뵈려고 휴가차 한국에 왔다가 갑작스레 대장암 말기 판정을 받았다. 하지만 누구에게도 원망이나 불평 한마디 하지 않고 "톤즈에서 우물 파다가 왔어요… 마저 다 파러 다시 가야하는데…"라고 말해 보는 이들의 가슴을 아프게 했다. 대장암 4기 판정 이후 1년간 투병생활을 이어갔지만 끝내 수단으로 돌아가지 못하고 눈을 감고 말았다. 이태석 신부의 장례미사는 2010년 1월 16일 살레시오 관구관에서 천오백 명의 조문객이 참석한 가운데 거행되었다.

톤즈는 신부님의 죽음을 믿지 못했다. 어느 날 찾아와 병든 이를 고치고, 죽어가는 아이들을 살렸던 의사! 톤즈 사람들은 오늘보다는 더 좋은 미래를 꿈꿀 수 있게 해준 선생님, 소년병의 손에서 총을 빼앗아 아름다운 음악으로 만든 사제를 보낼 준비가 되어있지 않았다. 우는 것을 수치로 여기는 톤즈 사람들도 신부님과의 이별 앞에선 하염없이 눈물을 쏟으며 할일 많은 그분 대신 나를 데려가 달라고 울먹였다. 이태석 신부는 그렇게 그들의 가슴에 기적을 행한 분으로 기억되었다.

고 이태석 신부는 우리나라에서는 다큐멘터리 영화 〈울지마 톤즈〉를 통해 국민들에게 널리 알려졌다. 2011년 행정안전부에서 정부포상 국민추천제를 시행하였는데, 이 제도를 통한 첫 번째 국민훈장 무궁화장(1등급) 수상자로 선정되었다.

2011년 12월 15일, 바티칸 교황청 내 비오 10세 홀에서 이태석 신부의 일대기를 그린 〈울지마 톤즈〉가 공식 상영되기도 하였다. 〈울지마 톤즈〉를 연출한 제작팀이 톤즈를 방문했을 때 그곳은 여전히 열악한 환경이었다. 이태석 신부가 도왔던 현지인들은 하느님을 원망하면서 "우리가 서로 싸우고 죽게 하고 왜 신부님을 데려가느냐"며 "그분만큼 우릴 돕던 분이 없어요."라고 울부짖었다. 이태석 신부가 사비를 털어 운영하던 병원은 이태석 신부와 함께 병원 일을 돕던 다른 한국인 신부가 남아서 운영하고 있는데, 그는 "정말 이태석 신부님이 하던 일을 도저히 못 따르겠다."라고 말했다.

이태석 신부의 사망 소식이 알려지자 톤즈를 비롯한 현지 주민들은 신부님을 애도하는 가두행진을 벌였다. 워낙 시국이 불안한 곳이라 시위나 행진 같은 집단행동을 엄격히 금하고 있었음에도 군인이나 민병대원 누구도 군중을 제지하지 않았다. 당연하지만 그들 모두 이태석 신부님의 도움을 받았기 때문이다.

이태석 신부의 사례가
의미하는 것

웰다잉의 사례로 고 이태석 신부의 삶을 살펴보았다. 수많은 행적과 업적을 통해 신부가 살아온 자취를 더듬으면서 우리 사회에 이러한 훌륭한 분이 계셨다는 것이 자랑스럽고, 모든 사람들에게 감동을 줄 수 있는 삶이 아니었나 하는 생각이 든다. 고 이태석 신부의 삶을 통해 바라본 웰다잉 시사점은 이렇게 정리해 볼 수 있다.

첫째, 이태석 신부는 누군가에게 도움이 되는 것을 삶의 가치로 여겼다. 신부이기 전에 의사였던 이태석 신부는 신부로서 헌신하고 의사로서 봉사하는 삶을 함께 살았다. 그리고 의사로서, 신부로서 할 수 있는 소임을 다하려 노력했다. 그래서 어려운 곳, 힘든 곳, 아픔이 있는 곳이 자신이 머물 곳이라고 여기고 의사로서 신부로서 혼신의 힘을 다해 사랑과 희생의 삶을 살았다.

가톨릭 신자뿐만 아니라 무슬림, 토속신앙인, 개신교 신자까지 가리지 않고 돌봄의 손길이 필요한 곳이라면 어디든 자신의 힘이 닿기를 소망하였다. 수단의 톤즈에서도 그는 성당을 짓기 전에 병원과 학교를 먼저 세워야 한다고 강조했다. 고 이태석 신부는 전쟁 중의 불안정하고 열악한 환경에서 톤즈의 많은 것을 변화시켰으며 그곳 사람들의 마음을 움직였다. 이태석 신부의 업적은 톤즈 사람뿐만 아니라 지구촌 모든 사람들의 가슴에 지워지지 않을 커다란 감동으로 기억될 것이다.

2010년 이태석 신부가 세상을 떠난 뒤 지금까지도 많은 사람들이 아쉬워하는 것은 그의 사회적 신분(신부이면서 의사였던)을 떠나 고귀한 사랑과 희망을 전파하기 위해 전적으로 자신을 버린 삶 때문일 것이다. 그는 우리나라에서 의사로서의 삶을 포기하고 신부로서 헌신적 삶을 택했으며, 어렵고 힘든 생존을 이어가던 아프리카 수단의 톤즈로 가 자신의 모든 것을 쏟아부었다. 삶의 철학 그대로 의미 있고 가치 있는 일에 모든 것을 바치며 헌신과 희생, 희망과 사랑을 실천했던 것이다.

둘째, 이태석 신부는 약하고 절망한 사람들에게 우리도 할 수 있다는 힘과 용기와 희망을 주는 삶을 살았다. 톤즈 주민들에겐 백신도 보급물자도 부족했지만, 가장 부족한 것은 오늘보다 내일이 더 나을 거라는 희망이었다. 희망을 위해 성당과 학교 중 어떤 것을 먼저 지을까를 선택해야 할 때, 그는 신이라면 망설임 없이 그렇게 했을 거라며 학교 세우는 일을 먼저 추진했다. 그들에게 고기 잡는 방법이 필요할 때 그는 기꺼이 교사가 되어 주었다. 그는 단호하게 소년병들의 손에서 총을 뺏는 무서운 선생님이었고, 대신 악기와 펜을 손에 쥐어주는 다정한 선생님이었다. 그렇게 신부는 세상을 변화시키는 작은 기적을 행했다.

그가 수단에 만든 초·중·고등학교는 인근 지역의 학생들이 앞 다투어 들어가고 싶어 하는 명문학교가 되었고, 병원은 먼 지역에서 며칠씩 걸어온 환자들로 행렬을 이루었다. 신부는 한센병 환자들만 치료한 게 아니었다. 학생들에게 수학과 음악을 가르쳤고, 나환자들의 뭉그러진 발에 손수 세상에 단 하나뿐인 그들만의 신발을 지어주며 자신이 가진 아주 작은 재능까지 톤즈 사람들에게 바쳤다. 신부는 그곳 사람들에게 아버지와 같은 존재가 되었다. 신발도 없고 악기라곤 다뤄본 적이 없는 톤즈 아이들과 35인조 브라스밴드를 결성하여 평생 입어보지 못한 단복을 입히고 구두도 신겨주었다. 이 브라스밴드가 유명해져 남수단의 국빈 행사장에 자주 초청되었고 수단 대통령의 격려를 받는 등 화제가 되었으니, 이 또한 톤즈 땅에서 일어난 작은 기적이라 할 수 있다.

그는 남부 수단의 톤즈에서 의사, 교사, 신부의 역할을 도맡으며 딩카족의 희망이 되었다. 의사, 신부, 교사, 음악가, 건축가가 그의 직업이자 역할이었다. 특히 희망과 기쁨을 잃어버린 사람들에게 힘과 용기를 주기 위해 여러 악기들을 직접 배워서 가르치기도 했다.

2016년 8월 KBS 뉴스가 이태석 신부가 지은 학교의 제자들 근황을 보도했다. 현재 그들은 한국에 와서 의학을 배우고 있으며 그중 한 명인 토마스 타반 아콧 씨가 2018년 1월 15일 인제대학교 의과대학을 졸업했다는 소식이었다. 그들에게 희망의 씨앗을 뿌린 결실 중 하나가 맺어진 것이다.

셋째, 이태석 신부는 삶의 마지막 순간까지 자신이 할 수 있는 일을 다하였고 모든 이들이 기억하고 따를 수 있는 삶을 살았다.

"너희가 내 형제들인 이 가장 작은 이들 가운데 한 사람에게 해 준 것이 바로 나에게 해 준 것"이라는 성경 구절을 좌우명처럼 여기며 봉사의 삶을 이어가던 신부는 2년마다 한 번씩 휴가차 들르는 한국에서 건강검진을 받던 중 대장암 4기 판정을 받았다. 하지만 말기 암 선고를 받고도 수단으로 돌아가겠다는 의지를 강하게 드러내는 바람에 주변사람들이 만류하느라 애써야 했다. 담당 의사에 따르면, 말기암 선고를 받자마자 "톤즈에서 우물 파다 왔어요. 마저 다 해야 하는데…"라며 안타까워 했다고 한다. 본인이 암 판정을 받아서가 아니라 앞으로 봉사활동을 계속하지 못할 것을 걱정했던 것 같다고 의사는 말한다. 판정 직후 인터뷰를 할 때도 병을 숨긴 채 미소 띤 얼굴로 담담하게 봉사활동과 지원을 호소하는 모습을 보였다. 그 뒤 투병 중에도 몇 번이나 톤즈로 돌아가려 해서 그때마다 주변 사람들이 말려야 했다.

신부는 대장암 판정을 받고 1년간의 투병생활을 이어갔다. 투병 중에도 병원이 아닌 서울의 한 공동체에서 머물며 젊은이들을 위한 곡을 작곡하는 등 삶에 대한 의지를 나타냈다. 아무리 어려운 상황에서도 유머를 잃지 않던 그의 모습은 어려움을 겪는 많은 이들에게 큰 용기를 주었다. 이렇게 모두가 기적처럼 건강이 회복되기를 기도했지만 이태석 신부는 2010년 1월 14일 결국 하늘나라로 떠나고 말았다.

세계에서 가장 가난한 사람들이 사는 아프리카 남수단에서 헌신적인 삶을 살다가 암으로 2010년 선종한 고 이태석 신부의 삶을 다룬 글이 남수단의 정식 교과서에 실린다고 한다. 남수단의 뎅뎅 호치 야이 교육부 장관은 "현재 존 리(이태석 신부)의 감동적인 삶과 업적을 다룬 내용을 집필 중"이라며, "우리 학생들은 그의 헌신과 희생을 배우고 익히게 될 것"이라고 말했다.

"Everything is good(모든 것이 좋다)." 하늘나라로 떠나면서 이태석 신부가 남긴 마지막 유언이다. 그의 유언처럼 수단에선 그의 뜻을 따른 봉사의 손길이 이어지고 있다. 이렇게 신부는 떠났지만 그가 나눈 사랑과 헌신의 참된 의미는 결코 잊히지 않고 이어질 것이다.

건강한 죽음이란 비단 세상을 떠나는 사람들에게만 해당되는 게 아니다. 남겨진 사람들이 떠난 사람을 잘 추억할 수 있도록 하는 것도 건강한 죽음의 한 부분일 것이다. 따라서 남겨질 사람들이 평온하게 죽음을 받아들일 수 있도록 돕는 일도 필요하다. 가족과 지인들이 서로의 아픔을 공유하고 공감하는 것도 건강한 죽음을 위한 조건이다.

세상을 떠나기 전까지 봉사의 삶을 살았던 고 이태석 신부의 죽음을 기억하며 한 사람의 삶이 아름다운 꽃이 될 수 있음을, 꽃처럼 아름다운 삶을 통해 사람들에게 큰 감동과 희망을 줄 수 있었음을 깨닫게 된다. 누군가의 삶이 꽃처럼 아름답다면 죽음 또한 꽃처럼 아름다울 수 있을 것이다. 이태석 신부는 그의 삶뿐만 아니라 죽음을 통해서도 우리 가슴에 숭고함의 감정을 전해준 인물로, 아름다운 삶과 아름다운 죽음의 귀감이 될 만한 인물로 기억될 것이다.

5
신념, 기부, 봉사로 이끌어낸 아름다운 죽음

가치 있는 삶과 죽음

죽음을 맞는 일은 누구에게든 두려우며 피하고 싶은 일이다. 수많은 사람들이 자신에게 다가오는 죽음을 벗어나거나 뒤로 미루기 위해 노력을 한다. 그러나 어떤 이들은 담담하게 죽음을 맞이하며 죽음에 이르기까지의 과정을 인생의 숭고한 가치를 실현하는 계기로 삼기도 한다. 세상엔 죽음의 고통과 두려움을 넘어 자신의 죽음을 사랑으로 승화시키는 사람들도 있다. 사회에 대한 봉사와 희생, 신념, 신앙, 가족애 또는 이웃에 대한 사랑으로 자신의 죽음을 아름다운 이름으로 남기는 이들이다.

이 글에서는 각계각층에서 다양한 동기로 "고귀하다" 또는 "아름답다" 말할 수 있는 죽음을 이뤄낸 여섯 사례들을 정리하여 기록하려 한다. 이를 통해 우리는 표현 자체가 모순일 수도 있는, "아름다운 죽음"이 어떻게 실천 가능한지를 실험적으로 살펴볼 수 있을 것이다.

기부

　　　　　　죽음은 생전의 모든 것을 상실하는 순간이다. 죽음
이 싫고 두려운 이유는 살아오면서 쌓아온 모든 것을 상실하기 때문이
다. 그러나 죽음으로 인한 상실의 두려움을 나눔의 기쁨으로 바꾼 자매
가 있다.

　성이 다른 두 자매가 죽음을 앞두고 세상에 자신의 선행을 남겼다.
김밥 할머니로 세상에 널리 알려진 이복순 여사와 그의 동생 성옥심 여
사이다. 성이 다른 이 자매는 대전 중앙시장에서 포목점을 하던 인연으
로 만나 친해졌고 이복순 여사가 20세 정도 나이가 많아서 의자매를 맺
고 언니 동생 사이로 지냈다고 한다.

　이복순 여사는 평생 김밥을 팔고 여관을 경영하면서 근검절약하여
모은 돈 1억 원과 50억 원 가량의 부동산을 1990년에 충남대에 기탁했
다. 성옥심 여사는 "언니는 포목점뿐 아니라 식당, 여관을 해 몸이 열 개
라도 부족할 만큼 바빴다"고 회고했다. 충남대는 이 기부금을 기반으로
1991년 1월 정심화장학회를 만들었다. 이복순 여사가 1992년 8월 7일
에 79세로 사망하자 충남대학교는 매년 추모 행사를 열며 이복순 여사
를 기억하고 숭고한 기부 정신을 알리는 행사를 지속하고 있다.

　충남대학교에는 정심화국제문화회관이라는 독특한 이름이 붙은 대
회의장 건물이 있다. 정심화正心華는 이복순 할머니의 법명法名이다. 충
남대학교는 할머니의 정신을 기려 국제문화회관의 명칭을 '정심화국제
문화회관'으로 부른다. 2006년 2월 충남대학교는 '정심화'라는 이름을
빼려고 했다가 지역 사회는 물론 졸업생과 재학생들로부터 심한 질타

를 받았다. 학생들은 대학의 처사에 부끄럽다며 이에 반대하는 촛불시위까지 했다.

충남대학교는 매년 이복순 여사가 돌아가신 8월 7일에 정심화국제문화회관 로비에서 총장과 주요 대학 보직자들, 유가족 및 정심화장학회 장학생 등이 참석한 가운데 추모식을 거행하고 있다. 또한 대전시 동구 추동에 있는 이복순 여사의 묘소에서도 추모식을 거행한다.

충남대는 이복순 여사의 뜻을 이어 5억 원의 장학기금을 추가로 마련하여 '재단법인 충남대학교 정심화장학회'를 운영하고 있으며, 1992년부터 2018년까지 402명의 학생에게 6억 6천여만 원의 장학금을 지급하고 있다.

"김밥 할머니"로 알려진 이복순 여사의 재산 기부는 당시 사회적으로 커다란 반향을 일으켰다. 이 기부 사건은 평생 동안 새벽부터 밤까지 이어지는 고된 노동을 마다하지 않고 돈을 벌면서 자신을 위해서는 천원도 아껴 쓰는 검소한 생활을 하고, 억척스럽게 모은 돈으로 더 어려운 사람들을 위해 기부하는 기부 문화의 효시가 되었다. 이 여사는 국민훈장 동백장을 수상했으며, 2010년 초등학교 4학년 1학기 국어 교과서에 관련 내용의 글이 실리기도 했다.

2015년 12월에 이복순 여사의 의동생 성옥심 여사는 자신이 사는 아파트를 충남대에 기부했다. 이로써 언니에게 마음속으로 한 약속을 지켰다. 이때 기부 사실은 외부에 감추었다. 2017년에 성옥심(89) 여사는 이복순 여사의 25주기 추모식에 참석하여, 추가로 현금 1억 원을 대학교에 기부했다. 성옥심 여사는 "언니에게 했던 약속을 이제야 지켰네요."라고 말하며 눈물을 흘렸다. 성옥심 여사는 1990년에 현금과 부동산을 모아 50억 원대의 재산을 충남대에 기부하는 이복순 여사를 보면서 마음속으로 "언젠가 나도 복순 언니처럼 좋은 일에 기부해야겠다."고 다짐했다고 한다. 누구도 그 마음속의 약속을 알지 못했다. 그는 "언니와 함께 있지는 않지만 언니가 자랑하고 싶은 떳떳한 동생이 될 수 있을 것 같아요."라고 말하며 웃었다.

행복은 무엇보다 자기존중감에서 온다고 한다. 이 두 자매는 누가 뭐라고 하든 억척스럽게 자신의 인생을 살았고 평생 고생하면서 모은 돈을 어려운 학생들을 위해 선뜻 내놓았다. 그들은 떠들썩한 행사를 거부했다고 한다. 하지만 스스로 마음속으로 기부를 결정하면서부터 자기 자신에게 더없는 뿌듯함을 느꼈을 것이다.

어느 사회에서나 기부는 고귀한 정신이며 가치이다. 사람들은 기부자의 정신을 높이 사고 교훈으로 삼는다. 그런 의미에서 아직 우리나라에 기부문화가 확산되지 않았던 1990년 무렵에 어려운 삶을 살며 모은 돈으로 거액을 기부한 이복순 할머니는 많은 이들에게 기부의 가치를 깨닫게 해주었다. 그리고 사람들은 수많은 기부자 중에서도 평생 힘든 일을 하며 근면하게 모은 재산을 기부한 사람을 더욱 주목한다.

이복순 여사와 성옥심 여사처럼 우리에게 알려진 기부는 빙산의 일각일 뿐이다. 우리 사회는 이복순 여사와 같은 기부자들이 많다. '김밥 할머니' 같은 기부 신화는 대부분 우리가 모르게 계속 진행되어 왔다.

사람들은 남을 돕는 사람들이 자신이 경제적으로 풍요롭고 여유롭기 때문에 그럴 수 있다고 생각한다. 또한 자신은 아직 남을 도울 수 있는 처지가 아니라고 여긴다. 그러나 누구보다 어려운 환경에서 일하고 살아가는 노인들의 기부는 우리 사회에서 흔한 일이 되었다. 내가 남을 도울 수 있을 만큼 풍요로워지길 기다린다면 평생 진정한 기부는 못해 보고 세상을 떠나게 될 것이다. 그러나 자신은 가난하게 살았지만 마음은 풍요로운 죽음을 맞이하여 우리의 삶을 무색하게 하는 많은 노인 기부자들을 우리는 흔히 볼 수 있다.

'아름다운재단'이 조사한 김밥 할머니들의 '전설'은 우리 사회에 기부 정신과 아름다운 죽음을 준비하는 인생 태도에 관하여 중요한 가르침을 준다. 아름다운재단에서 만드는 나눔 월간지 『콩반쪽』(5월호)이 1970년부터 2005년까지 35년간 언론이 보도한 또 다른 '김밥 할머니'들의 기부금 액수를 대략 조사한 결과는 대단히 놀랍다. 전국의 복지단체에 평생 김밥 장사 등 고생해서 번 거액을 쾌척한 이들이 많이 드러났다. 기부 건수는 총 95건에 총액은 1,149억 5천 6백만 원이나 되었다. 이 액수는 신문에 보도된 기부액만 모은 것이어서 실제 기부금 총액은 가늠할 수 없다고 한다. [출처: 동아일보 2007. 2. 7]

이뿐만이 아니다. 우리 민족의 지난한 현대사 속에서 고통받고 유린당했던 수많은 할머니, 할아버지들이 자신의 수치와 고통의 대가를 기부로 승화시킨 사례도 있다. 일본군 위안부로 평생을 고통으로 살아온 위안부 피해 할머니들이 생활하는 공동체인 경기 광주시 '나눔의 집'에서 거주하던 김군자 할머니는 이곳에 지을 위안부 피해자 전문 요양시설 건립 비용으로 2000년 3월에 1천만 원을 기탁했다. 그리고 같은 해 7월에는 6년간 모은 생활비 5천만 원을 아름다운재단에 고아들을 위한 장학금으로 기부했다. 아름다운재단은 김 할머니가 기부한 5천만 원으로 '김군자 할머니 기금'을 조성하고 이에 공감하는 이들의 성금을 더하여 대학생들에게 등록금으로 나누어주고 있다.

역시 위안부 피해 할머니인 황금자 할머니는 정부에서 지급하는 일본군 위안부 생활안정지원금(월 74만 원)과 기초생활수급자 생계비(월 36만 원)를 아껴 모은 4천만 원을 재단법인 강서구장학회에 기증했다. 간도에서 있었던 흉악망측한 기억 때문에 잘 때마다 환청과 망상에 시달리던 황 할머니는 "돈 없어서 공부 못 하는 학생들을 돕겠다"며 죽음을 앞두고 아낌없는 나눔으로 평생의 고통을 반감시켰다.

위안부 피해 할머니들뿐만 아니라, 항일독립운동가 박구진 선생의 아들 박원재(55) 씨는 11년 동안 받은 보훈연금을 모아서 어렵게 살아가는 독립유공자 후손들을 돕는 데 써 달라며 2005년 8월에 1억 원을 동아꿈나무재단에 기탁했다. 박 씨는 독립운동유공자 유족으로 인정받기 위해 근거 자료를 찾다가 1994년에 동아일보의 도움으로 관련 자료를 찾았다. 그는 "포상 받던 날 돈을 모아 어려운 애국지사 후손들을 돕겠다고 다짐했는데 11년 만에 약속을 지켰다."며 웃었다.

이처럼 우리는 죽음을 앞두고 평생 고생하여 모은 돈으로 자신의 고통과 희생을 넘어선 선행을 베풀거나, 일생의 불행한 고통을 나눔으로 승화한 사례를 도처에서 찾아볼 수 있다. 이밖에도 이름을 밝히지 않은 익명의 할머니 할아버지들이 많다. 이들의 공통점은 생애를 마무리하고 죽음을 준비하면서 나보다 불행한 사람을 위해, 자신이 평생 고생한 결과를 더 어려운 이들에게 '상실의 고통'을 '나눔의 기쁨'으로 만든 것이다.

신앙

경기도 용인시에는 한국기독교 순교자 기념관이 있다. 이 기념관은 한국 교회를 위해 순교한 분들을 기리기 위해 설립했다. 1884년, 한국에 기독교가 전해진 이래 기독교 신앙을 지키기 위해 생명을 바친 순교자는 주기철 목사 등 2,660여 명에 달하는데, 이 중 600여 명의 순교자 이름이 순교자기념관에 헌정되어 있다.

주기철 목사는 신사참배에 반대하여 죽음으로 항거한 한국 기독교의 대표적인 순교 목사이다. 일제는 1925년에 조선 신사의 총본산인 조선신궁朝鮮神宮을 서울의 남산에 세우고 전국 각처에 신사神社를 건립했다. 1935년부터 일제는 전쟁 수행을 위해 일왕의 명령으로 '국민정신 총동원'을 지시하고, 그 일환으로 모든 조선인에게 신사참배를 강요하였다.

천주교회는 1936년 5월에 신사참배를 수용하였다. 한국의 기독교회는 이에 강력하게 반대하였고, 1938년엔 일제의 신사참배 강요를 거부한 숭실학교가 자진 폐교했다. 그러나 탄압이 심해지면서 1938년 9월에 신사참배는 종교의식이 아니라 국민의례라는 명분을 내세우며 일제의 요구를 받아들이기 시작했다. 장로교회는 1938년 9월 평양 서문밖 교회에서 개최한 제27차 대한예수교 장로회 총회에서 신사참배를 가결하였다. 감리교회도 1938년 9월에 받아들였다. 이런 상황에서 주기철 목사는 일제의 신사참배 강요는 기독교 교리에 위배된다고 주장하면서 공개적으로 이에 반대했다.

그는 투철한 신앙으로 오산학교에 입학하여 30세에 목사 안수를 받고 시골교회에 부임하였다가 평양 산정현 교회로 옮겨 49세까지 시무 (목사가 교회를 담임하여 사역하는 일)하였다. 1938년 장로교가 제27차 총회 평양노회에서 신사참배를 가결할 당시, 주기철 목사는 "평양아, 평양아, 하나님의 신이 네게서 떠나는도다."라고 통곡했다. 일제 강점기 당시 수많은 목사들이 신사참배를 받아들이고 행한 가운데도 끝까지 신앙을 지켰던 주기철 목사는 일본의 신사참배 강요가 갈수록 심해지자 다음과 같이 주일 설교를 했다.

> 주님을 위하여 오는 고난을 내가 이제 피하였다가 이 다음 내가 무슨 낯으로 주님을 대하오리까. 주님을 위하여 이제 당하는 감옥 고통을 내가 피하였다가 이 다음 주님이 너는 내 이름과 평안과 즐거움을 다 받아 누리고 고난의 잔을 어찌하고 왔느냐고 물으시면 나는 무슨 말로 대답하랴. 주님을 위하여 오는 십자가를 내가 이제 피하였다가 이 다음 주님이 너는 내가 준 유일한 유산인 고난의 십자가를 어찌하고 왔느냐고 물으시면, 나는 무슨 말로 대답하랴. 예수님은 우리를 위하여 가시관을 쓰셨는데 그의 종이요 제자인 우리는 왜 면류관만 쓰려고 하는가? **[일사각오의 시]**

그는 신사참배를 반대한 죄목으로 감옥에 갇혔다. 1년 6개월 감옥생활을 한 뒤 석방되자 그는 곧바로 산정현 교회 신자들에게 '5종목의 나의 기도'라는 제목으로 설교를 했다.

> 첫째, 죽음의 권세를 이기게 하옵소서.
>
> 둘째, 지루한 고난을 견디게 하여 주옵소서.
>
> 셋째, 노모와 처자를 주님께 부탁드립니다.
>
> 넷째, 의에 살고 의에 죽게 하옵소서.
>
> 다섯째, 내 영혼을 주님께 부탁드립니다.

주기철 목사가 신사참배를 반대하는 가운데 1939년 12월 대한예수교 장로회(통합) 평양노회는 주 목사를 총회 결의를 위배했다고 하여 면직시켰다. 그리고 주기철 목사는 다시 수감되어 감옥에 갇혔다.

주기철 목사는 신사참배에 반대하면서 1938년 2월 이후 네 차례 투옥되었다. 제1차 구속(1938년 2월) 4개월, 2차 구속(1938년 8월) 4개월, 3차 구속(1939년 9월) 8개월, 4차 구속(1940년 8월) 3년 8개월 등 네 번의 구속 기간을 합하면 5년 4개월 동안의 옥살이를 한 셈이다. 주기철 목사가 네 번째 투옥되고 3년 8개월이 지날 무렵, 못 박은 나무판 위로 걷게 하고 먹을 것으로는 소금에 절인 콩 껍질만 주는 등의 가혹한 고문으로 후유증과 영양실조에 시달려 극도로 쇠약해진 그는 감옥에서 세상을 떠나기 며칠 전 유서를 써서 집으로 보냈다.

> "여드레 후에는 아무래도 소천될 것 같습니다. 지금까지 몸이 부어올랐습니다. 생명보험료 2백만 원으로 영진이 장가 비용으로

사용하고 남은 돈은 막내 광조를 공부시키시오. 어머님께 봉양 잘

하여 드리고⋯. 어머님께는 죄송합니다.”

주기철 목사는 1944년 4월 20일에 순교하였다. 부인과 마지막으로 대면하는 날, "내 하나님 앞에 가면 조선 교회를 위해 기도하오리다."라는 말을 남겼다. 그 이튿날 그는 "내 영혼의 하나님이여, 나를 붙들어 주십시오."라는 기도를 남기고 47세를 일기로 순교했다. 고통 속에서 사망하면서도 죽는 순간에는 웃는 표정이었다고 한다. 본인이 선택한 삶이었고 죽음이었다. 그의 삶과 죽음은 삶을 통한 죽음이고, 죽음을 통한 삶이었다. 자신의 뜻을 끝까지 굽히지 않은 죽음이었다. 주기철 목사의 죽음은 신앙인의 의로운 죽음을 보여주는 사례이다. 주기철 목사의 아들이 아버지의 뒤를 이어 순교하였고, 그가 목사일 당시 전도사였던 손양원 목사는 한국전쟁 때 자신의 아들을 살해한 상대를 용서하고 양자로 삼아 목사로 키워낸 인물이다.

평생을 아름답게 살다가 '아름다운 죽음'을 맞은 또 다른 참 신앙인이 있다. 산청 간디학교(녹색학원) 양영모 전 이사장이다. 그는 2005년에 71세의 나이에 암으로 사망하였는데, 생전에 스스로 그의 시신을 경북대 의과대학에 의학연구 실험자료로 기증하기로 했다. 유족은 6개월 뒤 대학병원에서 유해를 돌려받아 무덤을 만들지 않고 시신을 화장한 뒤 간디학교 동산에 나무를 심고 그 밑에 거름으로 뿌렸다. 그야말로 흔적 없이 흙으로 돌아가는 삶을 실천했다. 그러나 그는 참된 목회자와 믿음

의 흔적을 남겼다.

그는 평소에 "흔적을 남기지 않고 떠나고 싶다."는 말을 자주 했다. 그의 사망 소식은 간디학교 몇몇 교사들만 알았으며, 주변에 알리지 않았다. 유족들은 고인의 유언에 따라 빈소를 차리지 않았으며, 장례식도 행하지 않았다. 그는 신앙심이 매우 깊은 철저한 기독교인으로서, 교회 집사와 장로를 지냈다. 그는 빈농의 아들로 태어났다. 너무 가난한 빈농이어서 초등학교도 제 나이에 들어가지 못했고, 친구들이 5학년일 때 비로소 1학년에 입학했다. 그는 평소 대단히 검소한 생활을 하였다. 많은 것을 이웃과 나누었고, 평생 택시를 한 번도 타지 않았다. 메모지는 항상 달력을 오려서 뒷장에다 썼다. 그가 기증하여 세운 교회가 무려 17개에 이르며, 말년에는 교도소 재소자 교육에도 열심이었다. 장례식은 그가 사망한 사흘 뒤 평소에 고인이 다녔던 대구문화교회에서 환송예배인 간단한 고별예배를 지내는 것으로 대신했다. 그는 '아름다운 죽음'에 '아름다운 이별식'을 마지막으로 세상과 이별했다. 호화 장례식, 호화 장묘문화가 문제되는 가운데 고인은 죽음에 임해서도 남은 이들에게 교훈을 주었다.

참 신앙인의 삶과 교육자의 삶을 살았던 고인은 사람답게 살아갈 수 있는 우리 사회의 밑거름이 되었다. 그는 자신의 신앙과 삶에 걸맞는 죽음을 맞이하여, 죽음의 순간까지 세상 사람에게 교훈이 되었다.

극단적인 신앙 행위에 항거한 의로운 죽음도 많다. 학생을 보호하려 탈레반에 총을 들고 맞선 파키스탄 교수가 있다. 기독교인을 위해 테러를 막아선 케냐의 무슬림도 있다. 극단주의 테러에 맞서다가 희생된 케냐와 파키스탄의 의인들의 사연은 다음과 같다.

2016년 1월 파키스탄 북서부 차르사다의 바차칸 대학교에서 파키스탄 탈레반(TTP)의 총격 사건이 벌어졌다. 이때 한 교수가 총을 들고 테러리스트들과 맞서다 숨졌다. 영국에서 유기화학을 전공하여 박사학위를 받고 이 대학에서 화학을 가르치던 시에드 하미드 후사인(34) 교수이다. 그는 학교에서 총성이 들리자 학생들을 피신하게 한 뒤 권총을 들고 밖으로 나가 테러범들에 총을 쏘며 저항하다가 테러범의 총격에 사망했다. 학생들은 그가 테러범과 맞서는 동안에 다른 곳으로 몸을 피할 수 있었다.

2016년 케냐에서는 기독교인을 살해하려던 이슬람 테러범들에게 저항한 무슬림(이슬람교도)이 총을 맞고 숨졌다. 무슬림인 살라 파라 씨는 수도 나이로비에서 시외버스를 타고 가다가 소말리아 무장단체의 습격을 받았다. 초등학교 교사이며 다섯 자녀의 아버지인 파라 씨는 테러범들이 승객 중에서 기독교인을 골라 살해하려고 하자 다른 무슬림 승객과 함께 "기독교인들을 죽이려면 우리 모두 죽여라!"고 소리쳤다. 그는 이미 총에 맞아 다친 상태였으나 다른 이들을 구하려고 위험을 무릅써 큰 인명피해를 막았다.

주기철 목사, 시에드 하미드 후사인 교수, 살라 파라 씨, 이들은 모두 바른 신앙을 바탕으로 이 시대의 '진정한 영웅'이 되었다. 이들은 종교가 서로 돕고 더불어 살면서 평화와 존중의 세상을 만들기 위한 가르침이라고 생각했고, 그러한 신앙을 위해 자신을 희생한 순교자였다.

가족

우리 모두는 자신과 사랑하는 사람의 죽음을 담담히, 평온하게 받아들이는 삶을 살고 싶어 한다. 몇 년 전 〈님아, 그 강을 건너지 마오〉라는 영화가 많은 국민들의 공감을 얻었다. 이 영화의 주인공인 노부부는 평생을 부부로 지내며 나이가 들고 함께 늙었지만 서로 마주보기만 해도 행복하게 웃으며 노년을 보낸다. 이 영화에 나오는 98세 조병만 할아버지와 89세 강계열 할머니 부부는 어디에 가든 고운 한복을 입고 손을 잡고 걷는다. 둘만 외딴집에 살면서 봄에는 꽃을 꺾어서 머리에 꽂아주고, 여름엔 개울가에서 물장구를 치며, 가을엔 낙엽을 서로에게 던지고, 겨울에는 눈을 뭉쳐 던지면서 장난치듯 매일 신혼 같은 삶을 살았다. 장성한 자녀들은 모두 타지로 떠나고 90세 넘은 백발이 성성한 노부부만 산골에 남아 서로 의지하며 살아간다.

그러나 영원할 것 같던 건강과 행복은 시간이 지나며 함께 흘러가고 어쩔 수 없이 병에 걸리고 죽음이 찾아와 이별을 맞게 된다. 병고에 시달리던 할아버지의 삶이 저물어 가면서 할머니는 담담히 할아버지와의 마지막을 준비한다. 할아버지가 기력이 떨어져 자리에 누워있던 어느 날, 할머니는 비가 내리는 마당 한편에 앉아 할아버지의 기침 소리를 들으며 다가올 이별을 준비한다. 마지막 순간이 다가오고 있다는 사실을 알아차리고 부부는 서로 자신의 소중한 삶의 시간 속에 "함께 있어줘서 고마워요!"라고 말한다. 그리고 할아버지는 다시 일어나지 못한다.

사랑하는 배우자가 그 죽음을 담담하게 받아들이는 가운데, 마지막 순간까지 사랑하며 맞이한 죽음이다. 우리들이 살아가다가 맞이하는 평범한 이별과 다르지 않다. 영화 속의 할아버지 할머니는 아이들을 키우기 위해 고달픈 인생이었지만, 소중한 사람과 행복하게 살았다.

매년 봄, 여름, 가을, 겨울이 오고 감에 따라 수많은 만물이 소생하고 시들어간다. 우리 인생도 그렇게 왔다가 간다. 우리는 자신과 사랑하는 사람의 마지막을 준비하는 법을 배워야 한다.

사랑하는 가족들을 두고 이 세상을 떠나는 한 엄마의 편지가 사람들의 마음을 눈물로 적셨다. 죽음을 맞는 당사자는 그저 먼저 하늘나라로 가는 것일 뿐, 절대 자신의 죽음을 슬픔으로 받아들이지 않기를 바랐다. 그와 가족들은 나중에 다시 만날 것을 약속하면서 담담하게 죽음을 맞이했다.

모두들 죽음을 앞두고 후회한다. 사람들이 후회하는 내용 가운데 단연 많은 것이 가족과 조금 더 많은 시간을 보낼 걸, 좀 더 시간을 내 아이와 놀아줄 걸 하는 것이다. 이렇게 죽음을 앞둔 많은 사람들이 가족과 함께하지 못했던 지난날들을 후회한다. 2015년에 방영한 KBS 스페셜 3부작 〈앎〉 가운데 2편 '서진아 엄마는…'에는 대장암 4기 판정을 받고 가족들과 아름다운 이별을 준비하는 모습을 담은 김정화 씨 이야기가 나온다. 7살 장애아 서진이 엄마 김정화 씨는 직장생활을 하던 중 배가 아파서 병원에 갔다가 대장암 4기 진단을 받았다. 김정화 씨는 결혼

10년 만에 시험관 시술로 아이를 갖게 되었는데, 서진이는 선천적으로 장애를 가지고 태어났다. 김정화 씨는 자신의 죽음은 의연하게 받아들였지만, 자신의 남은 삶 중에서 서진이 걱정을 제일 많이 했다. 죽음을 앞둔 정화 씨의 바람은 단 한 가지, 아들 서진이가 초등학교에 입학할 때까지라도 버티는 것이었다.

> "우선 아이가 아직 일곱 살이라 많이 어린 편에 속하고 내년이면 학교를 가야 되는데, 그래도 어떻게든 아이는 내 손으로 초등학교는 보내야겠다… 이게 저의 가장 큰 꿈이자 목표이고요… 너무 아직 어린데… 제가 잘못되면… 이 아이를 키워줘야 되는데… 서진이가 제일 많이 걱정되지요 저보다도."

김정화 씨는 자신을 위해 기도하기보다 서진이가 초등학교 들어갈 때까지만 살게 해달라고 기도한다. 그러나 발병 17개월 후라서 암은 너무 많이 전이되었다. 김정화 씨 부부는 심리센터에 상담을 받으러 갔다. 정화 씨 자신 때문이 아니라 엄마가 계속 아프고 곧 생길 엄마의 빈자리로 인해 서진이에게 정서적으로 안 좋을까봐 상담을 받았다. 그리고 여행을 갔다. 그것이 아이에게 엄마로서 해 줄 수 있는 가장 큰 선물이라고 생각했다. 가족으로 같이 살면서 엄마가 따뜻한 존재였다는 걸 기억에 남겨주고 싶었다. 김정화 씨는 제주도 여행에서 마지막 가족사진을 찍었다.

2016년 7월, 김정화 씨는 더 이상의 치료가 자신과 모든 가족들을 더 힘들게만 할 것이라는 판단에 연명치료를 중단하고 최대한 가족과 많은 시간을 보내기 위해서 호스피스 시설로 갔다. 그는 생의 마지막 16일은 가정 호스피스를 받으며 집에서 서진이와 함께했으며 그 중 마지막 3일은 평온히 호스피스 병동에서 보냈다. 아래는 김정화 씨가 서진이에게 남긴 편지이다.

"서진아,

엄마는 서진이가 태어났을 때 너무 기쁘고 행복했어.

서진이를 낳은 것이 엄마가 세상에서 제일 잘한 일이고 값진 일이야.

엄마는 서진이의 등교 길을 함께 하고 싶고 준비물도 같이 챙겨주고 싶어.

학부모 모임에도 참석하고 싶고 모든 엄마들이 해줄 수 있는 일을 서진이 엄마로서 다 하고 싶지만 그럴 수 없게 되어서 너무 속상해.

함께 놀아주지 못해 미안해, 아들.

서진아, 엄마는 좀 많이 아파서 서진이보다 많이 일찍 하늘나라로 가게 되었어.

우리가 떨어져 있지만 엄마는 늘 서진이 곁에서

마음속에서 꿈속에서 함께 있을 것이고 늘 응원하고 격려하고 함께할 거야.

나중에 다시 만날 때까지

사랑해, 서진아…"

"서진이의 등굣길에 함께하고 싶고, 준비물을 챙겨주고 싶다"는 바람은 너무도 소박하고 일상적이고 평범한 것들이어서 더욱 마음을 먹먹하게 만들었다. 김정화 씨는 간절한 소망을 이루지 못했다. 2017년 여름, 김정화 씨는 3개월도 버티기 어렵다는 의사의 진단을 받고 다가오는 죽음을 담담하게 받아들였다. 그리고 가족들과 함께 마지막을 준비해 나갔다.

그들이 이별을 준비하는 방법은 일상 속에서 가족들과 소중한 시간을 함께 보내는 것이었다. 김정화 씨는 서진이와 남편의 일상 모습을 자신의 눈으로 바라보는 것만으로도 행복하다고 말했다. 그리고 생애 마지막 시간을 가족과 함께 보낸 김정화 씨는 가족들이 둘러싼 가운데 하늘나라로 떠났다.

죽음을 앞둔 시간을 슬픔이 아니라 행복으로 보내는 이들의 모습은 가족의 소중함과 평범함의 가치를 일깨워준다. 시한부 인생을 사는 사람들 이야기만은 아니다. 우리들 모두 시한부 인생을 살아가는 존재들이다. 다만 언제 죽음을 맞이할지 모를 뿐이다. 시한부 삶을 살다가 죽음을 맞는 사람들은 마지막 죽음의 순간에 사랑하는 가족과 함께한다는 것이 얼마나 소중한지를 깨닫게 된다. 그리고 마지막 순간까지 가족들에게 사랑을 표현하려고 애쓰는 모습은 우리로 하여금 가족의 소중함과 죽음에 대하여 다시 한 번 생각하게 해준다.

희생

      타인의 생명을 살리기 위해 애쓰다가 다른 사람들에게 삶을 선물하고 자신은 죽음을 맞이한 우리 주변의 수많은 영웅들이 있다. 생사의 기로에서 자신보다 타인을 위한 행동을 주저 없이 행한 이들의 의행은 나의 삶을 되돌아보게 만든다.

  이타적인 삶의 최고 행위는 자기 목숨의 희생이다. 죽음이란 한 번뿐인 생명을 마치는 것이다. 숭고한 죽음이란 한 번뿐인 생명을 남에게 희생하는 죽음이다. 다른 사람을 구하려다 숨진 많은 의사자義死者들의 죽음은 정의로운 희생이며, 올바른 신념에 의한 죽음은 빛나는 인간의 아름다움이라고 할 수 있다. 수많은 애국지사, 순교성인들이 바친 희생은 물론 위대하지만, 우리의 평범한 일상 속에서 숭고한 희생을 보여준 영웅들이 많다.

  2001년 1월 26일, 일본인들의 마음을 뒤흔든 젊은이의 죽음이 있었다. 이수현은 꿈 많은 일본 유학생이었다. 이수현은 밤늦게 귀가하려고 전철역에서 기차를 기다리다가 선로에 떨어진 술 취한 일본인 남성을 구하려고 선로에 뛰어내려 간신히 그를 구했지만, 자신은 달려온 기차에 죽음을 당했다. 그의 부친은 "죽어서 존경받는 자식보다 속을 썩이더라도 살아서 옆에 있는 것을 바라는 게 부모 마음"이라고 심정을 표현했다. 그는 먼저 간 아들을 이렇게 추억했다.

  "수현이는 어려서부터 정의감이 강해 어려운 사람을 보면 그냥 지나치지 않았습니다. 대학 다닐 땐 자전거에 치여 넘어진 할머니를 업고 병원으로 달려갔던 아이입니다."

일본인들은 이수현 추모 행사를 계속하고 있다. 많은 일본 사람들이 도쿄 지요다구의 주부회관에서 이수현 추모회를 매년 열고 있다. 추모식에는 주일 한국대사, 일본 정치인, '이수현 장학금'을 받은 학생 등이 참석하고 있다. 그는 '짧은 삶을 살았지만 훌륭한 일을 하였으며, 일본 시민들이 이수현의 죽음을 추모하면서 한·일 우호의 가교 역할을 하고 있다.

서울의 길거리에는 종종 다른 사람들을 돕다 자신의 목숨을 희생한 평범한 시민들을 기리는 추모비가 있다. 그들이 희생한 당시에는 잠시 떠들썩하다가, 세월이 지나면 잊히지만, 우리는 무명인들의 숭고한 희생을 잊지 않아야 한다.

1997년 1월 11일 한 시민이 경찰을 도와 소매치기들과 격투를 벌이다가 흉기에 찔려 사망했다. 명동 상인이던 이근석 씨는 소매치기를 붙잡으려다 흉기에 찔려 숨졌다. 이 씨가 숨진 명동 거리에 추모비를 세웠다. 이 씨의 부모는 아들의 묘비를 거의 매일 찾는다. 이 씨의 부모는 그 사건 이후 고통스러운 세월을 견디는 힘은 아들을 기억해주는 사람들 덕이라고 말한다.

조업 중 바다로 떨어진 동료를 구하기 위해 뛰어들었다가 파도에 휩쓸려 숨진 양석원 씨, 버스 탈취범을 쫓다 범인들에게 살해당한 신형수 씨, 성폭행을 당한 여성을 돕다 죽음을 당한 최성규 씨, 물에 빠진 사람을 구하다 같이 빠져 죽은 최원욱 씨. 이들의 죽음은 비석으로 남아 전해지고 있다.

2014년 세월호 침몰 당시 끝까지 학생들의 구명조끼를 나누어주다가 배를 빠져나오지 못한 고 박지영 승무원, 그리고 선생님들. 이들의 죽음은 타인에게 충분히 귀감이 될 만한 죽음이다.

누구든 의사자가 되는 건 영광이라기보다 남은 가족들에게 큰 고통이다. 국가 사회 차원에서 그들의 희생을 기억하는 일이 필요하다. 다른 사람을 위해 자신을 희생한 이들을 기리는 최고의 방법은 그들을 잊지 않는 것이다.

석가모니는 인생의 생로병사 과정을 모두 고통이라고 했다. 사람들이 인생을 살면서 영원하거나 절대적인 즐거움을 얻으려 하지 않고, 그때그때의 상대적인 즐거움, 일시적인 즐거움을 추구하기 때문이다. 상대적인 즐거움, 일시적인 즐거움은 시간이 지나면 결국 괴로움이 된다. 그러니 생로병사가 모두 괴로움이라는 것이다. 그러나 우리는 나 혼자만의 인생이 아니라 주변 사람들의 행복과 고통을 함께하는 삶을 살아간다. 나눔으로써 고통은 줄어들고 행복이 배가되는 경험을 한다.

오늘날 우리나라도 장기기증에 대한 사회적 인식이 확산되고 있다. 2017년 9월 불의의 사고로 뇌사 판정을 받은 김00 씨(58, 남)는 신장과 각막과 간을 기증하고 세상을 떠났다. 그 다음 주에도 이00 양(10, 여)과 박00 씨(68, 여), 송00 씨(48, 남) 등 모두 3명의 뇌사자 장기기증이 이뤄졌다. 이00(10, 여) 양의 어머니는 안타까우면서도 절실한 심정을 다음과 같이 표현했다.

"내 자신보다 사랑했던 딸이 잘못되면서 겪었던 아픔을 다른
어머니들에게는 주고 싶지 않았습니다."

이들 세 가족이 사망한 가족의 장기를 기증하여 전국에서 병을 앓
고 있던 만성신부전 환자 6명, 간 환자 3명, 심장 환자 2명, 췌장 환자 1
명, 안 질환자 1명 등 13명의 환자들이 성공적으로 장기이식 수술을 마
쳤다. 이OO 양(10, 여)의 어머니는 "우리 아이가 갑작스럽게 뇌사 상태에
빠지면서 그동안 너무 힘들었다. 내가 죽을 만큼 괴로웠고, 자식들을 걱
정하는 다른 어머니들을 생각해보니 그 답은 장기기증이었다."며 눈물
을 닦았다.

어머니의 장기를 기증하기로 결심한 최OO 씨(45, 남)는 "천주교 신자
이신 어머니는 평소에도 '자신이 죽게 되면 장기기증을 해 달라'고 했
지만 자식 된 입장에서 절대 동의할 수 없었다. 그러나 '어머니의 고귀
한 희생정신을 마지막으로 받드는 것도 자식의 도리'라는 아버지의 설
득에 결국 장기기증을 결정했다"며 눈시울을 붉혔다.

서울 수송중학교 교사 김OO 씨(52, 남)는 22년 동안 교직 생활을 하
다가 학교 근무 중 뇌출혈로 의식을 잃고 병원에 입원해 있다가 사망했
고, 고인의 평소 의지에 따라 4명의 환자에게 장기를 기증하여 새 생명
을 선사했다. 그는 학생들에게 따뜻한 스승이었고, 자녀들에게 정 깊은
아버지였고, 동료들에게 신실한 교사였다. 김 씨는 성당에서 장기기증

에 관한 강연을 들은 후 본인에게 장기기증 기회가 발생하면 기꺼이 기증하겠다고 약속했다. 그 뒤 가족이나 주변 사람들에게 그 뜻을 늘 말하곤 했다. 뇌출혈로 인한 뇌사 판정을 받은 뒤, 가족들은 그의 소신대로 장기기증을 결정했다. 간장, 심장, 오른쪽과 왼쪽 신장을 기증하여 4명에게 새 생명을 선사했다.

이처럼 한 사람의 아름다운 희생은 죽음을 앞둔 여러 명의 환자들에게 새로운 삶의 희망을 전달한다. 장기기증자들의 죽음은 자신의 죽음을 새로운 생명으로 승화시킨 아름다운 죽음이라고 할 수 있다. 장기기증을 행하는 이들의 살신성인 정신은 자신을 영원히 살게 하는 일이며, 맑은 영혼이 담긴 장기를 이식받은 새로운 생명은 육신만이 아니라 영혼까지 새롭게 태어나게 된다. 그들은 마지막 죽음의 순간을 타인을 위한 죽음으로 승화시킨다.

6
우리는 죽음의 방식을 선택할 수 있는가?

내 죽음을 선택할 권리

스스로 판단하고 행할 수 있을 때 온전한 정신으로 가족들에게 작별 인사 하는 것이 옳은 일인가? 장수는 개인의 축복이다. 그리고 "똥밭에 굴러도 이승이 낫다"라는 속담이 있다. 사람은 오래 살기를 원한다. 그리고 건강하게 오래 살기 위해 많은 노력을 한다. 일반적인 사람들에겐 일찍 요절하거나 자살하는 것이 용납할 수 없는 나쁜 일이다. 그러나 우리나라 노인 자살률은 10만 명당 80명으로 OECD 최고이다. 이처럼 온전한 정신으로 이 세상을 떠나는 선택은 옳은 일일까?

노인들이 자살하는 이유는 젊은 사람의 자살과는 원인이 다르다. 젊은 사람들의 자살 이유는 정신질환, 학업, 사회 적응이나 사업 실패, 가정 문제나 이성 문제 등이다. 노인들은 질병으로 몸이 쇠약하고 불편해져서 자기 혼자 힘으로 정상적인 삶을 유지할 수 없는 경우, 돌봐 줄 사람과 생활비가 없으면 우울증으로 이어져 자살하는 경우가 많다. 죽음을 바라보는 노인에게 가난, 무기력감, 외로움은 자살의 중요한 원인이다.

인간의 삶에선 적절한 경제적 여유, 사회활동, 친밀한 인간관계 유지가 대단히 중요하다. 누구든 적절히 할일이 있고 좋은 인간관계를 유지하는 것이 행복한 삶의 비결이다. 삶의 무력감과 경제적 빈곤과 외로움은 누구든 사람을 힘들고 쓸쓸하게 만든다. 노인의 삶에서도 가장 중요한 것은 경제적 여유와 지속적인 인간관계를 통한 보살핌이다. 가난과 외로움과 무기력은 삶의 의미를 상실케 하고 스스로 목숨을 끊게 되는 이유가 된다.

따라서 노인도 젊은이들과 마찬가지로 적절한 할일과 경제적 여유, 자기 주변 사람과의 지속적이고 친밀한 관계를 유지하며 살아가야 한다. 우리나라를 비롯하여 세계적인 장수마을의 공통점은 할 일이 있고 주변 사람과 서로 의지하며 외로움을 극복하는 환경을 이루고 있다는 것이라고 한다.

가족 관계가 핵가족 제도로 변화하면서 홀로 사는 노인들이 많아지고 있다. 이런 노인들은 주위의 보살핌을 정기적으로 받지 못한다. 노인 지원 활동, 노인들에게 새로운 형태의 관계 형성을 도울 수 있는 도움이 필요하다. 누구보다도 자신이 스스로 지속적인 가족, 친지, 친구들과의 관계망을 만들고 유지하는 체제를 만들어야 한다.

스스로 곡기 끊은
스콧 니어링

이러한 문제를 생각할 때, 100살에 스스로 곡기를

끊고 죽음을 선택한 스콧 니어링Scott Nearing의 삶과 죽음을 다시 돌아
볼 필요가 있다. 평생 호스피스 운동에 헌신했던 엘리자베스 퀴블러-로
스 박사는 불치병으로 죽음을 맞이하게 된 사람들은 5단계의 감정 변
화를 보인다고 한다. 우선 자신의 죽음을 부정하고, 다음은 자신의 처
지에 분노하며, 그러다가 죽음에 처한 상황에 타협하고 절망하다가, 결
국 죽음을 수용하게 된다는 것이다. 그러나 모두가 이런 단계를 거치
는 것은 아니다. 평생을 아름답게 자신의 인생을 살다가 죽음에 이르는
사람들은 중간 단계를 생략하고 곧바로 마지막 단계에 돌입한다. 니어
링이 그런 경우다. 니어링은 1883년 미국 펜실베이니아 주에서 태어나
서 100년 뒤인 1983년 메인 주의 하버사이드에서 사망했다. 그는 평화
주의자이자 사회주의자였는데, 공산주의자로 몰려 펜실베이니아 대학
의 교수직에서 쫓겨났다. 경제적으로 어려워지자 아내도 떠났다. 사회
와 가족으로부터 외면받은 상황에서 헬렌을 만나 재혼했고 버몬트 주
로 이주했다. 그들은 하루의 반나절은 일하고 반나절은 명상과 독서를
하는 전원생활을 시작했다. 그는 장수했는데, 스스로 100세가 되던 해
곡기를 끊고 세상을 떠났다. 니어링의 삶과 죽음은 평온하게 살다가 자
기 죽음을 예견하고 준비했던 동양의 수많은 선사禪師들을 연상케 한다.
니어링의 삶에서 배울 점은 그가 노년기에도 죽을 때까지 계속 일하고
공부를 했다는 점이다. 일하지 않으면 그만큼 삶의 의지도 약해진다. 일
은 우리의 생명을 유지해 주는 힘이다. 니어링은 90세가 넘어서도 하루
의 반나절은 일하고 나머지는 명상과 독서를 하거나 헬렌과 곡을 연주
하는 등 취미를 즐겼다. 또 한 가지는 그는 평생 검소하게 살았다는 점

이다. 사람들은 살아가면서 많은 것을 소유하려 하며, 자기가 필요한 것
보다 더 많은 것을 원한다. 더욱이 많은 사람들이 늙어서 죽음을 앞두
고도 더 많은 재산과 물건을 쌓아두려고 한다. 그러나 그는 해마다 농
사를 지어 부부가 먹을 식량 외에는 모두 이웃에게 나누어주었다. 그의
노년기의 삶에서 배워야 할 것은 나이가 들면서 더 많이 소유하려고 애
쓰기보다 덜어내는 연습을 해야 한다는 것이다. 마지막으로 우리가 진
지하게 생각해야 할 것이 있다. 니어링이 자신의 생명을 계속 유지할지
를 자신이 결정했다는 점이다. 그는 자신이 언제 어떻게 죽을 것인지를
결정했고 그렇게 살다가 죽음을 맞이했다. 니어링은 100세가 되던 해
자신의 기운이 소진되자 세상을 떠나겠다는 결정을 하였고, 그 뜻을 아
내에게 전했다. 그는 남의 손에 의해 생명이 연장되는 것을 원치 않았
다. 아내가 그의 의견에 동의했기 때문에 아내의 도움으로 단식하다가
세상을 떠났다. 오늘날 90% 이상의 사람이 병원에서 죽음을 맞이하고,
심지어 병원 중환자실에서 자기 의사와는 상관없이 의사의 지시에 따
라 무의미한 생명 연장 치료를 받다가 중환자실에서 홀로 죽어간다. 그
는 스스로 죽음을 선택하여 현명하게 생을 마칠 수 있었다. 100살에 스
스로 곡기를 끊고 죽을 시간을 선택했다. 그는 먼저 식사량을 줄였다.
그러면 먼저 체중이 많이 줄어든다. 그러나 예상과 달리 전혀 고통스럽
지 않고 정신이 맑다고 한다. 그는 죽기 전까지 맑은 정신으로 필요한
만큼만 소유하고 이웃과 더불어 살다가 스스로 생의 마지막을 결정하
는 의지의 자유를 보여주었다.

니어링은 다음과 같이 유언을 미리 남겼다.

"회한에 젖거나 슬픔에 잠길 필요는 없다. 나와 함께 한 사람들은 마음과 행동이 조용함과 평화로움을 갖추어 죽음의 경험을 함께 나누기를 바란다."

"어떤 장의사나 직업으로 시체를 다루는 사람이 이 일에 뛰어들어서는 안 된다. 내가 죽고 나면 되도록 빨리 친구들이 내 몸에 작업복을 입혀서 평범한 나무상자에 뉘이기를 바란다. …그리고 지체없이 화장터로 보내어 화장하기 바란다. 어떤 장례식도 열어서는 안 된다. 화장이 끝난 뒤 되도록 빨리 재를 거두어 바다가 바라보이는 나무 아래 뿌려주기 바란다. 나는 맑은 의식으로 이런 모든 것을 요청하는 바이며 내 뒤에 살아가는 가까운 사람들에게 존중되기를 바란다."

사람은 원하는 것을 할 수 있을 때 가장 행복하다. 그러나 노년기에는 그러지 못하는 경우가 많다. 최근에 적지 않은 노인들이 니어링의 방식대로 그가 한 과정을 따르기도 한다. 부자연한 순간이 오면 자신의 생명을 자기 결정으로 마무리하는 것조차 행복한 순간이 되는 것인지 생각해 볼 일이다. 법정스님은 한 법회에서 다음과 같이 설법했다.

"한 생애의 막을 내리는 삶의 절정을 말하는 죽음을 아무렇게나 내맡겨서는 안 돼요. 이 다음 생애로 가는 길목이기 때문에 엄숙하고 고요하고 평화로워야합니다."

그리고 신도들에게 스콧 니어링의 죽음을 소개했다.

"단식에 의한 죽음은 자살과 다릅니다. 자살은 난폭한 자해행위이지만 스스로 살만큼 살아서 단식으로 자기 생을 마치겠다는 것은 자기가 선택한 일이고 아주 자연스러운 일입니다. 아름다운 죽음입니다. 그 죽음은 아름다운 에너지의 고갈이고 평화롭게 떠나는 방법입니다. 그는 스스로 원해서 한 것입니다. 자살과 단식이 다른 이유는 그것입니다."

죽음은 생의 마지막 경험이자 생의 소중한 시간이다. 신을 믿는 사람들은 신에게 귀의하는 순간이며, 종교가 없는 사람도 자신의 인생을 회상하고 주위 사람과 작별을 나누는 소중한 시간이다. 이러한 시간에 인공호흡기와 심폐소생술로 중요한 순간을 놓쳐서는 안 된다. 심폐소생술은 임종을 앞둔 노인들에게는 효과가 떨어질 뿐 아니라 이후의 남은 시간도 중환자실에 있다가 무의미하게 시간을 보낼 가능성이 크기 때문이다.

우리나라 26~69세 성인 남녀 1,000명을 대상으로 한 설문조사에서 응답자 중 36.7%가 삶의 아름다운 마무리를 위해 가장 중요한 것으로 '다른 사람에게 부담을 주지 않는 것'을 골랐다. 평생 자식들에게 베풀고 죽음을 맞이하면서도 자식들에게 짐이 되는 게 싫어 자신의 죽음을 미리 준비하는 마음이 부모의 마음이다.

고령화 사회로 접어든 우리나라에서도 사람들의 웰다잉에 대한 관심이 높아지고 있다. 무의미한 생명 연장 치료를 거부하는 '사전의료 의향서'를 작성하는 사람들도 늘고 있고, 웰다잉 박람회에도 많은 사람들이 찾고 있다. 정부도 무의미한 연명치료 중단을 허용하는 법적 근거를 마련하여 2016년 '존엄사법'을 제정하고 2018년 2월부터 시행하고 있다.

어떻게 해야 평안한 죽음을 맞이할 수 있을까? 사람들은 자신이 살던 집에서 가족들이 지켜보는 가운데 고통 없이 잠자듯 사망하기를 원한다. 심리적으로 평안한 죽음이다.

이처럼 평안한 죽음을 위해서는 첫째, 어디서 죽음을 맞이할지를 선택해야 한다. 환자는 집에서 죽음을 맞이하고 싶지만, 가족의 여건에 따라 병원에서 임종하는 경우가 많다. 환자가 집에서 죽음을 맞이하려면 국가적으로 가정 호스피스 제도를 활성화해야 한다. 노인들이 호스피스 완화의료 돌봄 서비스를 쉽게 받을 수 있다면 많은 사람들이 집에서 죽음을 맞이할 것이다. 현재는 호스피스 의료원 수가 너무 적어서 병동이 적기 때문에 호스피스 시설에 입원하기가 쉽지 않다. 둘째, 질병으로 오는 고통을 완화할 수 있어야 한다. 집이든 병원이든 시설이든 통증을 조절할 수 있어야 고통 없는 편안한 죽음이 가능하다. 서양 국가들은 대부분 환자의 고통을 줄이기 위해 마약성 진통제 모르핀을 사용한다. 마지막으로 환자가 무의미한 연명치료를 중단하고 자의적으로 죽음을 선택할 수 있어야 한다. 우리나라는 2018년 2월부터 '연명 의료결정법'이 시행되었다. 그러나 여전히 법이 너무 엄격하여 병원에서 존엄사를 시행하는 데 어려움이 많다.

안락사를 택한
데이비드 구달 박사

2018년에도 세계인들의 주목을 받은 한 할아버지의 죽음이 보도되었다. 주인공은 호주의 식물 생태학자 데이비드 구달 David Goodall 박사이다. 그는 104살의 고령으로 호주에서 경제적으로 여유롭게 가족들과 더불어 잘 지내다가 스스로 안락사를 선택했다. 그는 가족과 함께 스위스 베른으로 가서 신경안정제 주사를 맞고 숨졌다. 구달 박사는 새로운 죽음 사례를 남겼다. 최근에 많은 사람들이 불치병으로 고통을 받다가 고통에서 벗어나고자 안락사를 택하는 사례가 많이 보도되고 있다. 그런데 구달 박사는 불치병이 아니라 고령으로 고통받는다는 이유로 안락사를 선택한 최초 사례이다. 구달 박사는 유언을 남겼다.

"나는 우울하지도 참담하지도 않다."

"눈물로 가득한 장례식을 치르지 말라. 나를 기억하려는 어떤 추모 행사도 갖지 말라."

"시신은 해부용으로 기증해라."

"나를 잊어 달라. 나는 이제 다시 숲속으로 떠난다."

구달 박사는 자신이 원하는 장소와 환경, 시간에 죽음을 맞이했다. 구달 박사는 의료진의 도움으로 자신이 계획한 날에 가족과 작별인사를 나누고 좋아하는 음악을 들으며 자신의 손으로 직접 주사기의 밸브를 열어 삶을 끝냈다. 그는 이러한 방법으로 사랑하는 가족, 친지들과 마지막 작별인사를 충분하게 나눌 수 있었다. 그는 가족이 지켜보는 가운데 베토벤 교향곡 합창의 '환희의 송가'를 들으며 노래를 흥얼거리다가 죽음을 맞이했다고 한다. 담담하게 죽음을 맞이한 것이다.

그는 평생 숲속에서 자연환경을 연구한 학자이다. 66세에 대학에서 정년퇴직하고, 은퇴 후에도 연구를 계속했다. 그런데 노화는 어쩔 수 없이 진행되었다. 84세에 운전하지 말라는 권고를 들었고, 99세에는 시력이 많이 떨어졌다. 100세 이후에는 아침식사를 하고 하루종일 앉아 있게 되었다. 104세에는 집안에서 넘어져 이틀 동안 스스로 일어서지 못했다고 한다.

100세까지 논문을 발표하며 사회활동을 해 온 그는 "나는 이제 앉아 있는 것 말고는 할일이 없다. 다시 한 번 내 발로 숲속을 걸어볼 수 있다면 하는 소망이 있지만, 더는 불행해지고 싶지 않아서 마지막 날을 계획했다"고 하였고, "나의 죽음도 결국 나의 삶, 나의 선택이다."라는 말을 남겼다.

요즘 의학이나 과학계는 인간이 100세를 넘어 120세까지도 살 수 있다고 예언한다. 그러나 마땅히 할일도 없고 남의 도움에 의지해야 살 수 있는 삶이라면 무조건 오래 산다는 것이 축복이 아닐 뿐만 아니라 재앙이 될 수도 있다. 그래서 이제 현재의 삶에서 더 이상 기쁨을 느낄 수가 없게 된 노인들은 안락사를 선택한다. 그리하여 노인들은 안락사가 금지된 고국을 떠나 이를 허용하는 스위스나 벨기에에 가서 안락사를 요청한다. 안락사를 합법화한 나라들도 대부분 불치병에 걸린 상황에서 6개월 미만의 시한부 선고가 내려져야만 허용하지만, 스위스는 건강한 사람이라도 오랜 기간 의향을 내비쳐 왔다면 안락사를 요구할 수 있다고 한다.

존엄한 죽음을 택한
의사 폴 칼라니티

영문학자이자 의사인 폴 칼라니티Paul Kalanithi는 『숨결이 바람 될 때』의 저자이다. 그는 36살에 악성종양으로 세상을 떠날 때 연명치료를 거부하고 편안한 죽음을 택하면서 이 책을 남겼다. 그가 죽음에 임하여 병세가 심각해지자 그를 치료하던 의사는 삽입관을 통한 인공호흡이 생명 연장의 유일한 대안이라고 권했다. 그는 연명치료를 거부했다. 연명치료로 몸과 마음이 무너지기보다 스스로 판단하고 행할 수 있을 때, 온전한 정신으로 가족들과의 작별인사를 택했다.

그는 미국 스탠퍼드 대학에서 영문학을 전공하고, 예일대에서 의과대학원을 졸업하여 신경외과 레지던트가 되었다. 그는 병원에서 일하면서 사람들이 뇌출혈 가능성을 없애기 위해 시력 손상을 감수하거나, 얼마간이라도 짧은 목숨을 연명하려고 목소리를 잃는 시술을 택하는 것을 지켜보면서 삶의 의미를 되물었다. 그는 생사의 결단을 내려야 할 시점에서 중요한 것은 사느냐 죽느냐의 문제가 아니라, 어떤 삶이 가치가 있는가를 묻는 것이라고 생각했다. 그는 자신이 선택의 기로에 섰을 때 존엄사를 선택했다. 그 결과로 본인과 가족은 소중한 이별 준비를 할 수 있었고, 가족들도 본인의 결정에 동의하여 연명치료를 하지 않았다.

그 누구도 삶의 가치는 가벼울 수 없다. 칼라니티는 죽음을 맞이하는 기로에서 아름다운 죽음이 어떠해야 할지를 진지하게 생각했다. 그는 연명치료를 받으며 무의식 상태에서 쓸쓸하게 맞이하는 죽음이 아니라 가족과 충분한 시간을 보내며 마지막 인사를 나누기를 바랐다. 아름다운 죽음에 대하여 다시 한 번 생각할 수 있게 한 죽음이었다.

2015년 8월에 영국의 75세 할머니가 스스로 죽음을 선택하여 세계적으로 큰 반향을 불러일으켰다. 호스피스 간호사 출신인 질 패로우이다. 영국에는 이러한 죽음이 허락되지 않으므로 스위스 바젤에 가서 안락사를 행하는 병원에서 주사 요법으로 삶을 마감했다. 그는 죽기 전에 언론을 통해 죽음을 선택한 이유를 밝혔다.

"나는 이제 막 언덕 꼭대기에 올랐다. 앞으로 내려가기만 할 뿐 더는 좋아지지 않는다. 보행기로 앞길을 막는 늙은이가 되고 싶지 않다. 70살까지 나는 매우 건강하다고 느꼈고, 원하는 어떤 활동에도 참여할 수 있으며, 여전히 바쁘고 쓸모 있다고 느꼈다. 그러나 이제 모든 게 바뀌었다. 비록 지금 건강해도 내 삶이 다했고 죽을 준비가 되어 있다."

그는 호스피스 전문 간호사로 오랫동안 일했기 때문에 자신의 남은 삶이 어떠하리라는 걸 잘 알았다. 그는 일상생활에서 다른 사람의 도움을 받아야 하는 상황을 받아들일 수 없었다.

엔딩 노트

초고령사회 국가인 일본에서는 베이비부머 세대인 단카이團塊 세대가 은퇴하면서 인생의 종말을 준비하는 '슈카츠終活'에도 관심이 높아지고 있다고 한다. 그런 가운데 가족이나 남에게 폐를 끼치는 걸 싫어하는 일본인들에게 몇 년 전부터 엔딩 노트가 확산되었다. 이 노트는 병이 악화되어 의식이 없어졌을 때를 대비한 의사 표명 기록이다. 내용은 연명치료를 받을 것인지, 장례 절차와 장례식 참석자 명단, 유언 등을 기록한다.

일본 다큐멘터리 영화 〈엔딩 노트〉의 이야기에 나오는 주인공 스나다 도모아키는 40여 년간 샐러리맨으로 일하다가 67세에 은퇴하여 새로운 인생을 설계하던 69세의 가장이었다. 그러나 위암 말기라는 판정을 받았고, 그에겐 이제 6개월의 시간만 남게 되었다. 대부분의 사람들은 죽기 전에 가족들에게 잘 하고 좀 더 재미있게 살 걸 하고 후회한다고 한다. 그가 죽기 전 실행해 보겠다며 작성한 버킷리스트는 다음과 같다.

"평생 믿지 않았던 신을 한번 믿어보기, 손녀들 머슴 노릇 실컷 해주기, 평생 찍지 않았던 야당에 투표하기, 꼼꼼하게 장례식 초청자 명단 작성하기, 쑥스럽지만 아내에게 사랑한다 말하기."

그는 죽음과 마주한 상황에서 절망하고 슬퍼하기보다 가족과 함께 여행을 떠나고, 자신이 맞이할 장례식장을 미리 둘러보며 담담하게 삶을 정리한다. 그리고 마지막 죽음을 맞이하는 순간이 오자 가족들과 인사를 나누었다. 90대 노모에게는 "그동안 고마웠어요. 먼저 가서 죄송해요."라고 인사하고, 아들에게는 장례식 준비 등을 일러주며 죽음 문턱에서도 웃음을 잃지 않았다. 가족들은 아버지를 응원하고, 딸은 아버지와 보낸 마지막 기간인 6개월의 일상을 카메라에 담았다.

죽어가는 사람의 소원은 일반인과 다르다. 그들이 원한 것은 높은 지위, 많은 돈, 큰 집이 아니고 생을 살며 "조금만 더 조금만" 하며 미루었던 작은 소망들이었다. 어머니를 모시고 여행을 가고 싶었던 소망, 도시에서 벗어나 양지바른 곳에서 살고 싶던 소망 등 소소한 행복들이었다. 은퇴 후 맞이하게 되는 인생 2막은 이렇게 미루던 일을 할 기회라고 생각한다.

구달 박사가 죽음을 선택한 이유는 무엇일까? 구달 박사는 100세가 넘어 더 이상 자신의 삶이 의미가 없다고 생각하였다. 질병이 없고 수발을 들어줄 사람 없이도 스스로 산책이나 식사를 하면서 살 수 있는데도 안락사를 선택했다는 사실은 다가올 장수 시대, 초고령 사회를 맞이하는 우리들에게 시사하는 바가 매우 크다.

구달 박사의 안락사 선택에 대해선 두 가지 판단을 할 수 있다. 먼저, 그의 선택을 그럴 수 있다고 긍정적으로 평가할 수 있다. 그는 하루하루 목적 없이 지루한 일상만 남았다고 생각했다. 더 이상 삶이 좋아질 가능성은 없고, 갈수록 무기력하게 될 것이라고 예상했다. 자신은 후회 없는 삶을 살았고 이제는 삶을 편하게 끝낼 때라고 생각하며 품위 있는 죽음을 선택했다. 그러나 일각에서는 누구든 삶을 지속할 의미를 찾기 위해서 최선을 다해야 한다는 점을 들어 그를 비판하기도 한다. 이 세상에는 구달 박사보다 더 어려운 상황에서 어렵게 삶을 살아가는 사람들이 많다. 질병과 장애를 가지고 가족의 사랑과 돌봄을 받으면서 살아갈지라도 하루라도 더 사랑하는 이들 곁에 남아 있으려고 애를 쓰는 사람들이 많다. 누구도 특별한 병이나 고통 없이 자기 생명을 포기할 자격은 없다. 노화가 진행되어 다른 사람의 도움을 받고 살아가야 한다고 해도 삶을 포기하는 것은 비겁한 도피일 수 있다. 따라서 구달 박사, 그리고 그의 안락사를 아름답게 포장해서 전달하는 언론도 비판받아야 한다는 주장도 만만치 않다.

이처럼 죽음을 주도적으로 결단하는 노인들의 상황을 보면, 우리가 지향할 건전한 사회의 모습을 그려볼 수가 있다. 즉, 노인들이 무기력하고 가난하며 외롭게 살아가지 않도록 다양한 각도로 노인들이 빈곤에서 벗어나 매일 할일이 있고 주변에 친밀하게 지내는 사람이 많은 사회체제를 만들도록 노력하여야 하며, 개인도 이 세 가지를 유념하여 노후 생활을 준비해야 하는 것이다.

무엇이 웰다잉의 삶인가?

1판1쇄 발행 2019년 4월 30일
지은이 건양대학교 웰다잉 융합연구회
디자인 신미연
펴낸이 박찬규
펴낸곳 구름서재
등록 제396-2009-000058호
주소 서울시 마포구 서교동 375-24 그린홈 403호
이메일 fabrice@naver.com
블로그 http://blog.naver.com/fabrice
ISBN 979-11-89213-03-9 (93330)
이 저서는 2017년 대한민국 교육부와 한국연구재단의 지원을 받아 수행된 연구임.
(NRF-2017S1A5B6066807)